著作権保護期間

延長は文化を振興するか？

田中辰雄・林 紘一郎 編著

勁草書房

はじめに

　著作権の保護期間延長問題だけをテーマとして，一冊の本を出すことを意外に思う人もいるかもしれない．保護期間延長問題とは，著作権の保護期間を50年から70年に延ばすべきか否かという問題で，話題としては限定されており，わざわざ一冊の本を出してまで議論する価値があるのかどうか，いぶかる人がいてもおかしくない．著作権に関わる他の問題，たとえばデジタルコピーの蔓延や海外の海賊版，インターネット上のファイル流通といった問題に比べれば，保護期間延長問題はどちらかといえば「地味」であり「小さい」問題であるようにも思える．しかし，それにもかかわらず延べ9人の人間が短期間に研究を仕上げ，論文を寄稿して本書が誕生した．保護期間延長という特定の話題に対して，参加者にこれだけの熱意を抱かせた理由，言い換えれば本書が誕生した理由を，最初に簡単に述べておこう．理由は2つある．

　第1の理由は，この問題はいま現在の政策課題であり，文化庁の審議会で活発に議論が行われている話題だという点である．審議は2007年よりはじまり，決着がつかずに2008年まで続いている．この間，保護期間延長に賛成の側からは16の権利者団体が，連名で保護期間を70年に延長することを求め，これに対し延長に慎重な側は，フォーラム（think C）をつくって連続公開トークを開くなどして対抗した．文化庁の審議会では多くの識者からのヒアリングが行われ，活発な討議が重ねられている．著作権問題は過去にも論争になったことがあるが，今回の議論はかつてない盛り上がりを見せている

　議論が盛り上がるひとつの事情は，保護期間延長はいったん決まると期間の短縮は難しく，変化がほぼ不可逆であるからである．違法コピー対策などは，いったんきめた地上波デジタルのコピーワンス制限を緩和する例に見るように，考え直して変更する余地があるが，保護期間はいったん延長されると，仮にそれが失敗とわかっても短縮することは実際上困難である．それゆえ徹底して議論を尽くそうという意識が生まれる．

また，議論が盛り上がるもうひとつの事情として，これまで著作権の保護強化を訴える側であった作家など創作者の側から，延長反対の声があがっている点も重要である．従来，著作権問題では，作品から収益を得る創作者側が権利強化を求め，作品を利用するユーザ側が自由な利用を求めて権利強化に反対する，という図式で行われることが多かった．しかし，保護期間延長問題では少なからぬ創作者が，作品の再創造を可能にするために保護期間の延長に反対を唱えており，これまでの図式と異なる展開を見せている．

　保護期間延長問題は，いままさに制度が変更されるか否かの瀬戸際であり，また，創作者を含む多くの論者が賛否両方から直接に論争に参加している熱いテーマである．本書を出版しようという意図のひとつは，この状況に学問的観点からなにか貢献をしたいと考えた点にある．

　本書を出版する第2の理由は，この延長問題はより一般的な著作権問題の，格好のケーススタディになっていると考えるからである．著作権問題は序章で述べるように複雑なバランスがからみあっており，解きほぐすのは簡単ではない．財産権対人格権，違法コピーの被害，探索コストなどの取引費用，再創造の範囲，私的使用の範囲，フェアユースの問題，著作隣接権の扱い，DRM (Digital Rights Management) の評価，私的録音録画補償金の解釈など，扱うべき話題は多岐にわたり，一貫した扱いをしようと思うと複雑な作業になる．

　しかし，延長問題は保護期間を50年にするか70年にするかという形で問題が最初から限定されており，また出版社など流通事業者があまり議論に登場しないなど，問題が実は単純化されている．主要な登場人物は創作者と利用者であり，創作者の創作意欲とパブリック・ドメイン化したときの利用者の利益のバランスが，主要な論争ポイントである．単純化されているがゆえに，計量的な実証分析やベルヌ条約の無方式主義の再検討など，一貫した見通しをもった整理が可能になる．そこで延長問題について議論を尽くしておけば，著作権問題全般を議論するときの雛形をつくることができるだろう．

　また，先人の業績を使って創造を行う再創造が明示的に取り入れられている点で，延長問題は現代に即したテーマである．すでに述べたように少なからぬ創作者が保護期間延長に反対しているのは，先人の作品を下敷きにして，新たな創造を行う再創造を守るためである．そして，デジタル化とインターネット

の普及によって，かつてないほど多くの利用者が二次創作の形で再創造に関わることが可能になり，インターネット上にあふれる彼らの二次創作をどのように位置づけるかは，現代の重要な課題となってきている．保護期間延長問題は二次創作自体を直接扱うものではないが，パブリック・ドメイン化したときの再創造について議論しておくことが，二次創作の扱いの考察に役立つはずである．この意味からも，保護期間延長問題は現在の著作権問題全体に関わる内容を含んでいる．

　本書の参加者は，以上の2つの理由のうちひとつあるいはふたつから本研究会に参加したと編者は解釈している．本研究会は2006年12月に開かれたthink C設立シンポジウムに端を発している．このシンポジウムは延長に賛成する側，反対する側から論者が登壇し議論を戦わせたもので，なかなか白熱した展開になった（終章参照）．しかし，同時にその席にいた編者は，実証分析の必要性を痛感するにいたった．議論は白熱するが，最終的には実証分析をしなければ決着がつかない論点が多かったからである．

　たとえば延長によって創作者の収益はどれくらい増えるのか？　10％なのか30％なのか，あるいは3％なのか，それによって大きく判断は変わってくる．このような実証的な分析がないかぎり，論争は水掛け論になりやすい．そこでシンポジウム終了後，編者は実証分析のための研究会を提案したところ，同じ問題意識を有する研究者が何人も集まってくれた．2007年前半を通じて研究会を開き，テーマを決めて実証を行い，2007年10月にはthink Cの主催でシンポジウムを開かせていただいた．そこでの研究論文を本にしたのが本書である．実質半年程度の短期間に執筆者が熱心な作業をしてくれたのは，ひとえに前に掲げたような問題意識を共有していたからであろうと思う．

　本書のねらいは延長問題を考える上での，基礎知識を提供する点にある．延長にともなってどれくらい創作者の収益が増えるのか．延長によって創作意欲が増えるのか，延長せずにパブリック・ドメイン化したときにユーザはどの程度作品を利用しやすくなるのか，再創造はどれくらいの頻度で行われ著作権が障害になるのはどのような場合か，登録制度など新しい制度設計はできないのか，欧米での保護期間延長の論拠は日本にあてはまるのか，などが問われるべき課題である．本書はこれらの問いにできるだけ実証的に答えていこうとする．

実証分析の結果は，延長しないほうが良いという結論が出ることが多かったので，本書では結果として保護期間延長に否定的な見解が大勢である．その意味で本書のメッセージは保護期間延長に慎重であれというものになるだろう．しかし，本書の意図は本来の基礎知識の提供にあるので，読者に判断の材料を届けることができれば目的は達成できたことになる．本書が，延長問題に関心をもつ人，とりわけ延長するかどうかを実際に決める立場に立ち会う方に，有益な示唆となることを願ってやまない．

　なお本書ができ上がるまでには，think Cの関係者をはじめ多くの方々のお世話になっている．とりわけ本書誕生の直接のきっかけとなった，2007年10月のシンポジウムでコメントをいただいた諸先生には，編者としてもお礼を申し述べたい．

2008年7月

田中　辰雄
林　紘一郎

目　次

はじめに

序　章　延長問題の客観的な議論のために ………田中辰雄・林紘一郎…… 3
　1．著作権問題の難解さ　3
　2．バランス論の集合体としての著作権　7
　3．バランス評価の具体例　11
　4．延長賛成と反対の論拠　14
　5．延長問題の選択肢　18
　6．本書の構成　21
　7．著作権延長問題の議論を実りあるものにするために　23

第Ⅰ部　著作物の寿命と再創造

第1章　本の滅び方：保護期間中に書籍が消えてゆく過程と仕組み
　……………………………………………………………丹治吉順…… 29
　1．はじめに　29
　2．調査方法の概要　30
　3．調査——没後の出版数の減少と寡占の進行　30
　4．保護期間が本を滅ぼすメカニズム　42
　補論　1957〜66年物故者の著作発行状況調査の詳細　48

第2章　本のライフサイクルを考える ………………田中辰雄…… 58
　1．はじめに　58
　2．著作者没後の収益の過去の研究事例　59
　3．データとバイアスの評価　61

4．書籍の保護期間延長による収益増加の推定　63
　　5．著作者の没後に本が出版される確率　67
　　6．おわりに　73

第3章　シャーロック・ホームズから考える再創造　…………太下義之……75
　　1．はじめに　75
　　2．シャーロック・ホームズのパロディ等に関する分析　76
　　3．シャーロック・ホームズの著作権　80
　　4．シャーロック・ホームズが導く3つの仮説　82
　　5．ウラノスの災い　86
　　6．再創造を通じて愛され続ける夏目漱石　90
　　7．おわりに　91

第4章　デジタル環境と再創造　………………………………中泉拓也……94
　　1．はじめに　94
　　2．モデル　97
　　3．ホールドアップ問題のもとでの創作者の利得　99
　　4．ホールドアップ問題がもたらす探索行動の過小性　102
　　5．外部機会の増加によるホールドアップ問題の軽減　105
　　6．おわりに　106

第Ⅱ部　保護期間と保護方式

第5章　保護期間延長は社会厚生を高めたか：アメリカの場合
　　………………………ポール・J・ヒールド／今川哲也・宮川大介訳……111
　　1．はじめに　111
　　2．方法論　114
　　3．パブリック・ドメインと著作権保護のあるベストセラー書籍の
　　　入手可能性と価格の比較　117

4．最も耐久的に人気を有する書籍の入手可能性と価格に関する比較
　　　（1913〜32年）　126
　　5．混雑外部性　139
　　6．おわりに　144

第6章　保護期間延長は映画制作を増やしたのか
　　　　　　　　　　　　　　　　……………………………田中辰雄・中　裕樹……147
　　1．保護期間延長の創作誘因効果の実証例　147
　　2．利用する映画データベース　150
　　3．これまでの研究との整合性　152
　　4．推定結果は頑健か　154
　　5．おわりに　158

第7章　EU・アメリカはなぜ保護期間を延長したか　……酒井麻千子……160

　　1．はじめに　160
　　2．EUの動向　161
　　3．アメリカ合衆国の動向　174
　　4．おわりに　183

第8章　デジタルはベルヌを超える：無方式から自己登録へ
　　　　　　　　　　　　　　　　………………………………………林紘一郎……188
　　1．はじめに　188
　　2．著作権と無方式主義，保護される情報　189
　　3．情報資産の保護方式と登録制度　194
　　4．デジタル化による脆弱性の露呈　200
　　5．ⓓマークと自己登録制度　205
　　6．新しい任意登録制度と検討課題　211
　　7．登録と権利保護期間の関係　219

終　章　保護期間延長問題の経緯と本質 ………林紘一郎・福井健策…… 223
　　1．はじめに　223
　　2．保護期間が有限である理由　223
　　3．所有権と著作権の関係，デジタル化の影響　228
　　4．保護期間が著者の死後も続く理由　233
　　5．保護期間の最適設計　240
　　6．日本における保護期間延長問題の経過　245
　　7．「延長問題を考えるフォーラム」における議論　250
　　8．今後の課題と若干の提言　255

文化審議会著作権分科会資料（抜粋）………………………………………… 263

索　　引……………………………………………………………………………… 281

著作権保護期間
延長は文化を振興するか？

序　章　延長問題の客観的な議論のために

田中辰雄・林紘一郎

1. 著作権問題の難解さ

　本書の目的は，著作権保護期間[1]の延長問題について理論的整理と客観的な事実を示し，人々の議論に役立てることである．延長問題は2008年5月現在，審議会でなお議論が続いており，一般の関心も高くなってきた．しかし，議論の土台となる理論や事実の整理は必ずしも一般に知られておらず，憶測に基づく主張や，ごく例外的な現象を大勢とみなすような議論がなされがちである．その原因は，主張する人が故意に事実を曲げている場合もあるが，著作権制度の難解さに起因する誤解に基づく場合も少なくない．

　難解さを示す好例として，共編者の一人である林の個人的な体験を紹介しよう．林は電電公社と民営化後のNTTを通じて，33年間という長いサラリーマン生活を経て，学者に転じた者である．もともとは法学部の出だが，民営化（1985年）の直前に経営計画の実務責任者であったため，経済学を独習して民営化の制度設計に活用し，その後学位も取得した．というのも，現在の電気通信事業法を中心とする法制は，それ以前の独占的供給体制を180度転換させ，ゼロから構築するに等しい作業を必要としたため，法学の知識だけでは不十分だったからである．

　読者は，上記の説明に違和感を持たれるかもしれない．実はこの辺の事情は，本職の法学や経済学の先生に説明しても，なかなか理解してもらえない．なぜ

1）著作権をどれだけの期間保護するかを表す用語として，「存続期間」（著作権法51条）と「保護期間」（同条と第2章第4節のタイトル）の2つがあるが，本書では一般に理解されやすい「保護期間」に統一する．なお特許法では，「存続期間」に統一されている．

なら，わが国では法学と経済学はそれぞれ独立した学問分野であって，あちらもこちらもかじる，というのは異端に他ならないからである．しかし，アメリカでは Law and Economics は独立した研究分野として認められているばかりか，ロー・スクールの必修科目でさえある．

　本書の立場も，基本的には「法と経済学」の方法論に拠るところが大きいので，本来ならこのあたりについてより深く説明すべきかもしれない．しかし本書は，法と経済の一般論を論じるのではなく，著作権問題という具体論を論じることを目指しているので，詳しい説明は割愛せざるをえない．ご関心をお持ちの向きは，林［2004］（特に第1章）を参照していただきたい．

　いずれにしても林は，学者として経済学を中心に研究を進めるつもりだったが，幸か不幸か会社の退職時期と大学の採用時期にズレがあったため，8ヶ月の浪人生活を余儀なくされた．この間隙を活用する研究対象を探したところ，何気なく「著作権」を取り上げることにした．林が従事してきた電気通信というビジネスは，パイプに特化したビジネスであり，パイプの中を流れるコンテンツについては，まことに疎い．それを補うには，本来芸術的素養と関心を持つことが望まれようが，それは先天的な要素が多くて無理である．そこで，せめてコンテンツの権利処理である著作権について，一応の知識を身につけておこうと考えたわけである．

　この作戦は，今となって考えれば大成功だったようである．というのも，インターネットの普及とブロードバンドの動きにつれて著作権の重要性が高まり，林もこの分野の研究者の一人として認知されるようになったからである．しかしその過程で，法学部を出ているから独学でも何とかなる，という考えは甘かったことを嫌というほど痛感させられた．どうして著作権はそんなに難しいのだろうか？　そこには2つの大きな事情が複雑に絡み合っているように思われる．

　1つは，著作権が「物」という有体物に体現されるにしても，有体物に対する所有権とは別な，バーチャルな権利である点である．この間の事情は，わが国の著作権法そのものにも現れている．例えば「著作物」という用語は有体物を連想させるが，これを定義した条文では「思想又は感情を創作的に表現したものであって，文芸，学術，美術又は音楽の範囲に属するもの」（著作権法2条

1項1号，以下何条等とのみ記すのは，すべて著作権法）となっていて，慎重に「物」を避けて「もの」という用語が使われている．わが国の法律では「物」は，有体物に対して使われるのが普通だからである[2]．

そして，有体物なら他人の利用を完全に排除することができるが，無体物（特に情報）の排他性は絶対的ではありえない．著作物も情報の集合の一種である以上，特段の手立てを講じなければ自然に漏れ出ていくし，社会全体としてみれば情報の自由な流通は原則として望ましいことである．法はこのことをわきまえていて，著作権の保護対象を限定し（「アイディア」は保護せず「表現」のみを対象にするなど），利用態様により権利が及ばない場合（「権利の制限」）を設け，保護期間は永久的な所有権とは対照的に有限である．また，有体物を売却すれば，それに体現されている著作権は，消滅するのが原則である（消尽理論）[3]．

判例においても，「美術の著作権の原作品に対する所有権は，その有体物の面に対する排他的支配権であるにとどまり，無体物である美術の著作物自体を直接排他的に支配する機能ではない，と解するのが相当」との最高裁判決がある[4]．しかし世間では「知的所有権」という言葉に代表されるように，所有権と混同している向きが結構多い．これらの人々は，著作権を所有権のような絶対的排他権のごとく考えがちで[5]，次に述べるバランス論的配慮を欠く場合が多い．

2つ目の困難は，利害関係が錯綜していることである．法学の世界では，法律的に保護されるべき A という利益と，同じく保護に値する利益 B の間に「あちら立てれば，こちら立たず」の関係がある場合，これを利益衡量という概念で調整しようとする．ところが著作権の場合，A か B かという調整に加えて，a か b か，x か y か，甲か乙か等々，何次元にもなる複雑な利益衡量を，

---

[2] 私人関係を規律する基本法である民法においては，「本法において物とは有体物をいう」（民法85条）と明記されている．実定法における「者・物・もの」の区別については，田島［2002］参照．

[3] 所有権の基礎となる「占有」（民法180条以下）の語を避けて，「権利を専有する」と表現している（21条から28条など）のも，この辺の事情を窺わせる．

[4] 顔真卿自書建中告身帖事件，最二小判1984年1月20日，民集38巻1号1ページ．

[5] 現行著作権法の制定作業に携わった人々によって書かれた，加戸［2003］でさえ，「無形の所有権」という誤解を招きかねない表現をしている．また中には，著作権法を「チョサクケンポウ」と読み，著作物に関する憲法であるかの如く理解している向きもある．

続けねばならない．つまり著作権は相対立する利益のバランス論に他ならないのである．

著作権のこの特質は，歴史的経緯と深く関わっている．現行著作権制度の源流であるイギリスの copyright は，活版印刷というコモン・ローが想定していない技術の登場に対して，国王が大権をもって与えた出版勅許状に由来している（白田［1998］）[6]．これは現代では一般のビジネスにおいて禁止されるはずの独占を，法的に特別に認めたものである．

しかし当時の国王の支配権には限界があり，スコットランドでの強制力は強くなかった．この間隙を縫って，スコットランドで印刷した書物がロンドンに低価格で流入したのが，「海賊版」の始まりである．この海賊版は，一時は社会的にも容認されていたが，「永久 copyright」を主張したロンドンの印刷業者達が裁判に訴えたため，大論争になった．この裁判は，当時の慣習法を裁く最上位の裁判所である王座裁判所（トップは大法官で上院議長を兼ねる）において否定された（山田［2007］）．つまり copyright はその誕生のときから，慣習に根ざしたコモン・ローとは別の体系（エクイティ）に属すると認識され，そこにはバランス論的要素を内蔵していたのである．

copyright はやがて市民革命を経て「自然権」的に解釈され，産業革命以降は「誘因論」として再構成された[7]（この両者の違いについては林［2004］のほか，次節を参照）．そして19世紀に入って国境を越えた海賊版が深刻化したため，ヨーロッパ列強諸国がスイスのベルンに集まって協議を繰り返した結果，世界規模の多国間条約が成立した．これがベルヌ条約（1886年）という国際条約となった[8]．

国際条約の多くがそうであるように，ここでは対立する利害が政治的に調整されている（あるいは調整されないでいる）ので，国内法の場合よりも法的な整合性に欠けるケースが生ぜざるをえない（相沢［2005］）．その宿命が，今日

---

[6] イギリスにおける最初の出版者とされるキャクストンは，これより早く1476年にウエストミンスター寺院で印刷業を開始しているが，「何らかの保護が国王または教会から与えられていた」と推定される（白田［1998］）．
[7] したがって白田［1998］が指摘するように，copyright と著作権を同一視して連続した概念と捉えるのも，正確性を欠いていることになる．
[8] 正式名称は，「文学的及び美術的著作物の保護に関するベルヌ条約」．

でも私たちを悩ませるのである．著作権ビジネスに深く関わっている人の間では，ベルヌ条約や著作権法を「不磨の大典」のように考える人がいるが，それは制度の成り立ちや特質を誤解していることに注意が必要である．

2. バランス論の集合体としての著作権

　前節の後段で述べたバランス論は，抽象論ではわかりにくいので，具体例を挙げて説明しよう．著作権に関する利益衡量要素としては，以下のような例が考えられる．

①保護の範囲：著作物と非著作物

　著作権が保護しているのは，すでに定義を紹介したように「思想または感情の創作的表現」であり「文芸・学術・美術または音楽」の範疇に入るものとされている．これによって前述のとおり「アイディア」は保護されない．また，ここで「創作性」という要件は，特許の「発明」のような高いレベルのものではないとされ，後段は例示に過ぎず（10条），これ以外にも著作物になりうるものはあるとされている．しかし近年にいたって著作権を付与されるようになった，データベースやプログラムは，「著作権」としての保護の対象にふさわしいだろうか？ 50音別電話帳は創作性がなく，職業別電話帳には創作性があるという判決は，読者の常識に合致するだろうか？

②権利の内容：人格権と財産権

　著作権は憲法でも保障された「言論の自由」の発露という面を持っており，その限りで人格権の一種と考えられる．しかし，それは同時に対価を得て取引される，一般的な商品という性格も持っており，その限りでは財産権であり，現代ではむしろ財産権的側面が重視されている（相沢[2005]では，ビジネス法として割り切れとの主張がなされている）．この二面性は，例えば書籍を映画化する契約が成立して（つまり財産権の処理は合法的に済んで）も，後刻原作者から「自分の意に沿わぬ翻案である」として差し止めや，損害賠償を請求され，さらには著者の遺族等から同様の主張を受けることがある，という不安定な状況をもたらしている（27条，20条1項，60

条．この点は第 5 章で再説する）．

③権利付与の根拠：自然権論と誘因論

　前項とも関連して，そもそも著作権は何のための存在するのか，という原則論についても，前節で触れたように 2 つの考え方がある．人格権を尊重する立場からは，物を生産すればそれに対する所有権が発生するのだから，知的生産物についても同様の排他権が発生して然るべきだと説かれる（自然権論）．一方財産権的発想からは，独占は悪であり情報は本来万人が共有するときに効用が最大になるが，創作に誘因を付与するために政策的に一定期限を限って独占権を付与したのだと説かれる（誘因論）．

④権利の構成：権利付与と権利制限

　前項の違いは，私人の権利を優先するか，公益との調和を優先するか，といった局面で際立った対立を見せる．現在の日本の法制は，所有権に類似した強い排他権を事前に付与しつつ，法に制限列挙された場合に限って，著作権が制限されるという構成を採っている（30条から49条）．後者の例としては，私的な空間における利用（30条，私的領域には本来法が立ち入らない）や公益的な利用（31条以下，図書館における複製など）がある．しかし例えば，図書館で本をどこまでコピーしてよいかは，この条文から直ちに明確になるわけではない．現在では，書籍の半分まで，という運用がなされている[9]が，論議の余地があろう．

⑤保護期間：保護と利用

　現在わが国で最も論争の種になっているのが，保護期間のあり方である．現状は「著者の存命中＋死後50年」が標準であるが（51条 1 項・2 項），EUが加盟国間の法制を合わせるため「死後70年」に統一し，アメリカがこれにならったことから，権利者団体等は延長を主張している．保護期間を長くすればするほど，第 1 の著作者には有利であるが，利用者やその作品を使って再創造を行う第 2 以降の著作者は，第 1 著作者の許諾を得なければ

---

[9] 31条 1 号において，「公表された著作物の一部分」を複製できるとしていることから，「少なくとも著作物全体の半分以下であることを要」すると解されている（加戸 [2003]）．ただし「発行後相当期間を経過した定期刊行物に掲載された個々の著作物にあっては，その全部」を複製できる．ここで「相当期間」とは，「常識的に判断する」しかないとされる（同書）．

利用できなくなる．そこで，この保護と利用のバランスを取る必要があるが，一義的な解を見出すのは難しい．この点については，次節でもう一度考えよう．

⑥誰の権利か：創作者と利用者，創作者と出資者，創作者と表現者

従来の著作物は，専門家によって生み出されることが多く，彼らには著作権が付与される一方，一般大衆は著作物の利用者という受身の立場に置かれていた．ところが前項末尾で述べたように，創作者と利用者の利害は，通常は相反することが多い．加えて，大掛かりな創作活動が必要な場合，権利を原始的に取得するのは創作者とすべきか，それとも出資者とすべきかについても見方が分かれやすい．会社員などが業務の一環として作成した著作物で法人名義で公表するものは，原則として会社が著作者となる（15条）．映画の場合もこの原則は変わらないが（16条），著作者が映画製作者に対して参加の約束をしたときは，製作者に帰属することとしている（29条1項）．しかし，監督に許諾権がなくてよいのか，という議論もある．また劇作の場合は脚本家が著作者で，出演者には「著作隣接権」という著作権類似の権利が発生する（90条の2以下）．

⑦流通のコントロールによる実効性の担保：創作者と流通事業者

著作物は何らかの形で有体物に体現されて流通することが多く，その有体物に対する物理的支配権を通じて，著作権というバーチャルな権利の実効性を担保してきた．そのため創作者のみならず，流通過程を担う者にも権利が与えられてきた．例えば音楽は無形のものであるが，CDなどに固定されているので，レコード製作者も「著作隣接権」の恩恵を受けている（96条以下）．また放送や有線放送というのは特殊な流通形態であるため，これまた「著作隣接権」者の一種とされている（98条以下，100条の2以下）．これらの流通業者と著作者とは，共存共栄の面と，利益相反の面とを持っている．

このように著作権問題はさまざまのバランス論の集合体になっており，これらの問題すべてを一挙に解決することは難しい．むろん，本書ではすべての問題を扱うわけではなく，この中の⑤の保護期間に焦点をあてて問題を限定する．しかし，それでも各種のバランス論を整理していくための一貫した視点は必要

である．本書ではその視点を経済学に求めている．本書の執筆者のうち，経済学の素養を持つ人間が半数を占めているのはそのためである．

　経済学の視点とは，著作権は創作を刺激して文化の発展に資するための制度であるという誘因論である．このような立場から著作権を語ることに批判的な立場の人もいるかもしれないので，ここでなぜ経済学の視点をとるかを述べておきたい．

　第1に，誘因論ではない立場をとると，実証的な決着がつきにくくなる難点がある．誘因論ではない著作権の論拠としては，創作したものは創作者が権利を持つのはそもそも当然であり，創作物は創作者の人格の一部であるという人格権型（あるいは自然権型）の議論がある．これは人々に一定の訴求力を持っているが，有力な反論があって実証的決着がつけにくい難点がある．反論とは，いかなる創作も先人の成果の上にたっており，文化の発展のためには創作物は広く使われてこそ意味があるという反論である．この場合，異なる理念がぶつかっていることになるので，実証的な決着がつけにくく，どちらが人々の支持を集めるかという「世論」をめぐる戦いになる．これに対して，誘因論は創作の誘因と利用者の利便性を比較する経済学的な議論なので，ある程度実証的な議論をすることができる．

　第2に，より重要な論点として，本書で取り上げる著作権保護期間は死後何年かを論じており，著作者が亡くなった後なので，人格権型の主張は説得力を持ちにくいという点があげられる．著作者の死後，その人格を引き継ぐ存在はいないからである．しばしば，亡くなった著者の名誉を守るために保護が必要であるといわれることがあるが，遺族といえど人格の異なる人間であり，すでに故人である著者の意志がわかるはずはない．著者が生きていれば，著者自らが自分の名誉・人格を持ち出して利用に制限を加えることが妥当であることがあるとしても，著者が亡くなった後では同じ議論はあてはまらない．例えば遺族が著作物の利用を強く制限した場合，それは著作者の意図あるいは名誉にむしろ反するのではないかという疑問が常に出される．著作者の死後にも権利を存続させるのは，遺族の生活のために創作者が創作に励むことを期待してのことであり，そもそもが経済学的な理由である．保護期間の問題を考えるならば，著作権一般の場合以上に，経済学的な視点が重視されてしかるべきであろう．

以上の理由により，本書では主として経済学的な視点で保護期間延長のバランス論を考察していく．ただし，経済学的な議論も政策に実現するときは，法的な位置づけが必要である．その意味では背後には法的議論は控えており，それは適宜とりあげることになる．

3. バランス評価の具体例

それでは，経済学的議論，すなわち誘因論をとるとして，具体的に保護と利用のバランスを評価する尺度はあるのだろうか？　一般論として著作権の保護が弱すぎると，コピーが出回るなどして著作物からの収益が減少して著作者は作品を制作する意欲を失うため，作品が創作されなくなり社会としての損失になる．一方，保護水準が強すぎると利用者の利用や次の創作者の再創造が進まず，やはり社会として損失が生じる．著作権の保護水準は，著作者側と利用者側の双方の利益をバランスさせて，社会としての最適点になるように定める必要がある．

図1はこの関係を図示したものである．横軸 z は権利保護の強さを表し，左の端が保護が全く無い状態で，右に進むほど権利保護が強くなる．例えば右に進むほど私的コピーが厳しく取り締まられる，あるいは権利保護期間が長くなると考えればよい．縦軸のうち右側は創作者の便益 C（生産者余剰）を表す．創作者の便益は，権利の保護が強まるほど収益の機会が増えるので曲線 $C(z)$ が示すように右上がりに増加する．ただし，あまり保護を強めすぎると利用者の反発のために売上げが減少して収益は下がる可能性があり，図ではこれを反映して A_1 点で逆転するように描いてある[10]．

縦軸の左側は利用者の利益 U（消費者余剰）である．利用者にとっては保護が弱いほど自由な利用が可能になって便益が上昇するので，曲線 $U(z)$ は z が小さくなるほど，すなわち左に進むほど増加する．ただし，保護があまりに弱

---

10) 常に反転が起こるというわけではないが，反転を示唆する現象は多く見られる．例えば地上波デジタルではコピーを1回しかできないように制限したが，これにユーザが反発しかえって地上波デジタルの立ち上げが阻害された．音楽配信で，強いDRM（コピー防止技術）をかけた日本の配信事業が伸び悩み，DRMを弱めたiTunesなどの配信事業が伸びているのも，強すぎる保護が創作者の便益をかえって失わせた事例である．

図1 著作権の最適保護水準の概念図

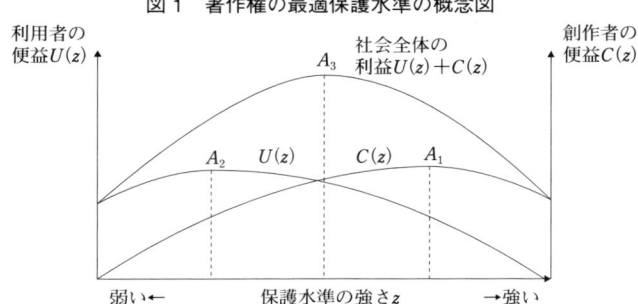

くなると創作物がまったく供給されなくなり,利用者の便益は下がりはじめる可能性がある.図ではこれを反映し A_2 で逆転するように描いてある.

社会全体の便益(社会的余剰)は,創作者の利益と利用者の利益の和 $S(z) = U(z) + C(z)$ で表され,図1のように上に凸の曲線になる[11].社会全体の利益が最大になるのは図の A_3 点である.権利保護の水準が左端の方に近くても右端に近くても社会的便益は減少し,便益は権利の強度が中庸のどこかで最大になる.したがって,制度の設計者は,この最大の点を探して適切な権利保護期間を設定すべし,ということになる,

経済学の立場からの論考は Landes and Posner [2003],林 [2004] をはじめとしておおむねこの見解に沿っており,法学の立場からでも斉藤 [2007],作花 [2002],田村 [2001],中山 [2007] に見るように,考え方としては創作者の便益と利用者の便益のバランス論に立っている.私的コピーをどこまで許すか,強制許諾をどこまで認めるかなどはこの最適保護水準問題の一例であり,著作権の保護期間もこの一般論の中の事例の1つである.

著作権保護期間の場合,創作者側の便益とは,期間延長にともなって収益が増え,創造が刺激されることの利益であり,利用者側の便益とは,保護期間が切れてパブリック・ドメイン化することで得られる利益である.図示すると図

---

11) 論理的には,曲線が波打って複数の極値を持つケースもあるが,ここではもっとも単純なケースを考える.

2のようになる．横軸は著者が亡くなってからの経過年数である．ほとんどの著作物は時の経過に伴い，売上すなわち利用者が減少するのでこれを反映して曲線は右下がりである．

　保護期間を死後50年から70年に延ばした場合の著作者の便益の増加分は図の斜線の部分であり，この便益分と，この便益増加が刺激となってより多くの創作が行われることが期間延長の便益である．一方，保護期間を延長しない場合には著作物はパブリック・ドメイン化されて世の中のより多くの人の利用が図の点線のように促進されることになり，これが延長をしないことの利益となる．この両者を比較した上で延長の是非を決めるべきというのが経済学での問題の整理である．

　なお，このような問題の整理は財産権的側面に注目した誘因論であり，経済学的な議論である．前節で述べたように，期間延長問題には非経済的な議論もあり，最も有力なのは，著作者への尊敬や名誉の維持として保護期間延長が必要であるという人格論的な議論である．すでに述べたように本書はこのような議論にはあまり踏み込まない．ただ尊敬や名誉についても，同様のバランス問題になるだろうということは指摘しておきたい．まず，保護期間が過ぎても著作者人格権（の一部としての氏名表示権）は維持されているので，著作物からその人の名前が失われるわけではない．問題なのは，保護が切れてパブリック・ドメイン化した場合，低俗な利用により著作者の名誉が汚されると見るか，

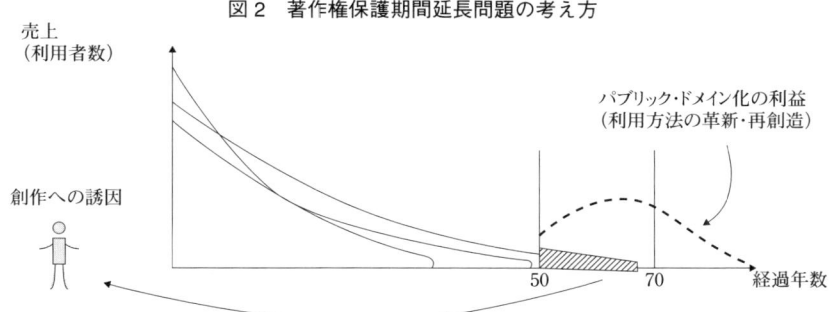

図2　著作権保護期間延長問題の考え方

それとももっと多くの人が利用するようになって著作者の名誉がむしろ高まると見るかの違いである．

パブリック・ドメイン化した場合，例えばミッキーマウスが暴力的なキャラ化されたりして，作者の名誉を傷つけるかもしれない．しかし，実際にはシャーロック・ホームズやアルセーヌ・ルパンのように多くの人々に愛され，数多くの作品が創作されて，作者の名誉がさらに高まる事例も多い．作者の名誉のためにどちらが良いかは，両者の比較衡量すなわちバランスで決めなければならない．したがって，売上や利用者数など経済的な量には還元できないものの，名誉や尊敬の得失で見てどちらが大きいかというバランス問題になるという構図は同じである．

このように著作者への尊敬や名誉に論拠を求めたとしても，延長の是非についてどちらかの立場が無条件に支持されるわけではないことは確認しておきたい．以上を踏まえた上で，本書は経済的な議論に絞る．

4. 延長賛成と反対の論拠

図2で見たように，保護期間延長に賛成する側の経済的な論拠は，延長によって創作が刺激されて創作物が増えるという点につきる．これをさらに詳しく述べると次の3点に分けることができる．

[E1] 現在の創作者の意欲刺激

現時点の創作者が遺族のためにより創作に励むようになるという誘因論であり，延長賛成論の主要な論拠である．延長についての論争は，この創作者の意欲刺激効果に関して行われることが多い．なお，この論拠では，現時点ですでに創作されてしまった作品の権利を延長する必要は無く，これから創作される未来の作品の権利だけ延長すればよいことに注意すべきである[12]．

---

12) これはアメリカの著作権保護期間延長法（ソニ・ボノ法，俗にミッキーマウス法ともいう）に対して，パブリック・ドメイン化した書物をウエブ上で復刻していたエルドレッドが，憲法違反であるとして提起した裁判の主たる争点であった．法定助言意見（amicus curiae）を提出した経済学者は，ほとんどがエルドレッドの主張を支持したが，最高裁は7：2の多数で合憲判決を下した．Eldred v. Ashcroft, 123 S.Ct. 769 (2003)．詳しくは城所 [2004] 参照．

[E2] 継続投資

創作は1回だけ行われ，その後は複製品が生産されるだけの場合が多いが，キャラクター型の著作物の場合は，継続投資により価値が再生産されることがある．典型例はミッキーマウスであり，毎年のようにアトラクションなどが考案され，創作のための投資が続けられている．この場合，保護を断ち切ると投資が行われなくなり，創作がストップする[13]．

[E3] 混雑効果

保護を打ち切ってパブリック・ドメイン化すると無数の利用者が現れて，創作物が過剰に浪費され，価値が減じてしまうという説である．創作物は露出を適度に抑えて細く長く利用するようにした方が時間を通じた価値の総額が増え，そのための管理者がいた方がよいとされる．人気俳優やアイドル歌手のマネジメントで露出を制御するのと同じ論理である．この点についての検証は，第5章で展開される．

以上の3点のうち，議論の焦点になっているのは主として [E1] の創作意欲の刺激である．[E2] の継続投資は理論的には興味深いが，50年を超えて毎年のように継続投資される事例は，ミッキーマウスのような例外にとどまる．[E3] の混雑効果は，死後50年以上たった著作物のほとんどは露出が減っており，露出制御が必要なのはやはりミッキーマウスなど例外にとどまる．これに対して，[E1] の創作刺激効果はあらゆる著作物にあてはまりうる論理であり，そもそもの著作権法の趣旨でもあった．多くの論者の関心もここに集まっている．

本書でもこの [E1] に焦点をあてて調査を行った．まず，第1章と第2章では，書籍について保護期間延長がどれくらい著作者の収益を増やすかを分析した．第1章では，具体的な著作者名をたどりながら，本の長期的な収益の構造がどうなっているか調べた．死後50年たったとき，著作者の遺族の中で収益を得ている人は全体のどれくらいいるか，すなわち期間を延長したときに収益の増加の恩恵を受ける人は，著作者遺族の中でどれくらいなのかを実例を踏まえ

---

13) このようなケースの理論モデルとしては絹川 [2006] を参照．

て調査した．第2章は，同じデータを使い，計量的な手法で保護期間を20年延長したときに，著作者の収入が何％くらい増えるかを推定した．著作物の売上げはならすとほぼ一定割合で低下しているので，20年間の延長による収益の増加を推定することができる．

この2者では保護期間延長による収益の増加が推定される．しかしそれが創造を刺激する効果はどうなのだろうか．この問いに答える試みが第5章と第6章である．第5章ではアメリカで保護期間が50年から70年に延長されたことで書籍の流通が促進されたかどうかを調べ，第6章では映画を対象にして，保護期間の延長が映画製作本数を増やしたかどうかを調べた．多くの先進国で著作権がすでに50年から70年に延長されており，保護期間延長が創作の誘因になるなら，制度変更後に創作物が増えるはずである．この効果推定についてはいくつかの先行研究もなされており，この2章では先行研究を踏まえて，保護期間延長が創作活動を活発化するかどうかを検証する．

一方，延長反対の論拠は図2で示したパブリック・ドメイン化の利益につきる．その利益の中身をさらに分類整理すると，次の4点になる．

［P1］利用者の拡大

パブリック・ドメイン化すると，著作者の遺族の意向にかかわりなく自由に利用できるために，利用者が増える．この利用の増加による利益が，パブリック・ドメイン化の第1の利益である．著作権は一種の独占権なので，独占を排除すれば一般論として利用者側の利益は増加すると考えてよい．また，遺族が必ずしも経済動機に基づいていない場合，利用が著しく制限されることがあり，例えば演劇では芸術に無理解な遺族が戯曲の上演を許諾せず，文化の停滞を招いているという批判がしばしばなされている．パブリック・ドメイン化するとこのような制限がなくなるので，利用が広がり社会全体として効用が増加する．

［P2］利用方法の革新

パブリック・ドメイン化することで，革新的な利用方法を提供する事業者が現れ，これで市場が拡大する効果である．例えば，青空文庫はインターネット上で本を読むという新しい利用方法を提案して読者層を広げ，格安DVDは書店や駅前でDVDを売るという販路を開拓して市場を拡大した．これらの利用

方法は，著作物をパブリック・ドメイン化しなければ現れなかったものである．

[P3] 再創造（創造のサイクル）

パブリック・ドメイン化するとそれを翻案した作品群が自由に作れることになり，いわば作品の再創造が起こる．例えば宮沢賢治の著作権切れとともに銀河鉄道の夜のアニメ化や戯曲化が行われ，サンテグジュベリの著作権切れとともに星の王子様の新しい翻訳がたくさん現れる，などがその事例である．

[P4] 取引費用の削減と権利者不明作品の利用

昔の作品で著者が故人の場合，権利者が誰であるか不明なことが多く，権利者を探して交渉するための費用すなわち取引費用が禁止的に高くなる．このため権利者不明の作品（orphan works）が増える．パブリック・ドメイン化すれば，自由に利用できるので取引費用が無くなり，作品の死蔵を防げる．

パブリック・ドメイン化の利益の大きさの測定については，あまり研究が行われていない．本書ではいくつかの実証と理論研究を報告する．まず[P1]の利用者の拡大については，第5章の中で扱った．この章ではアメリカでの書籍について，パブリック・ドメイン化後の流通を見ることで，利用が拡大したかどうかを見た．

[P3] 再創造の利益については，第3章で再創造がどれくらいの大きさになるかをシャーロック・ホームズの事例を使って調査した．再創造は多岐にわたるため全体像は把握が難しいので，重要な事例をとりあげて調査するほかない．この点でシャーロック・ホームズは格好の素材であり，ホームズ作品がどれくらい他の作品に利用されてきたかを調査した．

[P4]については，第4章で取引費用が利用をさまたげるメカニズムの1つを理論モデルで明らかにした．再創造などで著作物の利用がなされた場合，それが事後的に禁止される可能性があると，利用は萎縮する．すなわち，許されるか否かが事前にわからない場合，それが事前にわかる場合に比べて利用は低下する．これによって社会全体の厚生は低下するのかどうかを理論的に検討する

[P2] 利用方法の革新については今回は残念ながら実証までいたらなかった．今後の課題としたい．

5. 延長問題の選択肢

　以上の検討を踏まえて，保護期間という制度的検討に戻ってみよう．E1からE3までが延長の利益で，P1からP4までが延長しないことの利益である．保護期間の延長の是非は，両者の利益を比較して利益の大きい方の意見を採用すべきである．どちらの利益が大きいと見るかは，本書の論考を踏まえて読者に判断してもらうしかない．本書の目的は判断のための材料を提示することにある．
　ただ，保護期間は延長するかどうかの二者択一ではなく，中間的な妥協案もいくつか提案されている．妥協案も重要な論点であり，これを以下3つに整理してみよう．

[C1] 延長分を登録制化

　延長分については登録制とするという案が総務省 [2006] によって提案されている．林 [2007] はこれを一般化し，延長問題とは独立に，登録していることを訴訟要件にするという案を提起している．これらにより，誰が権利者であるかがわからなくなることは防げるので，P4の取引費用の問題は解決される．ただし，P1，P2，P3の問題は解決されない．なお，すべての著作物をデータベース化するという案も一部で提案されているが，50年以上にわたり創作者の遺族を追跡しながらデータを更新する費用は禁止的なほどに高く，また訴訟要件等の誘因の無い登録制度は，実用的とは思えない．

[C2] 延長手数料制度

　一定の料金を払った著作物だけ，保護期間の延長ができるようにするという案であり，Landes and Posner [2003] が唱えている．この案ではミッキーマウス（おそらく何億払っても期間延長すると思われる）の保護期間を延長することができる．ただ，この案では延長料金の設定で大きく状況が変わる．延長料金を1000万円にするとミッキーマウスは延長できるが，残りはパブリック・ドメイン化するので，事実上延長しないことと同じになる．延長料金を100円にすると，商業作品のほとんどが延長するので，事実上の無条件での期間延長に近くなり，結果として青空文庫や格安DVDのような事業や再創造はできなくなる．

[C3] 延長分を報酬請求権化

50年より先については，許諾権を改めて報酬請求権にするという案である（田中［2007］）．すなわち，50年以降は，(i)非営利の利用は自由・無償でできる，(ii)営利でも自由に利用できるが売上の数パーセントを著作権者に払う，(iii)再創造は自由・無償でできる，とする．これにより，完全ではないがある程度の報酬を遺族に保障しながら，パブリック・ドメイン化の利益も守ることができる．ただし，延長賛成派の論拠のE2，E3は解消されない．また，実際に実現するためには徴収方法の確保など実現上の問題を解決する必要がある．

これらの得失を一覧にすると以下のようになる．この表で○印はその論点が解決されていることを示す．

	延長	パブリック・ドメイン	[C1]登録制＋訴訟要件に	[C2]延長課金制度		[C3]延長分を報酬請求権化
				料金100円	料金1千万円	
[E1]創作者の意欲を刺激	○		○	○	×	○
[E2]継続投資の誘引	○		○	○	○	×
[E3]混雑効果の回避	○		○	○	×	×
[P1]利用者の拡大		○	×	×	○	○
[P2]利用方法の革新		○	×	×	○	○
[P3]再創造（創造のサイクル）		○	×	×	○	○
[P4]取引費用 orphan works		○	○	○	○	○

このような制度的検討の一例として，本書の第8章では［C1］の登録制度をとりあげて詳細な検討を行う．登録制度は現在でもアメリカで活用されており，それなりの実績があり，現実に実施しうるという利点がある．ただし登録制度を強制すれば，著作権に事実上の方式主義が導入されることになるので，それでよいかどうかの理論的検討が必要である．すなわちベルヌ条約は著作権は無方式主義（特許権と異なり，手続きなしで権利が発生する）をとっており，これとどう整合性をとるかという問題である．第8章では，ベルヌ条約のそもそものあり方を含めて基本的なところまで遡って議論を行う．

なお，著作権は国際問題でもあり，国際的観点からの議論も行われている．よく論議される論点としては以下の3点がある．

[I1] 保護期間が異なっても整合性はとれるか？

欧米諸国が70年にそろえているときに，日本だけ50年で整合性がとれるのかという問題である．日本だけ50年であることで，ビジネス交渉あるいは政府間交渉で不利になる可能性が指摘される．たとえば保護期間が50年しかないなら大きな対価を要求する，あるいは著作物の提供を渋るなどの可能性である．これに対し，これまでも保護期間は国によってばらばらであったが，そのような整合性の問題は発生しておらず，整合性の問題は机上の空論にすぎないという反論がある．

[I2] 日本の著作物の輸出入を考えるときの損得の大きさはどれくらいか？

著作物の輸出入を考えた時に，保護期間延長は日本にとって得か損かという問題である．一般に著作物が輸入超過である場合は，保護期間が短い方が外国の著作物を早く無料で利用できるのでその国にとって有利である．19世紀のアメリカが著作権保護に不熱心だったのは，ヨーロッパからもたらされる著作物を自由に利用したかったからであるとされる．日本の場合，現状の総計では著作物は輸入超過と思われるので保護期間は短い方がよい．しかし，著作物の種類によっては輸出超過の場合もあり，また，この状態がどこまで続くのかを問題視する意見もある．

[I3] 欧米はなぜ延長を行ったのか？

保護期間の延長はすでにヨーロッパとアメリカで実施されている．彼らはどのような根拠と判断に基づいて延長したのだろうか．延長にあたってはそれなりの議論がなされているはずであり，そのときの延長の理由が日本にも当てはまるものであるかどうかを検討する必要がある．日本にもあてはまるなら延長支持の材料になるし，逆にあてはまらないなら延長支持の材料にはならないだろう．

以上3つの論点のうち，本書では[I3]の欧米での期間延長の理由をとりあげる．第7章がそれであり，特に従来あまり注目されてこなかったヨーロッパの事例を中心に，保護期間延長の経緯を調べ，ヨーロッパでの期間延長の論拠

を明らかにする．

6. 本書の構成

　本書の構成について述べる．本書は，2部構成となっている．読みやすさを勘案して対象となる著作物をできるだけ一貫させるなど，ここまでの議論の整理の順番とは異なるやり方で配置した．その結果，第Ⅰ部と第Ⅱ部は，ある程度独立して読めるようになっている．

　「第Ⅰ部　著作物の寿命と再創造」は，主として書籍をとりあげながら保護期間の前と後で何が起きているのかの現状調査である．保護期間設定にあたって大切なのは，創作のためのインセンティブ＝誘因（創作者の便益）と創作後の利用・再創造の容易さ（利用者の便益）とのバランスであり，これを実態と理論の両面から整理する．ここでとりあげたのは，主として本（書籍）という著作権発生の原点となった著作物であるが，この枠組みはその他の著作物にも適用可能と思われる．

　具体的には「第1章　本の滅び方」（丹治）と「第2章　本のライフサイクルを考える」（田中）において，著者の死後も出版され続けているベストセラーを中心に，本が市場から姿を消すのはどの程度の期間が経ってからか，保護期間を延長することがどのような影響を与えるのか，を分析している．この2つの章は「寿命」に焦点を当てた章である．書籍の場合，保護期間延長で利益を受ける人は著作者全体のごくわずかであり，収益の増加で見ると1～2％程度の増加であるという結果が得られている．

　一方「第3章　シャーロック・ホームズから考える再創造」（太下）は，著作権保護期間中に2次的著作物を創作することがいかに困難であるか，著作権が切れてパブリック・ドメインに入った著作物がどのように利用されているのかを実証的に論じている．こちらは「再創造」あるいは「再利用」に焦点を当てた章である．

　第Ⅰ部の最後の「第4章　デジタル環境と再創造」（中泉）においては，以上の実証結果を踏まえて，理論面から何が問題であるかを整理する．再創造時のホールドアップ問題，事後の期間延長の是非などが検討され，現在の法制度が，

再創造のためには必ずしも有効ではなく，特にデジタル環境では新しい仕組みが必要であることが示唆される．

「第Ⅱ部　保護期間と保護方式」は，著作権保護期間を延長した場合に創作がどれだけ刺激されるか，著作物の利用範囲が広まるか等を検討するとともに，アメリカやヨーロッパなど，保護期間を延長した国々の実例を紹介する．そして「無方式主義」という著作権制度の基本となる仕組みが，デジタル環境下では危うくなることも踏まえ，登録制度を導入した場合に，それが権利保護期間とどのような関係になるかを論じている．

「第5章　保護期間延長は社会厚生を高めたか：アメリカの場合」（ヒールド，今川・宮川共訳）は，アメリカで1998年に保護期間を20年間延長した結果を検証した論文である．結論として，法が想定したように著作物の流通が刺激されたという証拠は得られない，としている．「第6章　保護期間延長は映画制作を増やしたのか」（田中・中）は映画をとりあげ，過去の保護期間延長によって映画制作が増えたかどうかが検討し，期間延長で映画制作が増えるという頑健な証拠は得られなかったとしている．そうすると，法改正の是非はどちらに証明責任があるか，という議論と交錯することになるが，一般的には期間延長を提案する側に責任があると考えるのが妥当であろう．

末尾の2つの章では保護期間延長の制度的検討を行う．「第7章　EU・アメリカはなぜ保護期間を延長したか」（酒井）は，EU統合にともなって保護期間を「死後70年」に統一した原因を探る．そして一般に信じられているほどに議論が盛り上がった形跡は見られず，域内統一のため最長であったドイツ法に合わせただけであるという背景が浮かび上がる．「第8章　デジタルはベルヌを超える」（林）は，従来ベルヌ条約の「無方式主義」は疑われることがなかったが，デジタルを主体にした著作物の比重が高まれば「登録制度」が有効なケースも生じるとして，その可能性を探っている．もともと制度の選択とすれば，単なる延長と据え置き以外のさまざまの解が可能であり，その一例として登録制度と保護期間の弾力化について検討している．

7. 著作権延長問題の議論を実りあるものにするために

　本書は著作権保護期間延長問題を判断する上での基本知識を与えることを意図しており，期間延長の是非の判断は読者に任される．各章では執筆者の意見が述べられることもあり，読んでいただければわかるように，結果として期間延長に慎重な意見が多数派である．しかし，最終判断はむろん読者の手になるべきものであり，本書として具体的な提言を出すものではない．冒頭に述べたように本書の目的はそのための基本知識を提示する点にある．読者の判断の役に立てば，本書の目的は達成されたことになる．

　ただ，最後に1つ，本書の編者として主張したい点を述べておきたい．それは，この期間延長問題を実証的に議論することの大切さである．期間延長はすぐれて量的な問題であり，実証的に議論できる．著作権問題の中で，人格権か財産権か，許諾権か報酬請求権かというような問題は，程度問題ではなく是か非だけのいわば0か1の議論になることが多く，原理的な対決になりやすい．しかし，保護期間延長問題は，50年がよいか70年がよいか，はたまたむしろ30年に短くした方がよいのか，という数字の選択問題であり，そもそも量的な問題である．したがって，期間延長をした場合の得失をさまざまの事例や著作物の点数・売上などから調べて，実証的に議論することができる．

　そして，この点で日本は国際的に見て非常に良い位置にある．アメリカ議会で著作権保護期間延長が決まったときには，このような実証的な議論の積み重ねが乏しく，政治力にまさるグループのロビーイングで議会が法案を可決してしまった面が強い．アメリカのエルドレッド裁判は，すでに保護期間延長法案が可決されてしまった後，それが憲法違反かどうかを争ったものであり，延長問題の是非を直接に議論しているわけではなかった．著名経済学者グループが保護期間延長には根拠が無いという参考意見を述べ，また一部の経済学者がそれに反論したりしても，裁判所がこれらの論争を元に期間延長の是非の判断をしたわけではなく，裁判所は保護期間の設定は議会が決めるべき裁量の範囲内であると判断して議会に下駄を預けただけである．いうなれば，アメリカでの保護期間延長は，実証的な議論を経ずに先走って決めてしまった感が強い．ま

た，ヨーロッパでも，本書第7章で述べているように，目前にせまったEU成立のために制度を統一せざるをえないので長い国にあわせざるをえなかったという事情があり，ここでも実証的に十分な議論を積み重ねたとはいえない．

　これに対し日本は，保護期間延長はこれから検討しているところであり，実証的な検討をするだけの時間がある．アメリカでの騒ぎ以来，研究者が保護期間についていくつか研究を行い，すでに利用可能な実証研究が公表されてきて，それらを踏まえた議論が可能な状況にある．また，ヨーロッパ諸国のようにEU統合のための制度統一というやむをえざる政策的制約があるわけでもない．さらにいえば，日本はすでに期間延長が行われた国の経験を見てその効果を判断できる立場にあり，例えば，本書の第6章は映画について期間延長の効果を調べたものである．このように日本は他の欧米諸国に比べて，実証的なデータをもとに延長がよいかどうかを議論できるという有利な立場にある．この利点を生かさない手はないだろう．本書はそのような有利さを生かすための1つの努力として，編集されたものと受け取っていただいて結構である．実証的調査を比較したあと，延長の方が社会全体として望ましいということなら延長でよいし，延長しない方が望ましいとなれば延長しないという選択を日本としてとればよい．いずれの道を選ぶにせよ，実証的な論拠を踏まえたうえでの決定がなされることを期待したい．本書がそのための一助になればこのうえない喜びである．

[参考文献]

相沢英孝［2005］「著作権のパラダイムへの小論」『知的財産法の理論と現代的課題』弘文堂．

城所岩生［2004］「権利保護期間延長の経済分析――エルドレッド事件を素材にして」林編著［2004］所収．

絹川真哉［2006］「メディア・コンテンツの最適著作権期間：ガンダム・アプローチ」富士通総研レポートNo. 274．
　　http://jp.fujitsu.com/group/fri/downloads/report/research/2006/no274.pdf

斉藤博［2007］『著作権法（第3版）』有斐閣．

作花文雄［2002］『詳解著作権法（第2版）』ぎょうせい．

白田秀彰［1998］『コピーライトの史的展開』信山社．

田島信哉［2002］『最新法令用語の基礎知識（改訂版）』ぎょうせい.
田中辰雄［2007］「過去の著作物等の保護と利用に関する小委員会への意見書」文化審議会著作権分科会，第4回ヒアリング資料.
田中辰雄・林紘一郎・丹治吉順［2007］「著作権保護期間延長問題についての経済学的考察」『第5回年次学術研究発表会資料』知財学会.
田村善之［2001］『著作権法概説（第2版）』有斐閣.
中山信弘［2007］『著作権法』有斐閣.
林紘一郎編著［2004］『著作権の法と経済学』勁草書房.
林紘一郎［2007a］「著作権，自己登録制度，研究者コミュニティ」『知財学会誌』.
林紘一郎［2007b］「無方式主義化の著作権登録制度」『第5回年次学術研究発表会資料』知財学会.
山田奨治［2007］『＜海賊版＞の思想』みすず書房.
Landes, William and Richard Posner［2003］*The Economic Structure of Intellectual Property Law,* Harvard University Press

第Ⅰ部　著作物の寿命と再創造

第1章　本の滅び方：保護期間中に書籍が消えてゆく過程と仕組み

丹治　吉順

1. はじめに

　法律や制度を改正する場合，対象となる分野の現状を把握せずに着手することは本来ありえない．著作権の保護期間延長の是非を論じるなら，日本で作者の死後50年を経て経済的な価値を持つ著作物がどの程度あるのか，逆に70年に延長されることで埋没する著作物はどれくらいありそうなのかといったデータは基本になる．それがなければ，地に足のついた議論はできないし，実態に即した制度など作りようがない．ところが，著作権の保護期間を延長する法改正に関しては，こうした基本的なデータがほとんどないまま議論が進んでいる．改正を論議する文化庁文化審議会著作権分科会「過去の著作物等の保護と利用に関する小委員会」では，「著作者の死後50年を過ぎて商用的価値がある作品は，一体，どの程度あるのか」という質問が委員の間から挙がっているにもかかわらず，委員会の場に提供されないまま，会合が重ねられている[1]．

　ここでは，今から41〜50年前に相当する1957〜66年に日本で死没した人の著書の出版状況を，彼らの生前・没後にかけて調べた．この期間に死没した人は，現行法では2008年1月から10年間にわたって著作権が順次切れていく．著作権法の改正が行われれば，最も影響を受ける著作者たちである．同時に，死後半世紀という期間に著作がどのように残るかを最も具体的に示してくれる例でもある．そうした人たちの著書の出版の変遷を詳細に見ることで，保護期間の延

---

[1]　文化庁文化審議会著作権分科会過去の著作物等の保護と利用に関する小委員会資料「ヒアリング等で出された主な意見の整理（第6回後更新版）」(http://www.mext.go.jp/b_menu/shingi/bunka/gijiroku/021/07091009/004.pdf).

長がどのような効果・影響を持つのかを，具体的に知ることができる．

2. 調査方法の概要

詳細は末尾の付記に記すが，具体的な調査方法と方針は以下の通りである．
「昭和物故人名録　昭和元年〜54年」[2]にまとめられたうち，1957〜66年の物故者の人名をすべて国立国会図書館の蔵書検索・申込システム[3]（NDL-OPAC）に入力し，生前から現在（2006年末まで）に至る著書の出版状況を調べた．没後の出版状況は，死没の翌年〜10年，同11〜20年というように10年ごとに区切ってデータをとった．

ただし，単純に入力すれば必要なデータが得られるわけではない．同一の本がデータ上は2件以上に数えられていたり，逆に1件のデータに場合によっては10冊以上の本がまとまっていたりするなど，さまざまなケースがあったため，中身を逐一チェックした後に数値をまとめた．また，国会図書館の蔵書カバー率が年代によって変わるため，それらの補正も行った．

さらに同じ物故者人名を日本書籍出版協会データベース[4]に入力，彼らの著書が現在出版されているかどうかも調べた．没後41〜50年たっている著者たちの本が，現在どのように扱われているかを，知ることができる．

3. 調査——没後の出版数の減少と寡占の進行

3.1　調査人数と内訳

調査の対象数を表1.1に示す．

NDL-OPACに入力した人数は重複などを除いて3,674人，そのうち著書（編書・訳書なども含む）が確認できたのは1,710人だった．うち，生前に著書が出版されていた人は1,622人，残る88人は少なくとも国会図書館の蔵書を見る限りは生前には出版されず没後にのみ出版されている．傾向としては，歌人・

---

2) 「昭和物故人名録　昭和元年〜54年」日外アソシエーツ，1983年．
3) 国立国会図書館蔵書検索・申込システム（http://opac.ndl.go.jp/）．
4) 日本書籍出版協会データベース「Books.or.jp」（http://www.books.or.jp/）．

俳人が一定数いるようで，生前に詠んだ短歌・俳句を没後にまとめたものと考えられる．

著書のある1,710人のうち，没後に1冊でも本が出版された人は856人（50.1％）．つまり半数の著者にとって，生前に出版された本がそのまま死後に増刷された分以外，死後の保護期間に意味はない．本が生前の形態のまま長期間売れ続けるとは考えにくいが，死後増刷分の数は不明であり，この点の調査があればより理想的だ．また，死没から41〜50年たった現在，著書が1冊でも出版されている著者は402人（23.5％）である．著作権が切れるまでに1〜10年を残しており，実際に死後50年を迎えたときにはこの数はさらに減少しているだろう．

表1.1 調査対象の内訳

全調査人数	3,674	
著書のある人の数	1,710	100.0％
生前出版された人	1,622	94.9％
没後出版された人	856	50.1％
現在入手可能な人	402	23.5％

3.2 死後激減する出版点数

生前・没後の出版点数の推移と比率を示したのが表1.2である．ここでいう実測値には国会図書館のデータをそのまま反映している．年数調整補正値は，没後41〜50年の期間がどの著作者の場合も10年に満たないことを補正したものである（補論参照）．

カバー率補正は，収録時期によって国会図書館の蔵書カバー率が異なる点を補正するもので，カバー率は生前70％，没後〜1991年まで80％，92年以降100％とみなして計算した．この2つの補正を施したものが「最終補正値」になる．

没後51〜60年の予測値は，31〜40年の出版点数から41〜50年の出版点数（補正値）への変化率を，41〜50年の補正値に掛けた．「年数調整補正値」の項では，1049×1049/1544＝713点となる．同じく没後61〜70年の予測値は，713×1049/1544＝484点．「最終補正値」の項では，51〜60年は1049×1049/1567＝702点，61〜70年は702×1049/1567＝470点となる．

表1.2に見るように，生前から現在（2006年）までの全期間で出版された書籍

表1.2　1957～66年物故者の著書の出版点数の変化

	生前	10年	20年	30年	40年	50年	60年	70年	合計
実測値	**29,211点**	**3,022点**	**2,156点**	**1,615点**	**1,544点**	441点			37,989点
年数調整補正差分						608点			38,597点
年数調整補正値	29,211点	3,022点	2,156点	1,615点	1,544点	1,049点	*713点*	*484点*	*39,794点*
カバー率補正差分	12,519点	756点	539点	330点	23点				
最終補正値	**41,730点**	**3,778点**	**2,695点**	**1,945点**	**1,567点**	**1,049点**	**702点**	**470点**	**53,936点**
構成比（年数調整のみ）	76.89%	9.79%	6.98%	5.04%	4.06%	2.72%			
構成比（年数調整と予測値）	73.41%	7.59%	5.42%	4.06%	3.88%	2.64%	1.79%	1.22%	
構成比（最終補正値）	77.37%	7.00%	5.00%	3.61%	2.90%	1.94%	1.30%	0.87%	

注：斜体は予測値．

は37,989点が実測値として確認された．このうち生前に出版されたものが29,211点（76.9%），没後に出版されたものが8,778点となっている．4分の3以上が生前に出版されていることになる．

没後10年以内に出版された書籍は3,022点あり，これは実測値で見ると全体の9.8%に相当する．ただし，再三述べるように没後41～50年のデータが10年間に満たないため，この年数を調整したものだと，没後10年以内の発行書籍の比率は7.6%，さらにカバー率分を補正したものだと7.0%になる．そうした比率を表1.2の下3段に示している．

最初の「構成比（年数調整のみ）」は，実測値と没後41～50年の年数調整のみを考慮した比率である．この場合，全体の合計値は実測値の合計37,989点に没後41～50年の調整分608点を足した38,597点を用いている．次の「構成比（年数調整と予測値のみ）」は，実測値と年数調整値に基づいて求めた没後51～60年，同61～70年の予測値を加えている．合計値は先ほどの38,597点に713点と484点を加え，39,794点となっている．「構成比（最終補正値)」は最終補正値に対応し，合計値は53,936点となっている．

こうした傾向を図1.1に図示する．表1.2で太字になっている数値が，このグラフに反映されている．生前の出版分については，執筆期間を60年間と仮定し

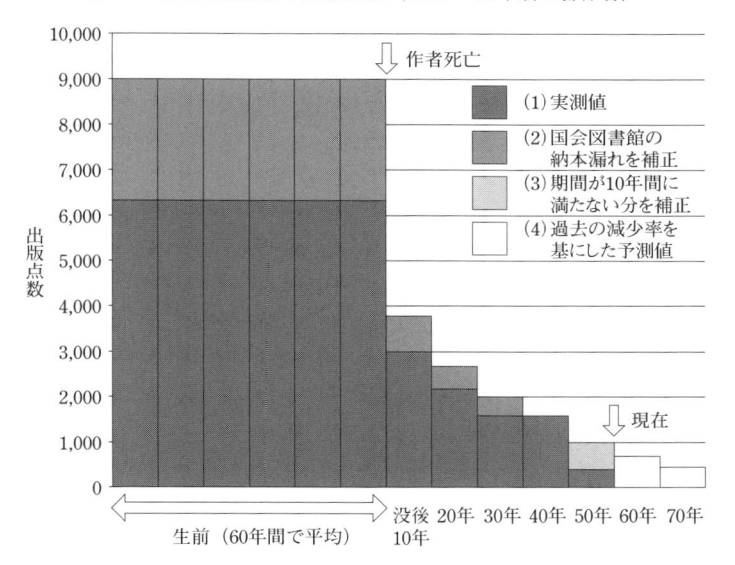

図1.1 作者死没前後の出版状況（1957〜66年没の著作者）

[図: 縦軸 出版点数 0〜10,000、横軸 生前（60年間で平均）／没後10年・20年・30年・40年・50年・60年・70年、作者死亡↓、現在↓。凡例：(1)実測値、(2)国会図書館の納本漏れを補正、(3)期間が10年間に満たない分を補正、(4)過去の減少率を基にした予測値]

て平均をとっている．表1.2に示したように，最終補正値を基にすれば，没後51〜60年に出版されるものは全体の1.3％，同61〜70年に出版されるものは0.87％となる．

　表1.2と図1.1に見るように，大部分の著書は作者の生前に出版され，死後出版されるものは一部に過ぎない．しかもその出版点数は死後の時間経過とともに急激に減少するのが見て取れる．没後50年を超えて出版されている作品は，このように例外中の例外といえるだろう．

3.3 著しい寡占と膨大な死蔵作品

　保護期間中は，権利者が意識的に権利を放棄したものなどごくわずかな例外を除いて，商業的な価値を失った作品は大半が死蔵されている．その状況は具体的にどうなっているのだろうか．

　いま現在の時点で作品が出版されているかどうかは，日本書籍出版協会データベースで確認できる．前述したように，2007年4月現在で著書が出版されて

表1.3　現在出版されている点数の多い20人（2007年4月時点）

順位			現出版点数	総出版点数	全集
1	江戸川乱歩	推理小説家	174	743	30/30
2	吉川英治	小説家	148	1069	△
3	谷崎潤一郎	小説家	119	759	30/30
4	柳田国男	民俗学者	107	624	32/33
5	佐藤春夫	詩人	63	440	38/38
6	鈴木大拙	仏教哲学者	55	364	5/40
7	佐佐木信綱	歌人	48	539	
8	小川未明	小説家	47	304	△
9	賀川豊彦	キリスト教社会運動家	40	287	19/24
10	関口存男	ドイツ語学者	36	101	△
11	山川均	社会運動家	33	140	19/20
12	羽仁もと子	教育者	32	84	△
13	永井荷風	小説家	28	373	
14	徳富蘇峰	評論家	26	596	
15	犬田卯	小説家	24	45	
16	米川正夫	ロシア文学者	24	577	
17	高浜虚子	俳人	23	346	
17	室生犀星	詩人	23	345	
17	安倍能成	哲学者	23	127	△
17	亀井勝一郎	文芸評論家	23	394	

注：△は選集や著作集など．

いるのは1,710人中408人（23.5％），逆に1冊も出版されていない人は1,308人（76.5％）を占める．

　現在出版されている点数の多い順に著者を17位（20人）まで並べたものを表1.3に示す．この期間に亡くなった全著作者1,710人の1％に相当する．

　全集の項で「19/20」などとあるのは，「全20巻のうち19巻が刊行されている」という意味だ．△は全集ではないが，著作集や選集などが出版されている場合を示す．「総出版点数」とあるのは，生前から現在までに出版された書籍の点数で，ここでは参考として示している．

　とりわけ目を引くのが，出版点数の多い著者による寡占状態である．図1.2にそれを示した．

　このグラフの左側の柱は著者を，右側は現在発行されている彼らの著書を示す．1,710人のうち，江戸川乱歩や吉川英治ら出版点数の多い上位1％の著者の著書が，出版されている2,357点の半分近い46.5％を占めている．上位5％の著

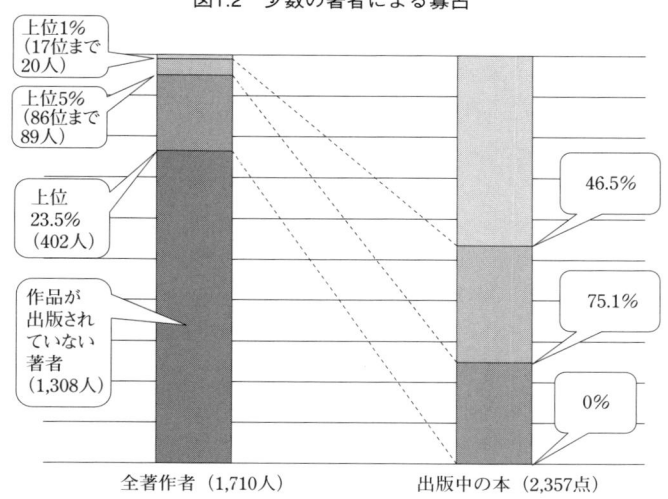

図1.2 少数の著者による寡占

- 上位1%（17位まで 20人）
- 上位5%（86位まで 89人）
- 上位23.5%（402人）
- 作品が出版されていない著者（1,308人）

46.5%
75.1%
0%

全著作者（1,710人）　　出版中の本（2,357点）

者の場合は75.1%となる．あまりにも細かすぎてこのグラフでは示せなかったが，出版点数の多い上位0.5%（9位，9人）だけで出版点数の34.0%を占める．

逆に，作品が1冊も出版されていない著者は，前述したように1,308人いる．また，1冊しか出版されていない著者は292人である．

1,308人の活動した分野はきわめて多彩で，文学だけでなく，政治，自然科学，人文科学，芸能，実業，スポーツ，宗教など広い範囲にわたっている．それらの著者のうち，ごく一部を表1.4に示す．

例えば阿部次郎は「永遠の青春の書」と呼ばれた『三太郎の日記』の著者であり，芦田均は敗戦直後の日本の最も重要な政治家の一人で，『芦田均日記』をはじめとする著書は史料としても非常に重要だが，すべて品切れまたは絶版である．長与善郎の『青銅の基督』はベストセラーだったが，現在は品切れだ．長谷川伸は[5]『瞼の母』『沓掛時次郎』など，有名な大衆小説・演劇を残しており，独自の境地を評価する声も高いが，ことごとく品切れ・絶版である．力道

---

5) 長谷川伸は，国書刊行会が2008年春から傑作選を発行し始めた．このような復活は常に起こりうる．しかしながら，一定の年月を見渡してみれば，復活する著者の数よりも，著作が品切れ・絶版になっていく著者の数の方が多いことは論をまたない．

表 1.4　現在著書が出版されていない著者の例

著者	分野	没年	主な著書
青柳菁々	俳人	1957	『雪のワルツ』『俳句歳時記』
大泉黒石	小説家	1957	『俺の自叙伝』『老子』
下村海南	ジャーナリスト	1957	『終戦秘史』
田村徳治	法学者	1958	『行政学と法律学』
藤井甚太郎	歴史学者	1958	『日本憲法制定史』
筈見恒夫	映画評論家	1958	『写真映画百年史』
勝田貞次	経済評論家	1958	『徳川時代のインフレーション』
阿部次郎	哲学者	1959	『三太郎の日記』
芦田均	政治家	1959	『芦田均日記』『革命前夜のロシア』
川路柳虹	詩人	1959	『路傍の花』『曙の声』
山本一清	天文学者	1959	『図説天文講座』
井上満	ロシア文学者	1959	『貧しき人々』『猟人日記』(翻訳)
渥美清太郎	日本舞踊・演劇評論家	1959	『歌舞伎大全』『邦楽舞踊辞典』
鈴木為次郎	棋士	1960	『囲碁大辞典』
田中仙樵	茶道家	1960	『茶道入門』『茶道改良論』
風巻景次郎	国文学者	1960	『日本文学史ノート』『新古今時代』
久留島武彦	児童文学者	1960	『童話術講話』『お伽五人噺』
樺美智子	東大全学連活動家	1960	『人しれず微笑まん』
長与善郎	小説家	1961	『青銅の基督』『わが心の遍歴』
石川武美	主婦之友創業者	1961	『信念の上に立つ主婦之友社の経営』
下中弥三郎	平凡社創業者	1961	『神道大辞典』
金成マツ	ユーカラ伝承者	1961	『ユーカラ集』
武林無想庵	小説家	1962	『むさうあん物語』
細川嘉六	ジャーナリスト・政治家	1962	『日本社会主義文献解説』
信夫淳平	外交史・国際法学者	1962	『近世外交史』
長谷川伸	小説家	1963	『瞼の母』『沓掛時次郎』
十返肇	評論家	1963	『わが文壇散歩』『文壇の崩壊』
力道山	プロレスラー	1963	『空手チョップ世界を行く』
渋沢敬三	元日銀総裁・民俗学者	1963	『豆州内浦漁民史料』
宮良当壮	方言学者	1964	『採訪南島語彙稿』
畔柳二美	小説家	1965	『姉妹』『川音』
北川千代	小説家	1965	『絹糸の草履』『春いづこ』
二代目旭堂南陵	講談師	1965	『旭堂南陵講談選集』
楠田匡介	探偵小説家	1966	『雪』『脱獄を了えて』

山はいわずと知れた昭和の大衆ヒーローで，自伝『空手チョップ世界を行く』を著している．渋沢敬三は日銀総裁・大蔵大臣を務めたうえ民俗学にも足跡を残した，経済人としても文化人としても重要な存在である．金成マツはアイヌのユーカラの伝承者であり，『ユーカラ集』はその筆録である．いずれも文化的・歴史的にきわめて重要な価値を持つ著作を遺しているといえるだろう．

3.4 各著者の没後出版点数の推移

　何人かの著者について，没後の出版点数の推移を図にした．図1.3～1.7にそれを示す．それぞれの図に示した著者名の後の（　）内の数字は，現在出版されている点数である．縦軸は出版点数，横軸は没後の経過年数である．また，没後41年以降のデータは，10年分に相当するように補正してある（1966年没の著者の場合は，没後41年以降のデータはないので，図上のポイントが存在しない）．図では「～50補正」となっている．なお，没後41～50年以外の数値は補正していない．つまり，それ以前の数値は，本来もう少し高めの可能性がある．なお，図ごとに縦軸の幅が違う点は注意されたい．

　図1.3は現行出版点数のトップ1～5位，図1.4はトップ6～20位までのうちの5人を選んでいる．図1.5は現在出版点数が2～3点の著者，図1.6は同じく1点の著者である．また図1.7は現在出版点数がゼロの著者から選んでいる．

　このように，出版点数の傾向は著者によって大きく異なっている．トップ5位の5人だけでも違いがはっきり見えるのは興味深い．吉川英治が没後11～20年に大幅に出版点数を伸ばしている一方で，江戸川乱歩は一度落ち込み，その後再び回復している．柳田国男も吉川ほど激しくはないが似た傾向が見て取れる．トップ5位といえども，長期的に見て出版点数の低落化は明らかといっていいだろう．むろん没後41～50年の部分は補正した数値であり，その点を留保するとはいえ，少なくとも上向きになっているといえる著者は，この5つのグラフに示す中では鈴木大拙を例外として，1人もいないといっていい．その鈴木大拙について内訳を見れば，1999～2003年にかけて増補版の全集（全40巻）が出版されたのが，没後31～40年の出版点数を押し上げていることがわかる．だが後述するように，この全集は現在35巻が品切れ・重版未定であり，現在上昇傾向にあるとはいえまい．

第Ⅰ部　著作物の寿命と再創造

図1.3　現行出版点数上位者の没後の推移(1)

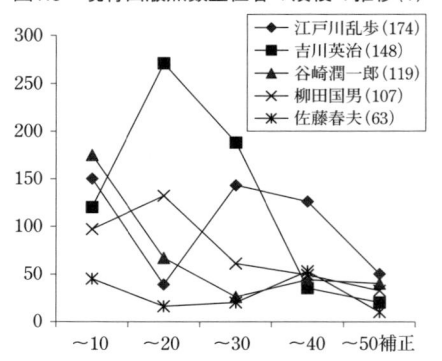

- 江戸川乱歩(174)
- 吉川英治(148)
- 谷崎潤一郎(119)
- 柳田国男(107)
- 佐藤春夫(63)

図1.4　現行出版点数上位者の没後の推移(2)

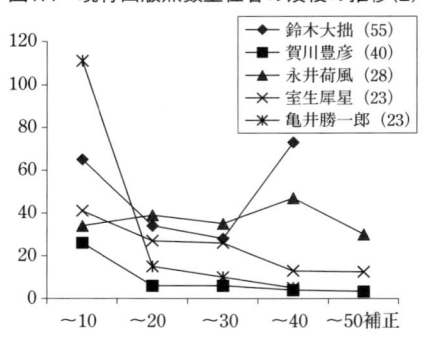

- 鈴木大拙(55)
- 賀川豊彦(40)
- 永井荷風(28)
- 室生犀星(23)
- 亀井勝一郎(23)

図1.5　現行出版点数2〜3点の著者の没後の推移

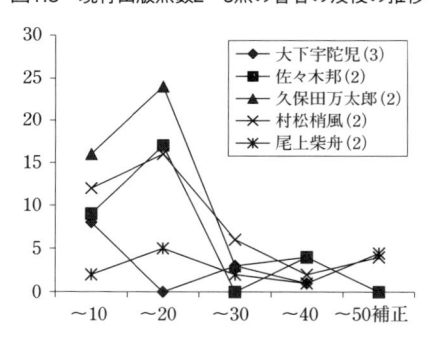

- 大下宇陀児(3)
- 佐々木邦(2)
- 久保田万太郎(2)
- 村松梢風(2)
- 尾上柴舟(2)

図1.6　現行出版点数1点の著者の没後の推移

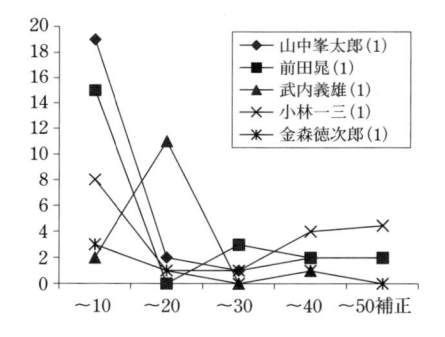

- 山中峯太郎(1)
- 前田晁(1)
- 武内義雄(1)
- 小林一三(1)
- 金森徳次郎(1)

図1.7　現行出版点数ゼロの著者の没後の推移

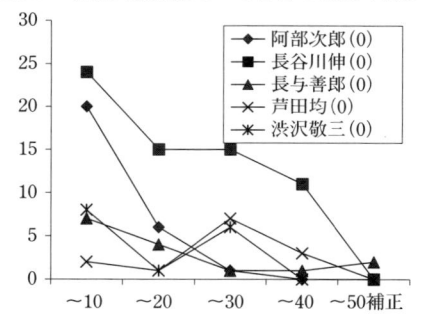

- 阿部次郎(0)
- 長谷川伸(0)
- 長与善郎(0)
- 芦田均(0)
- 渋沢敬三(0)

図1.4では，亀井勝一郎の落ち込みの激しさが際立つ．没後10年間は吉川英治とほぼ同等の出版点数があったが，大幅に低落して回復する気配がないまま今日に至っている．逆に永井荷風が安定した出版点数を見せているのが特徴的である．

久保田万太郎や長谷川伸は，現在上位の著者とさほど変わらぬ出版点数を一時は見せていたものの，その後，売上が見込めなくなったのか，長谷川伸はじわじわと，久保田万太郎は一気に出版点数が減少し，現在のような点数に至っている．

なお，これらの図から直接導かれることではないが，価格について一言付け加える．ここの図に登場したうち，村松梢風は現在2点，山中峯太郎は1点が出版されている．ぎりぎり現役といえなくもないが，村松の場合は『魔都』（ゆまに書房）が1万2,600円，『男装の麗人』（大空社）が1万1,550円，山中の場合は『山中峯太郎集』（三一書房）が7,140円と相当な高額である．一般の読者にはまず手が出ない価格であり，おそらく図書館への納入を見込んで出版されたものだろう．今回は価格の分布については特に深く調べていないが，仮に出版されていても，高額なものが多いようでは，それを求める読者の手に渡る可能性は低いといわざるをえない．後述するように，これらの著者の作品はパブリック・ドメイン化されてインターネット上に公開された方が，新たな読者を得る可能性ははるかに高いといえる．このように，価格の面から見た入手可能性の詳しい調査が今後は望まれる．

3.5 出版点数で上位の著者も多数の作品が死蔵されている

ここまで見たように，保護期間中は，売上が見込める一部の著者以外，作品は世の中に流通しにくい．次にその「売上が見込める一部のスター著者」の内実がどうなっているかを簡単に見てみよう．

前掲の表1.3は，そうしたスター著者のリストでもある．特に，全集が全巻刊行されている著者は，現在でも作品のほぼすべてが入手できると考えてよい．20人の中でそれが当てはまるのは江戸川乱歩，谷崎潤一郎，佐藤春夫で，それに準じるのが柳田国男，山川均である．小川未明（童話全集が刊行）や関口存男（著作集全36巻が刊行），羽仁もと子（著作集全21巻が刊行）らも同様に見てい

いだろう．一方，全集は出ているものの，実際には相当部分が入手できない著者もいる．

　2007年9月末現在で，鈴木大拙は全40巻の全集（岩波書店，1999〜2003年）のうち35巻分が品切れ・重版未定で，残り5巻も2巻は在庫僅少となっている[6]．賀川豊彦の全集（キリスト新聞社）は24巻中19巻分が出版されているが，5巻分は品切れ，刊行中の19巻もすべて在庫僅少である[7]．

　では，全集が現在出版されていない著者の場合はどうだろうか．

・永井荷風の場合

　まず永井荷風について見てみよう．荷風はいうまでもなく日本近代文学を代表する文豪の1人であり，国会図書館の蔵書を見る限り，生前に2回，没後に3回全集が発行されている．全集がこれだけの回数繰り返し編まれること自体きわめて例外的で，荷風への評価の高さを物語る．最新の全集は1992〜95年に岩波書店から全30巻が刊行された．

　2007年9月現在，全集はすべて品切れ・重版未定であり，単行本として入手できるのは24点，表1.3を作成した4月の時点に比べて4点減少している．

　この24点に収録されている作品は，『あめりか物語』『ふらんす物語』『濹東綺譚』『摘録断腸亭日乗』など63作品にのぼる．『摘録断腸亭日乗』は日記『断腸亭日乗』の部分収録に当たる．

　この63作品を，岩波の90年代版全集と照合し，全集中で何ページを占めるかを算出した．ただし『摘録断腸亭日乗』は，該当するページを逐一確認するのが困難だったので，発行されている岩波文庫版の文字数（1ページ当たりの文字数に当該ページをかけたもの）を，全集版の1ページ当たり文字数で割って換算した．

　このようにして照合したところ，現在出版されている荷風作品のページ数は全集に換算して3,405ページであることがわかった．この全集の中で荷風の作品・文章の占める総ページ数は12,366ページであり，その比率は27.5%である．つまり荷風の遺した作品・文章のうち，72.5%は入手困難な状態にあるといえ

---

6) 岩波書店ホームページ（http://www.iwanami.co.jp/）．
7) キリスト新聞社ホームページ（http://www.kirishin.com/syoseki/aiueo/ka.html）．

るだろう．

　作品別に見れば，主要な作品はおおむね刊行されているものの，『おかめ笹』『珊瑚集』などは評価の高い作品であるにもかかわらず入手できない（『断腸亭日乗』も前述したとおり一部しか入手できない．偶然だがこちらの収録率も27.5％である）．

・亀井勝一郎の場合

　2005年5月，筆者は亀井勝一郎（1966年没）の著作の入手可能性を，上記の永井荷風と同様の方法で調べた．ここではそれを記す．

　亀井は『大和古寺風物詩』などで知られる文芸評論家で，堅い文芸書だけでなく，若者向け人生相談などの文章も幅広く手がけていた．表1.3では23点で17位にランクしているが，この23点の中には亀井が編集に当たった倉田百三選集の14点が含まれている．亀井の著書そのものは9点ということになるが，倉田選集の別巻に亀井の『倉田百三論』が収録されており，これが現在この作品を入手できる唯一の書籍である．これを合わせて亀井の著書を10点とすると42位で，それでも上位3％には入る．

　亀井は，生前に著作集と選集が各1集発行され，没後の1971〜75年に講談社から全21巻（補巻3巻）の全集が発行されている（現在は品切れ）．

　2005年5月時点で入手可能な亀井の著書は10点（倉田選集含む）で，その収録作品を講談社版全集のページに換算すると753ページに相当する．これらの作品はほぼすべて亀井の生前に単行本として出版されていた．全集の書誌データによれば，生前に発行された亀井の単行本のページ数は全集版の6,355ページに相当し，現在発行されているのはその11.8％に相当する．

　ただし，亀井の場合は雑誌や新聞などに寄稿した時評・評論，他人の著書への序文・跋文として執筆した文章が非常に多く，それらの大半は自身の単行本に収録されず，死の6年後から始まった全集の刊行・編集の過程で次々と発見されていった．このため，当初21巻の予定だった全集に，途中から補巻2巻を加えることにしたが，それでも足りずにさらに1巻を追加した[8]．

8） 亀井勝一郎全集月報 vol.19（1973年2月20日），vol.22（1973年12月20日），講談社．

生前に自身の単行本に収録されなかったこれらの文章を加えると，この全集に収録されている亀井の全文章は13,073ページになる．これを基準にした場合，現在出版されている亀井の著書は，彼の全文章の5.8%に相当し，94.2%が死蔵されていることになる．

作品別に見てみると，『愛の無情について』『大和古寺風物詩』『我が精神の遍歴』『私の人生観』などは入手可能である一方，晩年の大作『日本人の精神史研究』シリーズ（「古代知識階級の形成」「王朝の求道と色好み」「中世の生死と宗教観」「室町芸術と民衆の心」）や，最初の評論集で出世作である『転形期の文学』，『明治における三人の先覚者』『現代にあらはれた智識人の肖像』『人間教育』など，代表作とされる中でも入手できないものが多々ある．

4. 保護期間が本を滅ぼすメカニズム

4.1 死後50年でも長すぎる？

表1.1に見るように，没後に著書が1冊も出版されない著者が1,710人中854人と半分いる．これらの著者にとって死後の保護期間は，生前に発行されていた本の死後増刷分以外意味がない．1冊だけでも出版されていれば計上しているので，作品の数で見れば，作者の死後に出版されないものは半分を大幅に超えると考えていいだろう．

死後40年以上たった現在だと，作品が出版されていない著者は402人（23.5%）にまで減る．この402人のうち1点しか出版されていない著者は292人で，そのうちかなりの人数が，没後50年までに市場から著書が消えるだろう．

一方，現在でも作品が高い商業的価値を保っている著者は，ごく少数ではあるが存在する．例えば，表1.3に見るように，100点以上の本が出版されている著者が1,710人のうち4人いる．これらの著者の権利継承者にとっては，保護期間が延びればより長く利益を上げられることになる．

著作権法は無方式主義をとっており，権利を主張するのに登録や申請は必要ない．利用する側から見ると，権利者が権利の放棄や制限を明らかに示している著作物以外，許諾なしに利用すれば違法行為になる．

保護期間が終わってパブリック・ドメインになれば，青空文庫[9]のように，

ボランティアが入力してインターネット上に公開することも可能だが，保護期間中は許諾が絶対に必要になる．許諾を得るには，著作権継承者を探し出し，交渉し，説得する必要がある．だが長期の保護期間の間に，複数の遺族が権利を相続している場合も珍しくなく，その場合には煩雑さはさらに増すことになる．無報酬のボランティアがそのコストをまかなうことは事実上不可能といっていいだろう．

　一方，出版社は営利企業である以上，経済的に採算の合う本しか原則として出版しない．このため，文化的・資料的価値がどんなに高い作品であっても，利益が見込めない本は流通せず，死蔵される．死蔵されている間にその本はさらに忘れられ，いっそう商業的価値が減るという悪循環が起きる．保護期間中はそうした現象が著しく進行することになる．その間，商業的価値のある作品の著作権継承者は，長期にわたって著作権使用料の恩恵にあずかることになるが，ここに見たように，その陰には膨大な数の著者・作品の死蔵という文化的不幸が隠されている．

　こうして見たとき，著作権の保護期間を作者の死後50年に一律に定めている現行の制度に，大きな問題点があることは明らかだろう．ごくごく一部の遺族・権利継承者の利益のために，それ以外の膨大な文化的資産を死蔵させ，忘却させる．その明暗を分ける条件は，作品が売れているかいないかの1点だけであり，文化的価値とは必ずしも直結しない．それが一律の保護期間という制度の抱える巨大な構造的欠陥であり，反文化的といっていいほどだと筆者は考える．

　これが70年に延長されれば，その欠陥はさらに大幅に拡大されるだろう．70年とは，作者の生前を知る人がほとんど亡くなった後であり，没後50年であればかろうじて残っていたかもしれない作品や作者への社会の記憶がほぼ根絶やしになっていて，作品の復活はきわめて困難と思われるからである．

4.2　インターネットが変えたルール

　とはいえインターネットの登場前であれば，その欠陥は現在ほどではなかっ

9）　青空文庫（http://www.aozora.gr.jp/）．

たといえる．図1.8には，本の価格に占める経費を図示した．これは，一般的な出版社で初版を出すときの設計モデルを模式的に示したものであり，各要素の比率は正確ではない．本の売れ行きによってこの比率は大きく変わるが，ここでは初版が完売した場合を想定している．（例えば売れ行きが悪ければ「出版社の利益」は減り，さらに悪いとマイナスになる）．

作品の著作権が残っている場合が（A），パブリック・ドメインになった場合が（B）である．たとえパブリック・ドメインであっても，一から版を起こすのであれば，編集・校正（入力を含む），装丁，製版，印刷などのコストはかかるし，紙やインクの値段も変わらない．違いは著作権料（印税，通常は10％かそれ以下）だけである．ただし権利者の所在がわからない場合は，探し出して交渉するコストなどがかかり，それはパブリック・ドメイン化によって軽減される．

このように，通常の商業出版の場合，パブリック・ドメイン化によるコスト軽減のメリットは限られている．著作権のある本を出版するのに比べて経費がせいぜい1割前後安くなる程度の違いでしかない．したがって，世の中に流通するかどうかの本質的な境界は，パブリック・ドメインであるかどうかではなく，あくまでも製作・流通のコストをまかなえる商業的価値があるかどうかという点にあった．

なお，仮に発行できるにしても，多くの部数を期待できないものは，それだけ単価が高くなるのは当然で，前述した村松梢風や山中峯太郎の著書はそうした例といえるだろう．商業的価値の低い作品は，出版されたとしてもそれだけ高価になり，流通しにくくなるという点も見逃してはならない．

インターネットの登場と普及によって，こうした前提条件は根底から変わった．ゲームのルールが変わったといってよいほどの変化である．その変化を図1.8の（C）に示す．

インターネットの特性は，複製と伝達のコストが極限までカットできることである．出版の場合には多大な比率を占めていた印刷，製本，流通，紙・インク代などに相当するコストは，無視してよいほど小さい．編集・校正，装丁，製版などのいわゆる初期コストも，それを自己負担するボランティアによって，事実上ゼロとなる．サーバーや通信回線の費用はかかるが，本1冊当たりで見

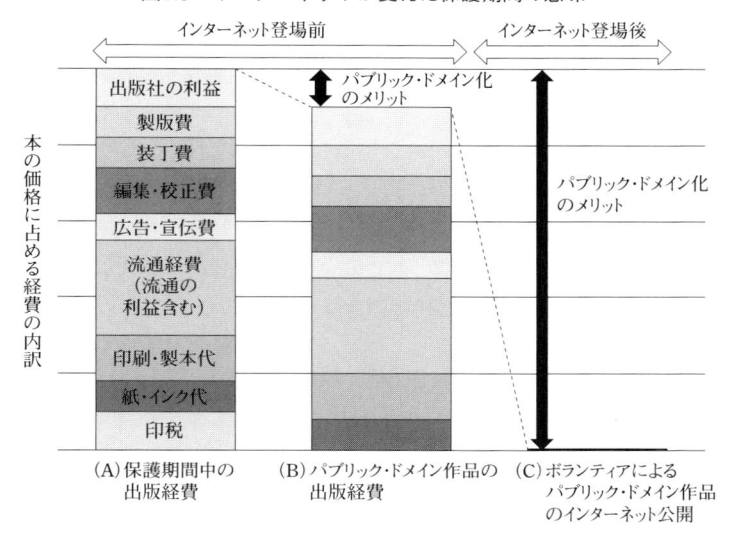

図1.8 インターネットが変えた保護期間の意味

インターネット登場前　　　　　　　インターネット登場後

本の価格に占める経費の内訳：
- 出版社の利益
- 製版費
- 装丁費
- 編集・校正費
- 広告・宣伝費
- 流通経費（流通の利益含む）
- 印刷・製本代
- 紙・インク代
- 印税

パブリック・ドメイン化のメリット

(A) 保護期間中の出版経費
(B) パブリック・ドメイン作品の出版経費
(C) ボランティアによるパブリック・ドメイン作品のインターネット公開

たコストは，出版事業に比べて比較にならないほど小額で済む．青空文庫などは，そうした仕組みの上に登場した新しい文化流通のあり方である．

　青空文庫では，市場で絶版・品切れまたは入手困難になっている本も多数公開されている．例えば，田中英光（1949年没）の『オリンポスの果実』は，1970年代にNHKでドラマ化もされた人気作品で，青空文庫によれば2006年の1年間に3,835件のアクセスがあった．現在，高知新聞社から田中の作品集（1巻）が発行されているが，残部は20～30部程度で，再版の予定はないという．仮に保護期間が作者の死後70年であれば，田中の作品のパブリック・ドメイン化は2020年元日まで待たなければならない．その間，刊行しようという出版社が現れなければ，田中はまず間違いなく忘れられた作家となったことだろう．青空文庫に掲載されたことで，『オリンポスの果実』をはじめとする彼の作品は，新たな読者を獲得する可能性を与えられたといえる．また直木三十五（1934年没）の『南国太平記』も1990年代半ばごろまでは文藝春秋，講談社，角川書店などさまざまな出版社から発行されていたが，現在はどれも絶版または品切れになっている．青空文庫では2007年4月に公開し，約40日間で984のアクセスが

あった．こうしたデータのさらに詳細なものは，いずれ青空文庫から公表されることだろう．

4.3 本を滅ぼさないために

　書籍に限らず，作品は，作者がいなければ当然生まれない．だが，一度世に出てしまった作品を生き残らせるために，作者にできることはあまりない．作品の生命は，それを鑑賞し利用する読者・観客・聴衆らの支持によってのみつながれる．つまり作品は作者によって生まれ，利用者によって生き延びる．作品は「残る」のではなく，無数の利用者がそれを支持することによって「残す」のである．

　一方，著作権は利用者の行動を徹底的に制限する．著作権がある間，利用者は権利者の許諾なしには作品を複製できず，翻案できず，上演や放送もできない．それくらい強い力を作者に与えることで，その利益を独占させ，次の創作をうながす源泉とするのが，著作権の存在理由である．

　だがその権利の強さは両刃の剣であり，作品が商業的価値を失ったときには，作品自体の生命を絶つ力として働く．なぜなら，作品の生命をつないでくれるはずの利用者の手足を徹底的に縛るからである．

　前項に見たように，インターネットの登場までは，商業的価値の喪失と作品の生命の喪失はほぼ等しかった．商業的利益の見込める作品以外には，流通の道が事実上閉ざされていたためである．そこでの障壁は著作権以上に製作と流通のコストだったが，インターネットによってその仕組みが根本から変わったわけである．

　現在の利用者は，自分が評価する作品を入力し，公開し，世界中に届ける仕組みを得ている．自分の時間と設備と資金を使えば，世の中から忘れられようとしている作品を，世界中に届けることもできる．それが誰か1人でも新しい読者・聴衆のもとに到達すれば，そこから作品が息を吹き返すかもしれない．それを阻むものは今や，製作や流通のコストではなく，著作権という権利そのものとなった．これが，インターネットがもたらした本質的・根源的な変化である．商業的価値が認められなくなった作品の生命を絶つ最大の要因が著作権にある，とまで断言してよいかどうかは筆者にもわからない．しかし，そのう

ちの主要な一つであるとは確実にいえるだろう．

　インターネットの登場による上記の根源的な変化は，欧米との比較をする際に重要な意味を持つ．EU が保護期間を延長した1993年はウィンドウズ95が登場する前で，インターネットの商用利用はまだ始まっておらず，学術利用が中心だった．アメリカが保護期間を延長した1998年は，ちょうどグーグルが誕生した年だ．今日のインターネット革命を主導している巨大企業が，まだガレージカンパニーだった時代である．つまり欧米が延長した時点とは，著作権を巡る前提条件が根本的に異なっているわけである．こうした中で我が国が保護期間を延長したならば，後世の人々から愚か者と指弾されるであろう．

　前述したように，著作権の保護期間中は一般ユーザーによる無許諾の複製・伝達・翻案・翻訳・二次創作などは違法行為として排除される．インターネットが劇的に発達した今日，一般ユーザーは文化の伝達者という側面を持ってきており，彼らを排除することにより，特に商業的価値が認められなくなった文化財の流通は大幅に制限される．とりわけ，ここで見たように，永井荷風や亀井勝一郎の埋没作品，あるいは渋沢敬三や長与善郎といった全著作が絶版・品切れとなっている著者の作品すべてに触れる機会を国民は大幅に奪われる．その代償によって，谷崎や乱歩の遺族はより長い期間，著作権料の恩恵に浴する．これは明らかにバランスを欠いているといえるだろう．

　ここでは十分に考察しなかったが，Heald [10] によれば，保護期間内の著作はパブリック・ドメイン作品に対して価格がページ単価にして1.5倍程度に高止まりし，出版数も制限される．限られた例ではあるが，村松梢風や山中峯太郎の作品について，際立って高額の本しか現在は出版されていないことを，この調査でも確認している．もし同様の現象が幅広く認められるのであれば，国民は保護期間の延長によって二重三重に不利益を被ることになる．これほどの不利益を強いる以上，保護期間を延長するならば，相応の利益が国民に提供されなければならない．が，そうした利益が認められるとは言い難いのが現状である．今後，より多様な分野において，著作権の保護期間が文化財の流通や国民

---

10) Heald, Paul J. [2007] "Property Rights and the Efficient Exploitation of Copyrighted Works: An Empirical Analysis of Public Domain and Copyrighted Fiction Best Sellers," *Minnesota Law Review*（Source Coming）．本書第5章を参照．

の知る権利にどう影響するのか，研究の蓄積がまたれる．

補論　1957〜66年物故者の著作発行状況調査の詳細

　1957〜66年の物故者の著作（単行本）の発行状況を，生前から没後，現在に至るまで可能な限り幅広く調べる．これらの著作者は2008年1月1日から10年間に著作権保護期間が順次切れていき，保護期間延長によって直接の影響を受ける．

　書籍を出版する場合，出版者は，印刷・用紙代・製本代などの費用を負担し，売れなければそれが在庫として残るリスクも抱える．このため，書籍の出版状況は，出版者がそのような負担・リスクを抱えてでも発行する価値があると判断したものと考えてよい．書籍である以上，何らかの文化的価値・意義が認められていることは間違いないだろうが，大半を占める商業出版物の場合は，経済的な価値・意義もきわめて大きな比重を占めると言える．つまり書籍の発行状況は，発行時点におけるその書籍の文化的・経済的価値を見る適切な指標と考えられる．

1.　調査に使った資料とその評価
（1）基本資料

　具体的には次の資料を用いて調べる．
　（1）「昭和物故人名録　昭和元年〜54年」（日外アソシエーツ）
　（2）国立国会図書館蔵書検索システム（NDL-OPAC）http://opac.ndl.go.jp/
　（3）日本書籍出版協会検索システム http://www.books.or.jp

　（1）は，凡例によれば「昭和元年から昭和54年まで（1926年12月25日〜1979年12月31日）の物故者を，各種人名辞典・事典，年鑑から収録した」もので，1957〜66年の物故者は約3,700人収録されている．国会図書館は納本制度によって国内で発行された書籍の多くを蔵書にしており，データベース（2）で検索できる．また日本書籍出版協会は，現在入手できる書籍の情報を加盟出版者から随時連絡を受けて（3）に反映している．

　つまり，（1）の人名を（2）（3）に逐次入力することで，（2）ではその物故

者の生前から現在に至るまでの単行本の出版状況を，(3) では現時点での単行本の発行状況を知ることができる．

(2) 資料の評価

　ここで，それぞれのリストやデータベースからの「漏れ」を考えに入れなければならない．

　(1) は前述の通り，「昭和元年から昭和54年まで（1926年12月25日～1979年12月31日）の物故者を，各種人名辞典・事典，年鑑から収録した」もので，物故者のごく一部を採り上げているに過ぎない．前述の通り，10年間で3,700人（ほぼ1日当たり1人）が掲載されているが，例えば新聞の死亡記事が毎日数人分程度は載ることから考えても，限られた一部ということができる．すでにこの時点で量的にかなりの「漏れ」があるといえるだろう．

　質的に見ると，死後も著書が出版され続けるような有名な著者は漏れにくいが，逆に生前に数冊著書が出版され，それきり忘れ去られている著者は漏れやすいといえる．著作権保護期間との関係で考えれば，保護期間を延長して経済的利益を得られる著作者・著書の比率が，より高く算出されると考えられる．この「物故人名録」に，新聞死亡記事などを加え，より広い範囲に渡って同様の調査をした場合（当然，調査としてはその方がより望ましい），前述の比率はさらに低くなると思われる．

　(2) に関しては，国会図書館の蔵書のカバー率（実際に発行された出版物のうち，国会図書館の蔵書として保存されている率）を考える必要がある．今回の調査対象となった著作者の活動期間は，19世紀末から1966年までに及ぶため，その間の国会図書館の蔵書の納入・保管状況について述べる．

　明治初期から第2次大戦に敗れるまでは，出版条例・出版法に基づく検閲目的のため，内務省が発行前の出版物を出版者に提出させ，それが旧帝国図書館（東京・上野）に移管されて蔵書となった．検閲を受けることは義務だったため，納本される率自体は高かったと考えられる．

　しかし保管する時点で，帝国図書館は書籍を選別し，保管に優先順位を設けた．このため，かなりの部分が逸失したとみられる．国会図書館総務部広報課によれば，帝国図書館は納入された出版物を「甲」「乙」「丙」の3つに分類し

た．「甲」は文学書や学術書など権威ある単行本で，「乙」は児童書や実用書，入門書などだったという（「丙」は絵はがきなどで，今回の調査の対象からはそもそも外れる）．選別の基準は「帝国図書館の蔵書たるにふさわしいもの」かどうかに重点が置かれた模様だ．装丁も重要な基準だったらしく，児童書は主に「乙」に分類されたが，小川未明や坪田譲治のハードカバー本は「甲」に入っているという．

同課によれば，「甲」分類の書籍は蔵書として優先的に保管されたが，「乙」分類は相当部分が逸失，または管理・分類されず所在不明になっているという．この出版条例・出版法下での蔵書のカバー率について同図書館は「7割程度」としているが，あくまで推計の域を出ないともコメントしている．

敗戦後，出版条例・出版法は廃止され，それから1948年の国会図書館法施行までの間のカバー率は不明とされている．しかし1945年9月から49年10月までの間，連合国軍総司令部（GHQ）が占領政策の一環として検閲を行い，その際に入手した出版物（新聞・雑誌を含む）がほぼそのまま米メリーランド大学に保存されている（プランゲ文庫）．国会図書館はプランゲ文庫の目録化を完了し，それによれば同文庫には71,000タイトル（73,000冊）の単行本が収録されている．国会図書館は今年（2007年1月）から単行本のマイクロフィルム化にとりかかっているが，それはまだ蔵書データベースには反映されていない．いずれプランゲ文庫の内容がすべて同図書館の蔵書として反映されれば，この時期の出版物をほぼ100％把握することが可能になると考えられている．

1948年に公布された国会図書館法によって，新たな納本制度が始まった．しかし納本は義務づけられているとはいえ罰則も緩いため，カバー率は引き続き100％からは遠い数字だったらしい．1981年2月27日の衆議院予算委員会で，当時の岸田實国会図書館長が，山花貞夫委員の質問に対して，カバー率を8割程度と答弁している[10]．特に地方の小出版社が発行している出版物が多く漏れていたらしい．

ISBNなどの導入に伴い，出版物の流通情報が電子データとしてやりとりされるようになったことで，カバー率は大幅に上がる．1992年度から，こうした

---

10) 第094回国会予算委員会第一分科会議事録（1981年2月27日）．
http://kokkai.ndl.go.jp/SENTAKU/syugiin/094/0384/09402270384001c.html

データを元に，漏れている出版物を探し出して納本を要請するようになった結果，それ以降は100％近い納本率になったと，同図書館総務部広報課は答えている．

（3）の日本書籍出版協会のデータベースは，同協会に加盟する479の出版社から随時情報の提供を受け，現時点で入手できる書籍を検索できる（毎日更新）．ただし加盟していない出版社の書籍は当然反映されない．市場に流通している書籍の95％程度をカバーしていると同協会は見ている．

2. 調査手順

具体的な調査手法は次の通りである．

（1）にある人名を逐一（2）（3）に入力して，著作の有無や数を確認する．そ

図1.9　国立国会図書館蔵書検索・申込システム初期画面

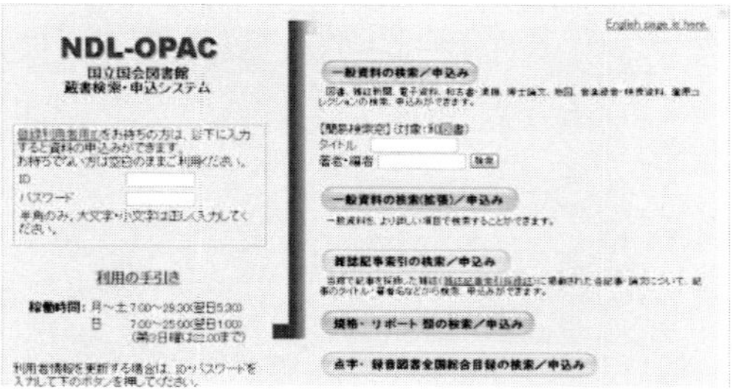

図1.10　書誌一般検索画面

図1.11　著者名検索画面

図1.12　「田辺元」の著者名検索結果

個人名 1-4(4件)

1. 田邉, 元治 (1904-) ‖ タナベ,ゲンジ
2. 田辺, 元二郎 ‖ タナベ,ゲンジロウ
3. 田辺, 元 (1835-1962) ‖ タナベ,ハジメ
    ← 田辺, 元 ‖ タナベ,ゲン
    ← 田辺, 元 ‖ タナベ,ハジメ
4. 田辺, 元 (1926-1990) ‖ タナベ,ハジメ
    ← 田辺, 元 (1926生) ‖ タナベ,ハジメ

図1.13　田辺元の蔵書リスト

和図書 1-20(70件)

1. 回想の戸坂潤 / 田辺元 -- 三一書房, 昭和23
2. 回想の戸坂潤 / 田辺元 -- 勁草書房, 1978
3. 科学概論 / 田辺元 -- 16版 -- 岩波書店, 大正11
4. 科学概論 / 田辺元 -- 岩波書店, 1923 18版
5. 科学の価値 / ポアンカレ [他] -- 岩波書店, 昭和2 -- (岩波文庫, 69-70)
6. 科学の価値 / アンリ・ポアンカレ [他] -- 岩波書店, 大正5
7. カントの目的論 / 田辺元 -- 筑摩書房, 昭和23 -- (筑摩選書)
8. カントの目的論 / 田辺元 -- 筑摩書房, 1948 -- (筑摩選書, 第5)
9. カントの目的論 / 田辺元 -- 岩波書店, 大正13
10. 学生課叢書 第8編 / 京都帝国大学学生課 -- 京都帝国大学学生課, 昭15
11. 京都哲学撰書 第3巻 / 上田閑照[他] -- 燈影舎, 2000.1
12. キリスト教の弁証 / 田辺元 -- 筑摩書房, 1948
13. 近代日本思想大系 23 -- 筑摩書房, 1975
14. 最近の自然科学 / 田辺元 -- 岩波書店, 大正4 -- (哲学叢書, 第2編)
15. 最近の自然科学 / 田辺元 -- 岩波書店, 1920 15版 -- (哲学叢書, 第2編)
16. 懺悔道としての哲学 / 田辺元 -- 岩波書店, 昭和23
17. 懺悔道としての哲学 / 田辺元 -- 3版 -- 岩波書店, 1948
18. 懺悔道としての哲学 / 田辺元 -- 4版 -- 岩波書店, 1950
19. 自然科学教育の両側面 / 田辺元 -- 文部省思想局, 昭和12 -- (日本文化叢書, 1)
20. 種の論理の弁証法 / 田辺元 -- 秋田屋, 昭和22

の際，(2)については，没後の出版状況を10年単位で計上し，その推移も見る．

　図1.9は(1)の初期画面である．この「一般資料の検索 / 申し込み」→図1.10「著者名検索」と選択することで，図1.11の画面が表示される．ここで例えば「田辺元」と入力すると，図1.12のように文字列として「田辺元」を含む著者が表示される．ここで検索したいのは1962年に逝去した哲学者の田辺元なので，「3」を選ぶ．すると図1.13のような画面が表示され，蔵書が70件あることがわかる．ただし，図1.13の「7」「8」を見ると，同じ「カントの目的論」(筑摩書房) があり，しかも発行年が「昭和23年」と「1948年」と同じになっている．

第 1 章　本の滅び方：保護期間中に書籍が消えてゆく過程と仕組み　　　　53

図1.14　田辺元著「カントの目的論」　　図1.15　田辺元著「カントの目的論」同一書
　　　　　　　　　　　　　　　　　　　　　　　の重複

こうした場合，リストのリンクをクリックすると，それぞれ図1.14，図1.15のように内容を参照することができる．ここで「形態」の項を見ると，「169p，19cm」とある．このように，タイトル・出版者・発行年が同一で形態も変わらないものは，同一書籍の重複とみなして「1点」と数える．ただしタイトルが同じでも，発行年や出版者が異なる場合，または「版」が異なると表示されている場合は，重複とはせず個々に計上する．それらが同一でも，「形態」に表示されているページ数が異なる場合は，やはり別々に計上する．

　逆に，リストの上では1件であっても，その中に複数の単行本が含まれる場合もある．図1.16は吉川英治の著書リストの一部だが，68の「三国志　巻の1-14」，69の「三国志　巻の2,7,11」，78の「新州天馬侠　1～3」などのように，複数の巻が含まれていると思われる項目がある．これらのリンクを開くと，例えば68の場合，図1.17のようになる．「形態」の項には「14冊」となっており，リストとしては1件でも14冊分に相当することがわかる．こうしたものは当然「14点」と計上する．

　リスト上で出版年別に並べ替えができることを利用して，死没した翌年以降10年単位で区切り（つまり没後1～10年，11～20年といったように），その間の出版数も数える．

図1.16　吉川英治の著作リストの一部

61. 胡蝶陣 / 吉川英治[他] -- ポプラ社, 昭和24
62. 虚無僧系圖 / 吉川英治 -- 大日本雄辯會講談社, 1943.9. -- (小説文庫)
63. 彩情記 / 吉川英治 -- 非凡閣, 昭和22
64. さけぶ雷鳥 / 吉川英治 -- 玄理社, 1949
65. 左近右近 / 吉川英治[他] -- ポプラ社, 昭和26
66. 左近右近 / 吉川英治[他] -- 集英社, 昭和30. -- (おもしろ漫画文庫 ; 96)
67. 左近・右近 / 吉川英治 -- 大日本雄辯會講談社, 1936.5(12版:1938.12)
68. 三国志. 巻の1-14 / 吉川英治 -- 大日本雄弁会講談社, 1951
69. 三国志. 巻の2,7,11 / 吉川英治 -- 講談社, 昭和15-23
70. 三国志. 第2巻 / 吉川英治 -- 六興出版社, 1952
71. 三国志. 第3巻 / 吉川英治 -- 六興出版社, 1952
72. 三国志. 第4巻 / 吉川英治 -- 六興出版社, 1953
73. 三国志. 第6巻 / 吉川英治 -- 六興出版社, 1953
74. 三国志. 第7巻 / 吉川英治 -- 六興出版社, 1953
75. 修羅時鳥 / 吉川英治 -- 三島書房, 1948
76. 少年太閤記 / 吉川英治[他] -- ポプラ社, 昭和30

図1.17　データベース上は1件でも14冊分

書誌情報 和図書(68／248件目)

請求記号	913.6-Y859s3
タイトル	三国志. 巻の1-14
責任表示	吉川英治著
出版地	東京
出版者	大日本雄弁会講談社 ‖ ダイ ニホン ユ
出版年	1951
形態	14冊 ; 19cm
内容細目	巻の1 桃園の巻,巻の2 群星の巻,巻の 孔明の巻,巻の8 赤壁の巻,巻の9 望蜀 師の巻,巻の14 五丈原の巻
全国書誌番号	58005262

図1.18　著者名検索での検索結果

書誌 一覧表示

書誌検索(一
雑誌記事索
利用の手引

検索条件: 著者名典拠ID=／00022152／ or 著者標目=／板沢武雄1895／
結果件数: 和図書 20件 ／ 洋図書 0件

タイトル順 | 正順 ／ 20件 | 再表示

和図書 1－20(20件)

1. 衣食住の歴史 / 板沢武雄 -- 羽田書店, 昭和23
2. 衣食住の歴史 / 板沢武雄 -- 羽田書店, 1948
3. 伊能友寿翁年譜・伊能嘉矩先生小伝 / 板沢武雄 -- 板沢武雄, 昭

図1.19　書誌一般検索の「著者・編者」による検索結果

書誌 一覧表示

書誌検索(一
雑誌記事索
利用の手引

検索条件: 所蔵館=全館 and (著者・編者=板沢武雄)
結果件数: 和図書 31件 ／ 洋図書 0件

タイトル順 | 正順 ／ 200件 | 再表示

和図書 1－31(31件)

1. 衣食住の歴史 / 板沢武雄 -- 羽田書店, 昭和23
2. 衣食住の歴史 / 板沢武雄 -- 羽田書店, 1948
3. 伊能友寿翁年譜・伊能嘉矩先生小伝 / 板沢武雄 -- 板沢武雄, 昭

図1.20　著者名検索で表示されない書籍の内容

書誌情報 和図書(6／31件目)

原本代替請求記号	YD5-H-特221-185 (マイクロフィッシュ)
タイトル	師範大学講座歴史教育. 第8巻
出版地	東京
出版者	建文館 ‖ ケンブンカン
出版年	昭和16
形態	1冊 ; 23cm
内容細目	日本上代史(坂本太郎) 日本民俗史(肥後和男,和歌森太郎) 際文化交流-欧米篇(板沢武雄) 女子教育と歴史教育(友納 昭和九年度(編輯部編)
全国書誌番号	44016652

ここで注意しなければならないのは，同名異人を排除しなければならないという点で，図1.10で「著者名検索」を選択するのはそのためだ．前述のようにこの検索を通すことで，著作者の生年や没年，場合によっては専門分野などを把握できることが多く，それによって同名異人を排除できる．ただし，これを選択することで同時に「漏れ」も生じる．

　図1.18は「板沢武雄」を「著者名検索」で検索した場合で「20件」が表示されている．ところが「書誌検索（一般）」の「著者・編者」に「板沢武雄」と入力すると，図1.19のように「31件」が表示される．実に11件も表示件数が違う．

　例えば後者に含まれるが前者に含まれない6「師範大学講座歴史教育第8巻」を開くと，図1.20のようになっており，複数の筆者の文章を合わせて1冊にしたものであることがわかる．国会図書館書誌調整課によると，こうしたオムニバス的な著作のほか，教科書，指導書などは「著者名検索」では表示されず，「書誌検索」→「著者・編者」では表示されるようにデータベースを作成しているという．つまり，「著者名検索」では同名異人を排除できる代わり，オムニバス，教科書，指導書などの著作は漏れることになる．

　「著者名検索」を通すと，生没年の両方またはどちらかが記載されているため，物故者人名録に記載されている生没年情報や，それぞれの専門分野と著書の分野などを照合することで，同一人物かどうかは，大半の著作者で容易に判断できた．しかし中には生没年情報がない例が一部ではあるが存在するため，そうした場合は他の人名録などの資料に当たるなどして確認した．確認がとれないものは原則として除外した．ただし，生没年情報がなくても，明らかに同一人物だと判断できる例もあった．例えば「師岡千代子」は「幸徳秋水の妻」として人名録に記録されている．蔵書データベースでは生没年情報はなかったものの，著書リストに「夫・幸徳秋水の思ひ出」があり，文句なしに同一人物と判断した．

　現在入手できる書籍を調べる(3)では，それほど困難なことはなく出版点数を確認できる．同名異人がいた場合は，(2)のリストで同名異人の著作をチェックすることで，同名異人の著作をほぼ除外できた．

3. 補　　正

　このように，物故者人名録の人物と同一かどうかの判断を最優先したが，これによって蔵書にはあるものの計上されない著作も相当数にのぼったと考えられる．物故者人名録や各データベースのカバー率を考えると，そもそもの調査目標である「1957～66年に亡くなった人の著書」は，ここで計上された点数よりも大幅に増えると考えられる．戦前の国会図書館のカバー率が7割だとすると，実際に発行された出版物はその約1.43倍になる．前述のように「著者名検索」で漏れるものも含めると，その比率はさらに高くなるだろう．

　このように，数値はある程度の補正を要する．

(1) 没後41年以降の補正

　特に必須なのは，没後41年以降の補正だ．例えば57年没の人の没後41年以降というのは1998～2006年のことであり，9年分のデータがある．しかし65年没の人は没41年が2006年に当たり，1年分しかない．また66年没の人は41年以降というデータ自体がないことになる．したがって，57年没の人の場合は没後41年以降（1998～2006年）の出版点数に9分の10を，同様に58年没の人は8分の10を掛けるというように各年ごとに補正を行った．66年没の人は，没後41年以降のデータ自体がないので，他の年の平均と同等とみなした．

　具体的には以下の式のように補正する．ここで $[n]$ とは n 年没の著作者の没後41年以降の出版点数を示す．

$$([57]/9+[58]/8+[59]/7+[60]/6+[61]/5+[62]/4+[63]/3+[64]/2+[65])\times 10\times 10/9$$

(2) カバー率の補正

　前述のように，国会図書館の蔵書は，国内で発行された書籍のすべてをカバーしているわけではない．国会図書館によれば，各期間のカバー率は，戦前～1945年（敗戦）が約7割，敗戦～1948年（国会図書館法施行前）までが不明，1948～91年が約8割，1992年以降がほぼ10割．このカバー率には異論も散見される．例えば，早稲田大学の明治期マイクロ化事業室担当調査役・山本信男は，明治期に刊行された書籍の国会図書館におけるカバー率を「2割程度ではないか」

と述べている[11]．また前述の通り，1981年2月27日の衆議院予算委員会で，当時の岸田實国会図書館長がカバー率を8割程度と答弁しているが，この問答の中で山花貞夫委員は「私が国会図書館の実務担当の方から伺ったところでは，70%くらいではないかというお話もあったわけです」と述べており，この時期の納本率についても疑義を挟んでいる．とはいえ，こうした数字の正確なところは，今となっては確認がきわめて困難であり，とりあえず国会図書館の主張に基づいて計算するほかない．

ここでの補正は，以下のように行った．
・各著者の生前の出版分については，一律にカバー率7割とする．
・没後から1991年までの出版分についてはカバー率8割とする．
・1992年以降の出版分についてはカバー率10割とする．

一見してわかるように，1991年が大きな境目になる．この年は，1957年没の著者にとっては没後34年目，66年没の人にとっては25年目になる．厳密には，それぞれの著者の没年ごとに91年より前と以後とで出版点数を算出し直して補正をあてるべきであるが，時間的余裕がないことから，次のようにした．

没後21～30年の出版点数については，57～61年没の著者はカバー率80%とする．62年没の著者はカバー率82%とする（80%が9年，100%が1年の平均値）．以下同様に，63年没84%，64年没86%，65年没88%，66年没90%とする．

没後31～40年については，61年没以降の著者はカバー率100%とする．それ以前については，57年没の著者は92%（80%が4年，100%が6年の平均），以下同様に58年94%，59年96%，60年98%とする．

上記のカバー率を基に，それぞれの没年ごとに出版点数を補正する．

---

11) 早稲田大学図書館報No.27（1990）9-13. http://www.wul.waseda.ac.jp/PUBS/fumi/27/27-09.html

第2章　本のライフサイクルを考える

田中　辰雄

1. はじめに

　著作権保護期間の延長を経済問題として考えるとき、2つの利益の比較が重要となる。第1は保護期間の延長がどれくらいの創作者の将来収益の増加させるのかである。将来収益の増加が誘因となって、創作意欲が高まり、新たな創作物が増えればそれが社会としての利益となる。第2は、延長せずにパブリック・ドメイン化した場合の社会の利益である。このなかには、単純に無料で利用できることの利益に加え、新たな利用方法の革新、再創造活動などが含まれる。

　図2.1はこれを模式図として表したものである。ほとんどの著作物は著作者の没後あるいは著作物の公表後、しだいに価値が減じていく。価値とはその著作物を利用する側にとっての価値すなわち消費者余剰であり、代理変数としては著作物の売上部数あるいはその利用者数で測ることができる。50年後まで価値が残って商業的に売上が発生していれば、保護期間を延長することで著作者の子孫は利益を得ることができる。これが図の斜線部分の面積である。一方、保護が切れた作品はパブリック・ドメイン化され、パブリック・ドメイン化されることで新たな価値を生み出す。新たな価値とは、単純に利用者が無料で利用できるがゆえの利益（すなわち著作者による独占から解放されたことによる死加重の回復）に加え、新たな利用方法の革新による利益や再創造の利益も含まれる。図2.1で点線で描かれた部分がこのパブリック・ドメイン化された場合の利益である。延長の是非は、この2つの利益の大きさの比較によってなされるべきであるが、これについて定量的な研究の蓄積はまだ多くはない。

第2章 本のライフサイクルを考える

　本章の目的は，書籍を事例としてできるだけ定量的な評価を行うことにある．書籍は著作物のなかで歴史が長く，また詳細な記録が残っている．映画や写真は日本ではまだ日が浅く，音楽は昔の楽曲の記録が残っていない．書籍は明治時代から蓄積があり，特に国会図書館の整備によってデータベースが利用可能である．そこで著作者没後の書籍のライフサイクルを調べ，保護期間延長問題の議論に資するための知見を得る．データは丹治氏の集めた資料によっている．第1章では事例分析が中心であったが，本章ではこれを計量的に分析し，定量化された知見を得る．保護期間を延長した場合，どれくらいの収益の増加がもたらされるのだろうか．

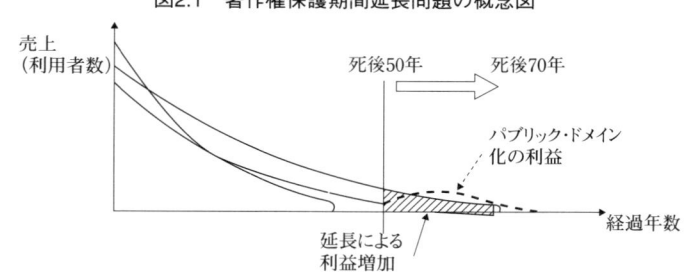

図2.1　著作権保護期間延長問題の概念図

2. 著作者没後の収益の過去の研究事例

　著作権の保護期間延長でよく引き合いに出されるのは，アメリカで著作権保護期間延長が最高裁判所に持ち込まれたとき，17人の経済学者が連名で出した意見書である（Akerlof et al. [2003]）．この意見書は，著作者の没後50年以上という遠い将来の割引現在価値は1/200以下になってしまうので，保護期間を延長しても創作の誘因にはならないと主張した．ただし，この意見書で使われた7%という割引率には議論の余地がある．映画製作のように巨額の費用がかかって大きな投資が必要な場合は，投資家を納得させるだけの収益をあげなければならないから，7%でも妥当かもしれない．しかし，書籍や音楽，絵画などのよ

うなものは創作者の個人作業であり，創作自体にはそれほどのコストは必要ではない．そして，保護期間延長から収益を得るのは創作者の孫世代であり，いわば孫の効用を高めることが創作の動機となる．孫のため，と考えるとき7％のような割引率が個人の主観的割引率として妥当であるかどうかは議論の余地があるだろう．

一方，そのような高い割引率を使わずともそもそも将来の収益自体が低いという説も強い．Landes and Posner [2003] は，アメリカの著作物の登録記録を調べ，著作物の8割は最初の保護期間が過ぎると再登録されなくなることを見出した．アメリカでは著作物の登録制度があって，登録することが訴訟要件になっているので，商業価値のあるものは登録される．商業価値のあるものは再登録されるから，再登録が行われたかどうかで，価値が存続しているかどうかを推測することができる．最初の保護期間が過ぎると8割が再登録されないということは，著作物の商業価値がいかにすばやくなくなるかを示している．

商業価値のない著作物は市場には供給されないから，社会的に生み出される価値はゼロとなる．しかし，著作権が切れてパブリック・ドメイン化されると商業価値のないものでも，創意工夫によって新たな利用方法を考える者が現れる．日本の場合でいえば，映画における格安 DVD や，書籍のおける青空文庫が良い例であり，新たな利用方法を提案して社会的価値を作り出した．

これに対して，作品の商業的な価値は長いという主張もある．Rapapport [1998] はアメリカの映画について調べ，1922～44年までに公開された映画のうち，いまでも商業価値のあるものが相当にあることを示した．彼の推定では，1933～41年に公開した映画のうち65％，1929～32年に公開した映画のうち40％，1926～28年に公開した映画のうち11％が1990年代末の時点で商業価値があったという．1933～41年に公開した映画は公開から60年たっていることになり，そのうち65％に商業価値があるというのは高い数字である．また，Liebowitz and Margolis [2005] は，1920年代の *Book Review Digest* に載っている本は，58年後にその41％がまだ出版されていたと述べている．この41％という数字もかなり高い値である．

ただし，これら2つの推定では，商業価値があるかどうかは売られていたかどうかであり，その著作物が実際にどれくらいの収益を生み出していたかを調

べたわけではない．すなわち著作権保護期間の延長によって，創作者の収益率がどれだけ増加するかはわからない．また，Liebowitz and Margolis [2005] の書籍の研究は，*Book Review Digest* に載っていたという事実から，本の選択が当時のベストセラーに偏っている可能性がある．創作の誘因を語るときにベストセラーだけに限るべきではない．創作の誘因とは創作をする以前の事前のものでなければならず，事前の段階ではベストセラーになるかどうかはわからないからである．事前の段階ではすべての著作物を対象に考える必要がある．すべての著作物を対象に考えたとき，著作物がどれくらい長命であるか．そして保護期間の延長でどれくらい収益が伸びるかはまだよくわかっていない．

3. データとバイアスの評価

データは丹治氏作成のデータベースによっている[1]．対象となる書籍は1957～66年に死去した物故者の著作（単行本）である．これらの著作者は2008年1月1日から10年間に著作権保護期間が順次切れていき，保護期間延長によって直接の影響を受ける．作業は次の3段階を経ている．

第1段階として，物故者のリストアップを行う．物故者のリストアップは「昭和物故人名録　昭和元年～54年」（日外アソシエーツ）によった．この人名録は，昭和元年から昭和54年まで（1926年12月25日～1979年12月31日）の物故者を，各種人名辞典・事典，年鑑から収録したので，1957～66年の物故者は約3,700人収録されている．

第2段階として，この人名を国立国会図書館蔵書検索システム（NDL-OPAC）に入力すると，書籍が検索されて出てくる．国会図書館は納本制度によって国内で発行された書籍の多くを蔵書にしており，最も包括的なデータベースである．ここから同姓同名や全集収録などのダブリを取り除いて書籍リストを作る．物故者リストのうち，書籍を出版していたのは1,711人であり，これが対象となる著作者である．

第3に書籍ごとに出版点数を調べる．過去の書籍の売上部数はわからないが，

---

1) 詳しくは前章の補論を参照．ただしデータの補遺や重複処理などで多少の差はある．

出版回数はわかる．そして出版回数は売上部数にある程度は比例していると考えられる．すなわち第13版というように回数を繰り返して出版されるのは，その書籍が多数売れているからと解釈できる．そこで版が違えば再度出版されたとして数えたときの点数，すなわち出版点数を採用した．これはいわば出版社側が出版する意欲を持っているかどうかの指標であり，その作品に商業価値があるかどうかを判定する指標と解釈できる．

　本の出版条件は，図2.2に見るように書籍の需要曲線が平均費用曲線より上にあること，すなわち D_0 ではなく D_1 にあることである．ここで本来は本の売上部数 X_1 を採用すべきであるがデータがない．しかし，書籍はある程度の部数を第1版として発行・印刷し，それを売り切ってもなお需要が D_1 あると判断すると第2版が発行され，以下これが続けられる．したがって，1回の発行での売上部数 X_1 にそれほど差がないとすれば，売上部数は発行回数すなわち出版点数にほぼ比例的とみなせる．そこで出版点数を売上の代理変数として用いる．

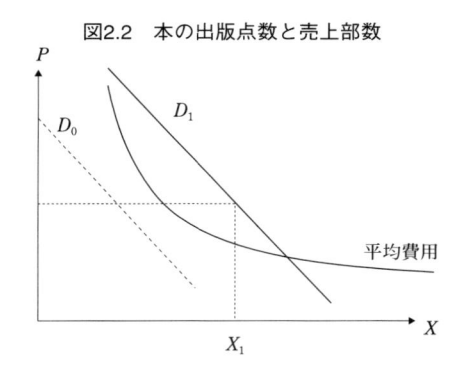

図2.2　本の出版点数と売上部数

　この形での出版部数の推定には推定作業の段階ごとにバイアスがかかる．

　第1に，物故者リストは，名前がそれなりに歴史に残った人のリストであり，名前を残すことがなかった著作者の著作物は対象からはずれる．例えば本を2〜3冊出しただけのそれほど有名ではない人は物故者リストには載らないと考えられる．そのような人の作品は没後はほとんど出版されていないと考えられ

るので，この方法で推定した生前の出版点数は，没後の出版点数に比べて相対的に過少推定されることになる．

第2に，国会図書館の納本率は戦後一時期までは100％には及ばなかった．納本制度はあったが罰則がなく，8割程度であったといわれる．その後1980年代ISBNコードでの管理が普及するとともに納本率は上昇し100％に近づいたとされている（丹治による．前章補論参照）．この結果，没後の出版点数の減少率は，真の値より小さく見積られることになる．

第3に，図2.2での売上部数 X_1 は，常に一定ということはなく，通常は第1回目の発行のときには売上部数が大きく，版を重ねると売上部数は次第に低下していく．第1版よりも，第3版・第4版あるいは復刻版の方が売れるというのは例外的であり，通常は版が後になるにつれて売上部数は減るからである．すなわち，D_1 がはるかに右にあったが，第3，4版では平均費用をぎりぎり超えた程度であったということが，十分起こりうる．そうだとすればこの方法で売上部数を推定すると，没後の売上部数を過大推定，言い換えれば生前の売上部数を過少推定する．

以上3つのバイアスを考慮しながら以下の推定を進める．ただし，後に述べるようにこれらのバイアスは本章の結論を強めるものではあっても弱めるものではない．

4. 書籍の保護期間延長による収益増加の推定

出版点数を集めたのが結果を要約したのが表2.1である．生前の総出版点数は29,213点であった．没後10年に出版された点数は3,022点，10～20年後に出版されたのが2,156点と次第に逓減し，50年後になっても出版されている点数は1,049点となる．没後50年までの出版点数はあわせて9,386点となる．

前の10年の期間との比較しての減少率を見ると，30年後までと40年後までの間ではあまり出版点数が減っていない．これは，この間に国会図書館でISBNコードの利用などが進み，国会図書館への納本率が100％近くに上昇したためと思われる．先に述べた2番目のバイアスである．図2.3はこれをグラフ化したものであり，30年後と40年後の間で棒の長さがあまり変わっていないことか

らこれが見て取れる．なお，グラフでは生前の出版点数29,213点は，著作者が20歳から80歳まで生きて，その期間に均等に作品を発表すると仮定し，四角で描いてある[2]．

表2.1　出版点数の推移

生前	29,213	
10年後	3,022	前期間比減少率
20年後	2,156	0.713
30年後	1,615	0.749
40年後	1,544	0.956
50年後	1,049	0.679
合計	38,599	減少率の平均値 0.774

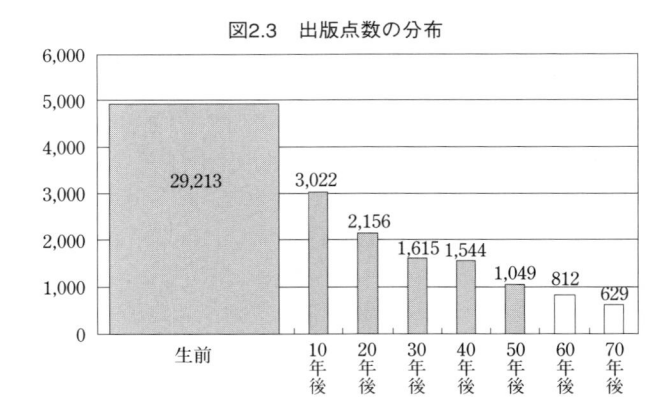

図2.3　出版点数の分布

ここで保護期間を延長したときの出版点数を単純に外挿して予想した．10年単位での減少率の平均値をとると77.4％となる（表2.1）．この減少率でそのまま外挿すると，50～60年後に812点，60年～70年後に620点が出版されることになる．図2.3のグラフの最後の2本の白の棒がこれである．この2本の棒の出版

2）　この図の初出は田中・林・丹治［2007］である．

第2章　本のライフサイクルを考える

点数が全出版点数に占める比率が，保護期間延長にともなう収益の増加率の推測値となる．割引率を考えずに単純計算すると

$$\frac{812+620}{29213+9386}=3.73\%$$

となる．

　ただし，これは先に述べた3つのバイアスで過大推定になっている．第1に，物故者リストには，生前に2～3冊だけ出した人がそもそも載っていないので，生前の出版点数29,213は，実際にはこれより大きい．すなわち上の式の分母は過少であり，もっと大きくなる．仮に物故者リストに載っていない人の出版物が，リストに載った人の3割程度あると仮定して[3]，29,213を1.3倍にすると，期間延長による収益増加は3.73%から3.03%に低下する．第2に，国会図書館の納本率が1990年代に上昇したために，出版点数の減少率が実態よりかさ上げされている．減少率を90年代の異常値を除いて計算すると，期間延長による収益増加は3.3%程度に低下する．第3に，版の初期の売上部数の方が多いと考えられるので，出版点数を売上部数に直すなら，生前の出版点数29,213を多めに評価する必要がある．これを調整すれば分母が低下するので，やはり増加率は3.73%より低下する．

　結局3つのバイアスは，すべてここで出した3.73%が過大評価になっていることを示している．したがって3.73%は上限であり，実際の値はこれよりも低い．3つの効果をあわせて考えれば，控えめに考えても3%以下にはなるだろう．この点を留意して以下計算を続ける．

　誘因として評価するためには，これをさらに現在価値に割り引かなければならない．割引率は，すでに述べたように，書籍の執筆が商業的投資を伴わない個人作業であり，著作者が孫の効用のことを考えるとすると，7%のような数字を使うのは過大である可能性がある．しかし，0%というのも非現実的である．そもそも子を残さない場合，あるいは子供がいても孫ができない場合もあ

3）　物故者リスト以外の著作者がどれくらいいるかは定かではないが，仮に現在の出版状況で考えると，本の著作者の中で物故者に名を連ねそうな人の数は半分もいないだろう．そう考えると1.3倍はきわめて控えめな数字である．

る．ここでは7％より低い比率として仮に1％〜2％を使うことにする．

　延長による収益が生じるのは，創作時点から80年後であるとして単純に割り引くと収益増加は割引率1％〜2％に対応して，1.68％〜0.77％なる[4]．これが保護期間延長による創作者の収入の割引現在価値となる．上記バイアスも考慮すると，保護期間延長による収益増加は1％程度であり，多くても2％程度と見てよいだろう．問題はこれが創作を刺激するだけの力を持つかどうかである．仮に本の印税が10％から10.2％に上がったとして，創作意欲が増えて本が増えるだろうかと考えればよい．常識的に考えて増加額が小さすぎて本の創作が増えるとは考えにくい．ここでの推定が正しければ，経済要因に関する限り，延長による創作刺激効果は疑わしいと思われる．

　この結論の頑健性をテストするため，対象を少し絞ってみよう．特に問題になりそうなのはベストセラー作家の場合である．この推定ではすべての著作者の作品を平等に対象としている．しかし，世の中にはすでに名声を確立したような著作者がおり，彼らの著作物については将来も収益を生む確実性は高いだろう．そうだとすればベストセラー作家にとっては，保護期間延長による将来収益の増加率はより高く，彼らの創作意欲の刺激になるかもしれない．そこで，ベストセラー作家だけに限った推定をしてみた．

　生前の出版点数が多い著作者を選んで同じ推定を行う．生前出版点数が100点以上の著作者は48人存在し，彼らだけに限った推定をした．表2.2がその結果である．合計出版点数は生前出版点数は9,537であり，総数29,213に占めるシェアは1/3である．没後出版の減少率は6.88％，保護期間延長による出版点数の増加は206+142＝348である．収益の増加率は348/14000＝2.49％となる．収益の増加率はむしろ全データを利用した場合の3.73％より低下する．

　このような結果が出るのは，生前にたくさんの書物を出した著作者の著作物が没後も評価されるとは限らないからである．作家でいえば芥川龍之介は現在でも多くの発行を重ねているが，芥川と同時代に芥川龍之介と並ぶだけの名声，あるいは出版部数を持った作家はたくさんおり，その中で誰が没後50年にわた

4）　より厳格に著作者が20歳から著作を開始し，80歳まで創作を続けるとしてうえで，創作時点40歳のときの，保護期間延長による収益増加の割引現在価値を求めると1.68％〜0.71％となる．値としては単純計算とあまり変わらない．

り評価されるかは誰にもわからない．生前たくさんの書籍を残しても没後には出版されなくなることは多く，寡作であったりや当時それほど売れなくても没後に出版されつづける例もある．ベストセラー作家に限れば没後の収益は確実性が高いだろうという予想自体が間違っていたということである．

さらに著作者を職業別に分類し，作家，学者，実業家，社会運動家などに分けることも試みたが，大勢に影響はなかった．職業別に見ると作家がもっとも没後に出版される確率が高いが，それでも保護期間延長による収益増加率が1～2％という上記結果は動かない．なお，職業別の違いは，次節の没後出版確率のところで詳しく述べる．結論として著者をさまざまにグループ分けしてもここで得た結果は頑健と思われる．

表2.2　出版点数の推移と予測
（生前の出版点数が100点以上の著作者48人に限った場合）

生前	9,537	
10年後	1,499	前期間比減少率
20年後	1,142	0.762
30年後	834	0.730
40年後	688	0.825
50年後	300	0.436
合計	14,000	減少率の平均値
		0.688

外挿予測値
60年後　206
70年後　142

5. 著作者の没後に本が出版される確率

本節では没後出版を説明する式を推定する．前節では没後の出版点数を総数としてあつかって単純に外挿したが，没後における出版状況をもう少し詳しく見るため，没後出版点数を決める要因を調べる．

まず，生前の出版点数が多い著作者の方が没後の出版点数が多くなる．図2.4は著作者別に，縦軸に没後の出版点数，横軸に生前の出版点数をとったもので，

右上がりの関係が読める．回帰式を当てはめると，

没後出版点数＝−2.17 ＋ 0.459 生前出版点数
(−5.52) (40.15)　　　$R^2 = 0.485 (0.485)$
Ln(没後出版点数+1)＝−0.174 ＋ 0.477 Ln(生前出版点数+1)
(−4.31) (27.78)　$R^2 = 0.311 (0.311)$

かっこ内 t 値，Ln は自然対数

となり，係数から生前出版点数の5割程度が没後に出版されることになる．5割というのは直感的に見てかなり高い値である．このように高い値が得られたのは，ここで扱っているのが物故者リストに載っている人であり，いわば没後に評価されるような著名人だからと考えられる．

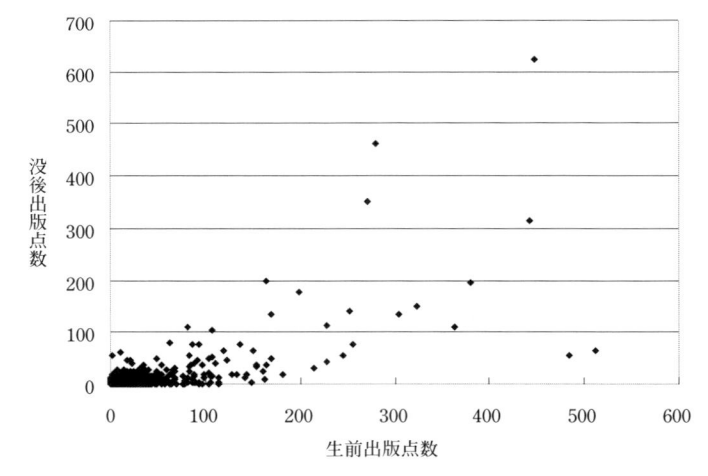

図2.4　生前出版点数と没後出版点数

没後出版を決める要因として，没後の経過年数が重要な要因であることは図2.3などから明らかである．参考までに，没後10年単位で見て，1回でも出版された著作者の数を数えたものが表2.3である．著作者総数1,711人のうち，1回でも死後に出版したことのある人は856人おり，没後の経過を見ると没後10年に出版があった人の数が541人，その後の10〜20年の間に出版があった人の

数は365人である．以下順に減っていく．なお，没後40〜50年の170人は過少である．なぜならこのデータは2006年までの出版が対象なので，まだ没後50年たっていない人がおり，そのため最後の数字は小さくなる（表2.1の推定では補正してある）．また，30〜40年の値353がその前より多いのは，すでに何度も述べたように国会図書館の納本率の上昇のためと考えられる．

表2.3 没後出版した著作者数

著作者総数	生前出版した人	1回でも没後出版した人	没後出版した人（没後経過別）				
			0〜10年	10〜20年	20〜30年	30〜40年	40〜50年
1,711	1,623	856	541	365	345	353	170

没後出版には，没後の経過年数に加えて，著作者がいつ死んだか，すなわち没年も影響を及ぼす．いま，著作者ごとに没後出版点数を生前出版点数で割った値（すなわち没後出版性向）を計算し，著作者の没年に回帰すると以下のようになる．

$$\text{没後出版点数}/\text{生前出版点数} = 0.388 - 0.016\,Y$$
$$(7.60)\,(-1.85) \quad R^2 = 0.00211\;(0.00150)$$
$$Y = \text{没年} - 1957$$

単回帰なので決定係数は低いが係数はぎりぎり10%有意であり，ゆるやかな関係が認められる．符号がマイナスなので，時点が最近に近づくにつれて没後出版性向が減少している．すなわち，時代が新しくなるにつれて没後出版がされにくくなっていることになる．書籍の出版数自体は戦後ずっと上昇傾向あるので，あまりにたくさんの本が出るようになった結果，没後に再版されるような本が減っていると解釈できる．なお，ここで Y は没年から1957を引いた値である．没年は1957年から1966年までなので，Y は0から10までの数になり，ゆえに1957年に亡くなった場合と1966年に亡くなった場合とでは没後出版比率が，0.16だけ低下することになる．すなわち10年間で没後出版性向はパーセンテージで16ポイント低下した．

最後に，著作者を職業別に分類した．採用した分類は次の7つである．

作家
学者（文学者・医学者含む）
実業家（団体責任者含む）
政治家・官僚・軍人
運動家・ジャーナリスト
芸術家・技能者・医者
その他

　分類に当たっては物故者リストにある肩書きをまず参照し，それでわからない場合は人名を検索して調べて決定した．職業別の分布は表2.4の通りである．著作者の分布を見ると，作家が思いのほか少なく，学者が最も人数としては多い．芸術家・技能者・医者がそれについでおり，作家は順位としては3位である．

表2.4　著作者の職業別分布

	合計	作家	学者(文学者・医学者含む)	実業者・団体責任者	政治家・官僚・軍人	運動家・ジャーナリスト	技能者・芸術家・医者	その他
物故者リスト収録者	3,744	299	726	914	617	282	800	106
うち，著作者	1,711	258	543	204	188	134	350	34

　人によっては1回も没後出版されない人もいる．没後出版される人でも10年ごとに出版される息の長い人もいれば，最初の10年だけ出版されてあとは出版されなくなる人もいる．ここで，これらの傾向をまとめて評価するために，没後出版の確率をロジット推定してみよう．被説明変数としては，
　(1)没後に1回でも出版している人すなわち没後0〜50年に出版されている人（表2.3の856人）を1とし，他を0とする．
　(2)没後0〜10年に出版されている人（表2.3の541人）を1とするダミー
　(3)没後10〜20年に出版されている人（表2.3の365人）を1とするダミー
　(4)没後20〜30年に出版されている人（表2.3の345人）を1とするダミー
をとった．没後30〜40年は国会図書館の納本バイアスがあり，40〜50年はまだ没後50年に達しない人がいるので推定対象からはずした．説明変数は，生前出

第2章 本のライフサイクルを考える

表2.5 没後出版のロジット分析

		(1) 0～50年後の 出版	(2) 0～10年後の 出版	(3) 10～20年後の 出版	(4) 20～30年後の 出版
	定数項	−0.596 *	−2.148 ***	−1.961 ***	−1.590 ***
		−(1.65)	−(4.67)	−(4.03)	−(3.59)
	生前出版点数	0.047 ***	0.033 ***	0.035 ***	0.037 ***
		(10.36)	(10.25)	(11.10)	(11.60)
	没年効果	−0.030	0.017	−0.036	−0.037
	（＝没年−1957）	−(1.60)	(0.85)	−(1.60)	−(1.57)
	作家	0.766 **	1.253 ***	0.600	−0.123
		(2.05)	(2.69)	(1.22)	−(0.27)
	学者	0.085	1.028 **	0.150	−0.459
		(0.24)	(2.27)	(0.31)	−(1.05)
	実業家・団体責任者	−0.772 **	−0.051	−0.713	−1.703 ***
		−(2.00)	−(0.10)	−(1.31)	−(3.09)
	政治家・官僚・軍人	−0.038	0.286	−0.553	−0.278
		−(0.10)	(0.59)	−(1.03)	−(0.59)
	運動家・ジャーナリスト	0.536	0.887 *	0.410	0.053
		(1.38)	(1.83)	(0.79)	(0.11)
	技能者・芸術家・医者	0.481	0.596	0.540	0.086
		(1.34)	(1.30)	(1.11)	(0.20)
	R^2	0.165	0.164	0.189	0.200
	n	1,711	1,711	1,711	1,711
(a)	出版点数が10で1967年没の作家	0.584	0.403	0.202	0.154
(b)	出版点数が10で1967年没の実業家	0.177	0.119	0.059	0.033
(c)	出版点数が10で1957年没の作家	0.654	0.363	0.267	0.208
(d)	出版点数が11で1967年没の作家	0.612	0.417	0.209	0.159
(e)	(a)−(c)＝10年間での没後出版確率の低下	−0.070	0.040	−0.065	−0.054
(f)	(d)−(a)＝出版を1点追加することによる没後出版確率の上昇	0.028	0.014	0.007	0.006

注：かっこ内は t 値，***1％水準有意，**5％水準有意，*10％水準有意．

版点数と没年効果 y（＝没年－1957），そして職業別ダミーである．

表2.5がその推定結果である．生前出版点数は予想通り正に有意である．職業別では作家が（20～30年後を除いて）正の値で有意であり，作家の書籍は没後に出版されやすい．反対に没後に出版されにくいのは，一貫して符号がマイナスの実業家・団体職員の著作である．没年の効果，すなわち時点効果は10％有意かどうかぎりぎりというレベルで，符号は予想通り直後10年を除いてマイナスになっている．

この結果をもとに没後出版確率をいくつかの場合について計算した．表2.5の下段がそれである．(a)行は生前の出版点数が10の作家が，1967年に死去した場合である．没後50年までの間に1回でも作品が出版される確率は0.584となる[5]．これを没後の経過時間別に見るために(2), (3), (4)列を見ると，没後10年では0.403，10～20年では0.202，20～30年になると0.154と，没後出版確率は次第に低下する．この低下率をそのまま外挿すれば没後50年以上経過した場合の出版確率は5％程度になる．ここで出した作家の例は上限である．作家は職業別に見ると没後出版確率が高い方であり，もっとも確率が低い実業家の場合は，没後出版確率は20～30年後の時点ですでに3.3％しかなく（表2.5の(4)列の(b)行），50年以上先になれば2％を切ると考えられる．このように没後出版確率が非常に低いのであれば，保護期間を延長しても，延長した期間での没後出版から得られる期待収益額はきわめて低くなるのは当然である．前節で計算した保護期間延長時に得られる収益が非常に低いことは，この没後出版確率からも裏づけられる

また，この没後出版確率はこれから先の将来では，没年効果のためにさらに低下する可能性がある．没年効果を見るために，時点を10年遡り，没年が1957年の作家の没後出版確率を求めたのが，(c)行である．0～50年の没後出版確率は0.654になるので，1957年から1967年までの10年間で，没後出版確率が7％ポイント（＝0.654－0.584）低下したことになる．図の(e)はこれを全コラムについて計算したものである．没後10年間だけは出版確率は上昇しているが，それ以外では没後出版確率は5％ポイント程度下がっている．すなわち1957年か

5） $-0.596+0.047*10-0.03*10+0.766 = 0.3409$. $\exp(0.3409)/(1+\exp(0.3409)) = 0.584$ である．

ら1967年の間に，(おそらくは出版物の増加などの影響で) 没後出版確率は5％ポイントくらい低下した．現時点2007年までこの没後出版確率の低下傾向が続いているとすれば，現時点の没後出版確率はさらに低くなっているはずである[6]．

仮に生前に出版回数を1回増やすこと（例えば1回創作する）で，どれくらい没後出版確率が上昇するかを計算してみたのが(f)行である．創作を1回することでの没後出版の上昇幅は10〜20年後の間に0.7％ポイント20〜30年後で0.6％ポイントである．50年以上先になるとさらに低下すると予想される．

まとめると没後50年以上たってから1回でも出版が行われる確率は非常に低く，5％は超えないだろう．この5％以下という値は第3節で得た値と近い水準である．

6. おわりに

物故者の著作を国会図書館のデータベースで調べるという方法で，著作者没後の出版状況をデータベース化し，保護期間の延長がどれくらいの誘因を著作者に与えるか調べた．保護期間の延長で得られる収益の増加率は1〜2％程度であり，印税が10％から10.2％に上がる程度の大きさである．この程度の大きさの収益が創作の誘因になるかどうかは疑わしい．また，没後に出版されるかどうかの確率をロジット推定すると，生前に10回出版した人でも没後50年たって一作でも出版される人は5％を下回ると予想され，やはり誘因としては弱い．例外的な作家はいるだろうが，平均的には50年先の収益は小さく，保護期間の延長が大きな誘因を生み出すとは思われない．

[参考文献]

田中辰雄・林紘一郎・丹治吉順［2007］「著作権保護期間延長問題についての経済的考察」日本知財学会2007，1C5．

Brief of George A. Akerlof et al. [2003] as Amici Curiae in Support of Petitioners at 12, Eldred v. Aschcroft, 537 u.s. 186 (2003) No.01-618.

Rappaport, Edward [1998] "Copyright Term Extension: Estimating the Economic Values",

---

6) 単純に5％ポイントずつ低下したとすると2007年には40％ポイント低下したことになる．

Washington, DC: Congressional Research Service, May 11.
Liebowitz, Stan J. and Stephen E. Margolis [2005] " Seventeen Famous Economists Weigh in on Copyright: The Role of Theory, Empirics, and Network Effects ", *Harvard Journal of Law & Technology,* Vol. 18 No. 2, Spring, pp. 435-457.
Landes, William M. and Richard A. Posner [2003] " The Optimal Duration of Copyrights and Trademarks ", Landes and Posner The Economic Structure of Intellectual Property Law, Belknap Pr 2003.

第3章　シャーロック・ホームズから考える再創造[*]

太下　義之

1. はじめに

　本章においては，ある作品を元にして新しい別の作品の創造が行われること（本章においては，これを"再創造"と呼ぶ）と，著作権（及びその保護期間）との関係について考察する．

　あらためて述べるまでもなく，文学をはじめとして，演劇，映画，音楽，美術など，過去の作品を利用（パロディ，脚色・翻案等）して，別の作品が創造された例は数知れず存在する．

　この"再創造"に関しては，①オリジナルと同じ分野での再創造か／別の分野への再創造（例．映画化，演劇化，漫画化，等）か，②パロディの要素が有るのか／無いのか，③再創造されたコンテンツは有償で流通するのか／無償で流通するのか，等，さまざまな視点での論点があげられるが，本章においてはその全体を包含した概念として位置づける．

　そして筆者は，このようなパロディやパスティーシュに代表される文化的コンテンツの再創造が行われることにより，オリジナルのコンテンツが大衆から忘れ去られることなく，その人気の持続にも大いに貢献しているのではないかと考えている．

　そこで本章においてはケース・スタディとして，イギリスのアーサー・コナ

---

[*] 本章の執筆にあたり，シャーロック・ホームズ関連の資料に関しては翻訳家・日暮雅通氏に，米国及び日本の著作権法関連の資料については弁護士・福井健策氏及び成蹊大学法学部教授（米国弁護士）・城所岩生氏に，コナン・ドイルの著作権に関してはJon Lellenberg氏に，それぞれご教示いただいた．ここに謝意を表したい．

ン・ドイル（Arthur Conan Doyle）が創造した名探偵シャーロック・ホームズ（Sherlock Holmes）を取り上げる．その理由として，1つには，再創造に関する正確な統計などもとより存在するわけもないが，古今東西を通じて創作されたキャラクターの中で，パロディやパスティーシュが最も多く生み出されているのは，コナン・ドイル原作のシャーロック・ホームズなのではないかと考えているからである．また，幸い，シャーロック・ホームズに関しては熱心な研究者によって文献の整理が進んでいることがもう1つの理由である．

2. シャーロック・ホームズのパロディ等に関する分析

現時点でシャーロック・ホームズに関する最新かつ最も体系的・網羅的な書誌は，"THE UNIVERSAL SHERLOCK HOLMES"（De Waal, Ronald Burt）[1]であるとされており，この中に"XI. Parodies, Pastiches, Burlesques, Travesties and Satires"（以下，「パロディ等」とする）という項目がある．

同文献によると，オリジナルのシャーロック・ホームズ作品は，1887年から1927年にかけて60編（長編4，短編56）が発表されている．これに対して，パロディ等は最も古い作品が1891年に発表されて以降，上記文献にて整理されている1993年までの約100年間に，筆者の集計によると合計1,803編，総ページ数83,276ページに及ぶ作品が新たに創造されている（図3.1，図3.2）[2]．

このシャーロック・ホームズの再創造に関しては，次の5つのエポック・メイキングな事項を指摘することができる．

1） http://special.lib.umn.edu/rare/ush/ush.html
2） 本データは，"THE UNIVERSAL SHERLOCK HOLMES"のうち，"XI. Parodies, Pastiches, Burlesques, Travesties and Satires"のAからFの項目のデータを集計したもの．
　ただし，パロディやパスティーシュ以外の分野であると考えられる下記の項目は除外して集計した．「A. General and miscellaneous Criticism」全部（C21283～C21345），「B. Solar Pons and Dr. Parker」のうち「Collected Stories and Essays」「Miscellany」及び「The Writings about the Writings, The Agent, and The Praed Street Irregulars」（C21451～C21571），「D. Sherlock Holmes and Dr. Watson」のうち「Collected Stories」及び「Criticism」（C21592～C21604），「E. Shlock Homes and Dr. Watney」のうち「Collected Stories」及び「Criticism」（C21652～C21665）．
　また，"First Published"または"First Edition"等の表記があり，再版または重版であると考えられる作品も除外して集計した．

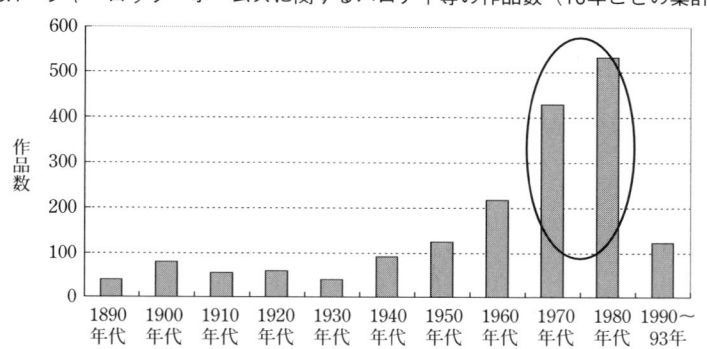

第3章　シャーロック・ホームズから考える再創造　　　　　　　　　77

図3.1　シャーロック・ホームズに関するパロディ等の作品数（10年ごとの集計）

図3.2　シャーロック・ホームズに関するパロディ等の作品数（積み上げ）

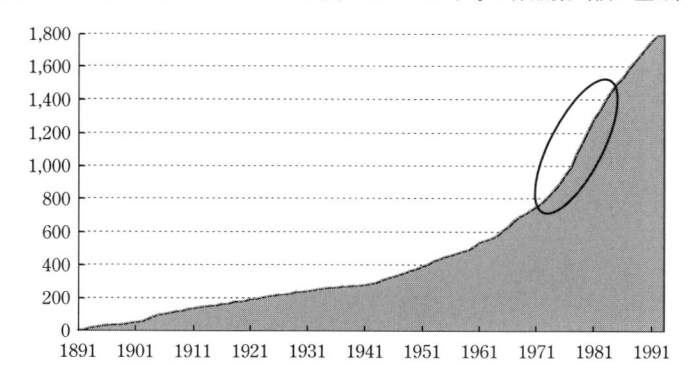

① **最初のパロディ**

　1つは，シャーロック・ホームズのシリーズが開始された1887年から間もない1891年に，早くも最初のパロディ（"My Evening with Sherlock Holmes"という2ページの小編）が発表されているという点である．当然のことではあるが，パロディ等の再創造は著作権保護期間の満了を待たないのである．

② **大空白時代**

　2点目は，シャーロキアンたちが"大空白時代（the Great Hiatus）"と呼ぶ時期に関連して，パロディ等が増加している，という点である．

この"大空白時代"とは,「最後の事件（The Final Problem）」でホームズが宿敵ジェームズ・モリアーティ教授と対決し,ライヘンバッハの滝壺に落ちて死亡したと思わせた日付（1891年5月4日）から,「空き家の冒険（The Adventure of the Empty House）」でホームズが復活した日付（1894年4月）までの期間を一般的には意味している．ただし,それぞれの作品が発表されたのは,「最後の事件」が1893年,「空き家の冒険」が1903年となっており,両作品の間の10年間も,当時の読者にとってはもう1つの"大空白時代"と呼ぶことができるであろう．

　そして,ドイルによるホームズ・シリーズの一時的な断筆作となる「最後の事件」が発表された1893年にはパロディ等が10作品も発表されている（その前年の1892年には5作品のみ）．

　また,この「最後の事件」で死亡したと思われていたシャーロック・ホームズがロンドンに生還するという設定の「空き家の冒険」が発表された1903年には,15作品ものパロディが発表されている（その前年の1902年には6作品のみ）．

　こうしたことから,上記の空白時代（1893～1903年）の前後においては,オリジナルの不在を補完し,またオリジナルの再開を歓迎する意味で,パロディ等の再創造が活発に行われたものと推測できる．

③再創造から再々創造へ

　3点目は,単なる再創造だけではなく,孫世代にまで及ぶ"再々創造"が行われているという点である．アメリカの作家オーガスト・ダーレス（August William Derleth）は,コナン・ドイルがシャーロック・ホームズ・シリーズを執筆しなくなった直後の1929年から1971年まで,シャーロック・ホームズのパロディ「ソーラー・ポンズ（Solar Pons）」シリーズ・計71編を執筆している．ちなみに,71編という作品数はオリジナルのシリーズよりも多い．

　さらに1971年にダーレスが死んだ後,1979年からはイギリスの作家ベイジル・コッパー（Basil Copper）によって「ソーラー・ポンズ」シリーズの再創造,すなわちオリジナルのシャーロック・ホームズにとっては孫の世代にあたる"再々創造"が行われている．今後は,その他のシャーロック・ホームズのパロディからも"再々創造"が登場するかもしれないし,また,「ソーラー・ポ

ンズ」において，ベイジル・コッパーとは別の作者によるさらなる"再々々創造"が登場する可能性もある．
④エラリイ・クイーンの災難
　4点目は，1944年に発行された，エラリイ・クイーン編著『シャーロック・ホームズの災難（THE MISADVENTURES OF SHERLOCK HOLMES）』についてである．

　同書の編者であり自ら短編も寄稿しているエラリイ・クイーン（Ellery Queen）はアメリカの推理作家であり，1961年にはアメリカ探偵作家クラブ（MWA；Mystery Writers of America）の「巨匠賞（The Grand Master Award）」を受賞している．同賞は推理小説分野が到達する頂点と位置づけられている価値の高い賞である．また，クイーンの死後の1983年には，その名前を冠した「エラリイ・クイーン賞（The Ellery Queen Award）」が MWA において創設されている．こうした業績からも理解できるとおり，エラリイ・クイーンは文字通りアメリカのミステリー小説分野を代表する作家なのである．そしてこのクイーンが編集した『シャーロック・ホームズの災難』は，1892年から1943年までに発表されたパロディから選りすぐって編集されており，「まさしくアンソロジーの傑作」（中川 [1985] p. 324）または「パロディ史上最も有名なアンソロジー」（日暮 [2007] p. 223）と極めて高い評価を受けている．

　同書は，コナン・ドイルの著作権を管理する「コナン・ドイル財団」の許諾を得ずに発行されたが，①上述した通りアメリカのミステリー小説分野を代表する作家が編集したものであり，著作権者としても看過できなかったと推測されること，②優れたアンソロジーではあったが"MISADVENTURE（災難，不運の意）"という題名も災いしたと推測されること，等の理由から，コナン・ドイルの次男の Adrian Malcolm Conan Doyle の強い反対で「絶版とするか，裁判とするのか」という選択を突きつけられ，アメリカにおいては「稀覯本になってしまい，アメリカの図書館でも貴重図書扱いになっている」（中川 [1985] p. 324）とのことである．

　一方，同書を絶版に追い込んだAdrian Malcolm Conan Doyleは父親の残した未公開のメモを元にして，ミステリー作家のジョン・ディクスン・カー（John Dickson Carr）との共著で，1952年から1954年にかけて『シャーロック・ホーム

ズの功績（THE EXPLOITS OF SHERLOCK HOLMES)』を発表した．もっとも，ミステリー小説としての評価については，クイーンのアンソロジーの方がファンの間では評価が高い模様である．

いわずもがなではあるが，著作者の子孫である，または著作権を相続している，という条件だけで，優れた再創造が可能となるわけではないのである．

⑤ビジネス化するパロディ

最後は，1974年にニコラス・メイヤー（Nicholas Meyer）が『シャーロック・ホームズ氏の素敵な冒険（THE SEVEN-PER-CENT SOLUTION)』を発表し，英米でベストセラーとなった点である．同書が世界的なベストセラーになったことによって，「出版界に『ホームズ・パロディは商売になる』と思わせたことによる影響力は，絶大だった」（日暮［2007］p. 229）と指摘されている．実際，データを見ると，同作以降にホームズのパロディ等が続々と刊行されるようになったことが理解できる（図3.1及び図3.2の丸印部分参照）．

3. シャーロック・ホームズの著作権[3]

さて，シャーロック・ホームズのパロディ等の創造の動向については以上見てきた通りであるが，同シリーズの著作権はどのようになっているのであろうか．

①イギリスのケース

コナン・ドイルが死亡したのは1930年7月7日であり，死後の著作権は「コナン・ドイル財団（The Conan Doyle Estate）」が管理することとなった．同財団の最初の管理執行者は，ドイルの2番目の妻であった Jean Leckie である．

1940年に同氏が死亡すると，彼女の長男 Denis Percy Stewart（1955年に死亡）及び次男 Adrian Malcolm Conan Doyle（1970年に死亡）が管理執行者となった．

しかし両氏の死後，同財団の運営を巡って，コナン・ドイルの長女 Jean Lena Annette，Adrian の未亡人 Anna 及び Denis の再婚後の未亡人 Nina の3名の間で不和が生じたとのことである．

3） 本節は，The Conan Doyle Estate のアメリカ合衆国における代理人である Jon Lellenberg 氏へのヒアリング調査に基づく．

その後 Nina は，ロイヤルバンクオブスコットランドからの融資を原資として，Jean と Anna の権利相当分を買い取り，自分で「バスカーヴィル投資株式会社（Baskerville Investments Ltd.）」と命名した企業体を経営し始めたが，同社の経営に失敗し，結局は破産した．1975年に Nina は銀行ローンを返済するために，同社の権利をアメリカのテレビ・プロデューサー Sheldon Reynolds に売却した．ただし，イギリスの旧・著作権法においては著作権の保護期間を著作者の死後50年間と定めていたので，コナン・ドイルの著作権は1980年に一度消滅し，パブリック・ドメインとなった．

しかし1995年，EU 著作権指令施行のため著作権の保護期間が著作者の死後70年間に延長され，この際にすでに著作権の保護期間が満了している著作者についても遡及適用された．この結果，コナン・ドイルの著作権は死後70年である2000年までの 5 年間ほど，一時的に復活していたことになる．

②アメリカ合衆国のケース

アメリカ合衆国におけるコナン・ドイルの権利関係は一層複雑である．

シャーロック・ホームズ・シリーズが発表されていた当時の旧法（1909年著作権法）の規定では，著作物は発行後28年間保護され，更新登録によってさらに28年間（発行時からの合計で最長56年間）保護される，とされていた．したがって，シャーロック・ホームズ・シリーズ[4]の著作権は遅くとも1983年には消滅し，パブリック・ドメインとなるはずであった．

しかし，1976年著作権法（Copyright Act of 1976．1978年 1 月 1 日発効）により，著作権の保護期間は著作者の死後50年までとなった．この際に旧規定（公表時起算）との整合性を図るため，1923年から1949年に発行され，適時に更新申請されている著作物（すなわち，1978年 1 月 1 日現在で追加の保護期間内にあった著作物）を対象として，公表時から起算して＜28年間プラス67年間＞を著作権の保護期間とした[5]．そして，すでに死亡した著作者の配偶者，子供，または孫が保護期間満了の 1 年前までに所定の手続きを執り行うことによって，その権利を取り戻す権限を与えた．換言すると，1978年（12月31日）までが著作権の保護期間であった著作物（1922年に公表された著作物）は，わずか 1 年の差

4） 後述する通り，最終作の公表は1927年．
5） 1922年以前に公表された作品の著作権は消滅．

で上記の恩恵を享受できないこととなった．

　1978年，コナン・ドイルの長女 Jean Lena Annette が，上記の手続きを執り行って，アメリカにおける彼女の父の著作権を復活させ[6]，著作権管理のための財団 Dame Jean Conan Doyle's Estate を設立した．この結果，シャーロック・ホームズ・シリーズの中で，「シャーロック・ホームズの事件簿（The Case-Book of Sherlock Holmes）」のうち10作品に関して，著作権の保護期間が大幅に延長されることとなった[7]．

　作品ごとにみると，同書の中で3番目に古い作品「這う男（The Adventure of the Creeping Man）」は初出が1923年であるので，1923＋28＋67年で2018年末まで，同じく公表された最後の作品「ショスコム荘（The Adventure of Shoscombe Old Place）は初出が1927年であるので，1927＋28＋67年で2022年末までが著作権の保護期間となっている[8]．ちなみに，「ソア橋（The Problem of Thor Bridge）」は初出が1922年であり，著作権の保護期間は1978年に満了している．つまり，発表時期ではわずか1年という時間の差が，保護期間においては40年もの差となっているのである．

　なお，1997年に Jean Lena Annette が死亡した後，コナン・ドイルの甥である Charles Foley が同財団の管理執行者となり，今日に至っている．

4. シャーロック・ホームズが導く3つの仮説

　ここまで見てきたように，シャーロック・ホームズに関するパロディ等及びシャーロック・ホームズ作品の著作権の動向を勘案すると，著作権の保護期間に関連する Implication（含蓄）として，以下の3点の仮説が導出される．

---

6) この事実からアメリカでのコナン・ドイルの著作権は適時に更新されていたと推測される．
7) 「シャーロック・ホームズの事件簿」の中で最初に公表された「マザリンの宝石（The Adventure of the Mazarin Stone）」は初出が1921年，2番目に古い作品「ソア橋（The Problem of Thor Bridge）」は初出が1922年であるので，いずれも新法のもとにおいてもすでにパブリック・ドメインとなっている．
8) ちなみに，コナン・ドイルの著作権とは直接関係ないが，1998年に成立した「ソニー・ボノ著作権保護期間延長法」（Sonny Bono Copyright Term Extension Act, CTEA）によって，著作権の保護期間はさらに20年延長され，現在の保護期間である死後70年までとなった．

第3章　シャーロック・ホームズから考える再創造　　83

図3.3　アメリカ合衆国における著作権保護期間の変遷

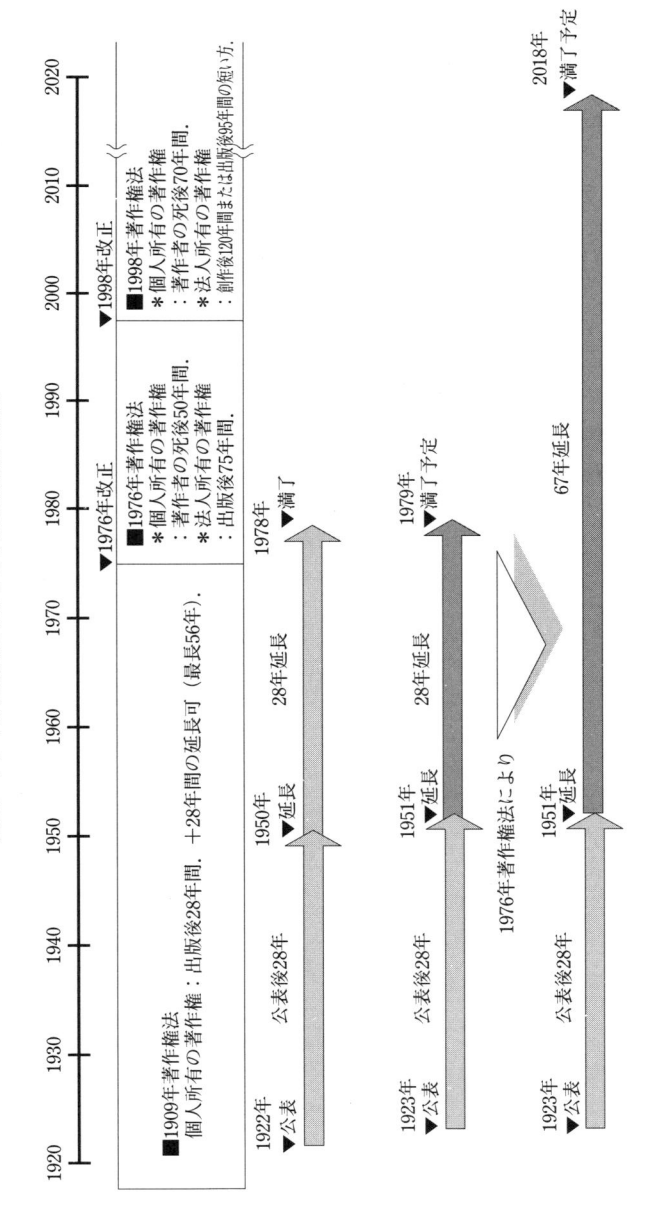

■1909年著作権法
個人所有の著作権：出版後28年間、＋28年間の延長可（最長56年）。

▼1976年改正
■1976年著作権法
＊個人所有の著作権
：著作者の死後50年間。
＊法人所有の著作権
：出版後75年間。

▼1998年改正
■1998年著作権法
＊個人所有の著作権
：著作者の死後70年間。
＊法人所有の著作権
：創作後120年間または出版後95年間の短い方。

1922年　公表後28年　1950年　28年延長　1978年
▼公表　　　　　　　▼延長　　　　　　▼満了

1923年　公表後28年　1951年　28年延長　1979年
▼公表　　　　　　　▼延長　　　　　　▼満了予定

1976年著作権法により

1923年　公表後28年　1951年　67年延長　2018年
▼公表　　　　　　　▼延長　　　　　　▼満了予定

①第1の仮説

　第1に，優れた再創造は経済的な波及効果を誘発する，という仮説である．

　前述した通り，1974年に『シャーロック・ホームズ氏の素敵な冒険』が世界的なベストセラーになったことによって，出版界が「ホームズ・パロディは商売になる」と考え，同作以降にホームズのパロディ等が続々と刊行されるようになった．

　また，同書が刊行された翌1975年には日本語にも翻訳されており，人気を博している[9]．そして1977年10月には，日本におけるシャーロック・ホームズ愛好者の団体として「日本シャーロック・ホームズ・クラブ」[10]が設立されており，同年には新しいシャーロック・ホームズ全集[11]も刊行された．こうした動向の元，「『ホームズ（とそのパロディ）は儲かる』と日本の出版界がみなしたのは確かで，以降，ホームズ・パロディの翻訳出版は目に見えて増加」（日暮［2001］p.80）していった，とされる．

　この仮説に基づくと，パロディ等の再創造を禁止または制限するのではなく，むしろ積極的に推進する方が，著作権者にとっても経済合理性があることとなる．

②第2の仮説

　第2として，著作権の保護期間が長くなるほどに当然のことながら相続人も世代交代が進むため，その数が増加していくとともに，これらの相続人たちと著作者本人との関係も疎遠化していき，権利者間の関係も複雑化する，という仮説が考えられる．

　実際，シャーロック・ホームズ・シリーズの著作権の相続人は，コナン・ドイルの死後から2000年までの70年間に，①妻 Jean Leckie（1940年に死亡），②長男 Denis Percy Stewart（1955年に死亡），③次男 Adrian Malcolm Conan Doyle（1970年に死亡），④⑤長女 Jean Lena Annette（1997年に死亡），⑥ Adrianの未亡人Anna,

---

[9] 『シャーロック・ホームズ氏の素敵な冒険』の日本語訳は，1975年に立風書房より刊行された後，1988年に扶桑社より文庫「扶桑社ミステリー」の1冊として刊行されている．なお，同書は第1刷を刊行した後，1997年までに11刷を重ねている．

[10] http://www.holmesjapan.jp/

[11] このシャーロック・ホームズ全集は，パシフィカより刊行された．なお，これは第2次世界大戦後の日本で12番目の全集となる．

⑦ Denisの再婚後の未亡人 Nina，⑧コナン・ドイルの甥 Charles Foley，と主な権利者だけでも8人を数える．

　著作者が死亡した後の作品を元にした再創造においては，著作権法に基づき，日本では当該作品の相続人全員の同意がないと利用できないわけであるが，相続人の数が多い場合，その全員の許諾を得ることは現実的には極めて困難となるため，結果として再創造を含む2次利用が阻害される懸念が高まる．

　なお，日本においてはさらに別の問題が生じる懸念もある．

　日本の著作権法116条においては，「著作者又は実演家の死後においては，その遺族（死亡した著作者又は実演家の配偶者，子，父母，孫，祖父母又は兄弟姉妹をいう．以下この条において同じ．）は，当該著作者又は実演家について第六十条又は第百一条の三の規定に違反する行為をする者又はするおそれがある者に対し第百十二条の請求を，故意又は過失により著作者人格権又は実演家人格権を侵害する行為又は第六十条若しくは第百一条の三の規定に違反する行為をした者に対し前条の請求をすることができる」と規定されており，著作者又は実演家の死後における人格的利益の保護の見地から，同一性保持の権利が上記の遺族（配偶者，子，父母，孫，祖父母，兄弟姉妹）にも発生するとしている．

　この点について半田［1982, pp. 23-28］は，著作者の死後に上記の遺族以外が著作権（改作利用権を含む）を相続した場合，または（経済的な理由等から）著作権（同上）が上記の遺族以外に譲渡された場合，「改作利用権の権利者」と「同一性保持権の権利者」が異なることとなってしまうため，著作物の円滑な利用という観点からは決して好ましいものではない，としている．

　シャーロック・ホームズのケースでは，著者コナン・ドイルの死後67年目（1997年）に長女の Jean Lena Annette も死亡しており，その後コナン・ドイルの甥にまで著作権が相続されている点に留意が必要である．

③第3の仮説

　3点目としては，再創造された作品が優れたものである場合，当該作品に関するユーザー間での知名度も高まり，需要も向上するものと考えられるが，もしも当該作品が著作権者の許諾を得ていない場合，当該作品の知名度が高まったが故に著作権者が当該作品を無視することができなくなり，結果として発禁

(お蔵入り) とせざるをえない，という仮説が考えられる．言い換えると，優れた再創造であるほど，著作権の視点からはその存在が看過されずに否定されてしまう，というジレンマである．

　実際，上述した通り，エラリイ・クイーン編『シャーロック・ホームズの災難』は，極めて優れたアンソロジーであるにもかかわらず，コナン・ドイルの次男 Adrian Malcolm Conan Doyle の強い反対により絶版となっている．

　ところで，こうした事例と通底するエピソードがギリシア神話に登場する．ギリシア神話において，天空の神ウラノスは「自分の子でありながら，ヘカトンケイル[12]を見ていると，どうにもいやでたまらないので，大地の底のタルタロスに押し込んでしまった」とのことである（串田［1990］p. 18）．このエピソードにならうならば，上述した再創造のジレンマは，「ウラノスの災い」（Ouranos's Curse）と呼ぶことができるのではないであろうか．

4．ウラノスの災い

　上述した「ウラノスの災い」は，シャーロック・ホームズ以外の分野でも確認することができるので，以下において5つの事例を検討してみたい．

①ドラえもん「最終回」

　「ドラえもん」は，周知の通り，藤子・F・不二雄による漫画作品であり，原作は作者の死によって未完となっているが，再創造による「最終回」が存在する．

　フリー百科事典『ウィキペディア（Wikipedia）』によると，この「最終回」を巡る事実関係については，以下のように整理できる．最初はファンの1人が，あくまで「自作の最終回である」と言明しウェブサイト上に公開していたストーリーを，2005年末に漫画家の田嶋安恵が漫画化して，同人誌として発行した．この冊子は同人誌では異例のヒットとなり，半年の間に1万3千部も売れたほか，ネットオークションでも高値を呼ぶ人気となった．こうした動向に対して，「ドラえもん」の著作権者サイドも事態の拡大を放置できなくなり，2006年6月

---

12) 五十頭と百手を持つ3人の異形の巨人．

第3章　シャーロック・ホームズから考える再創造

に出版権を持つ小学館及び著作権を管理する藤子・F・不二雄プロが，著作権侵害にあたるとして文書で警告して販売中止と回収，ネット公表の中止を要請した．その後の話し合いにより，田嶋が売上金の一部を藤子プロに支払うとともに，在庫の破棄，二度とやらないことを誓約して謝罪することでこの問題は決着した．小学館サイドでは，同人誌の部数が多かったこととデザインがオリジナルに酷似していたことが，個人や仲間内での楽しみの範囲を超えていたとし，さらに第三者が勝手に最終回を描いたことを改変として問題視した，としている．

また，報道によると，藤子プロサイドに「もし『最終話』がこれほど多く売られていなかったら？」と問うと，「う～ん，難しいですねえ」という答えが返ってきた，とのことである[13]．

一方，この「最終回」に対する評価は高く，漫画評論家の夏目房之介は「僕も泣いた．ドラえもんへの愛情にあふれる作品」と高く評価している，とのことである[14]．

以上から理解できる通り，「ドラえもん」最終回は「ウラノスの災い」の典型的な事例であると考えられる．

② 「ワラッテイイトモ，」

同作品は，麒麟麦酒株式会社（キリンビール）が芸術文化活動支援の一環として実施していた新人アーティストの登竜門「キリンアートアワード」の2003年審査員特別優秀賞に選ばれた作品である．

作者：K. K.（ケーケー）氏は，作品タイトルとよく似た名前のテレビ番組の映像等を著作権者の許諾を得ずに大量にサンプリングして作品を制作している．いったんは審査員によって大賞に選定されたものの，同作が著作権を侵害しており，このままでは公開できないとの理由から再制作となり，結果として「審査員特別優秀賞」に落ち着いた，という曰く付きの作品である．

1回のアワードで（2部門ではなく）2回も受賞，という快挙を成し遂げた

---

13) 「模倣，どこまで許される　ドラえもん『最終話』」『asahi.com』2007年6月9日．
　　http://www.asahi.com/culture/news_culture/TKY200706090089.html
14) 「知はうごく：著作権攻防（6-3）模倣が生む才能」SankeiWEB，2007年2月1日．
　　http://www.sankei.co.jp/culture/enterme/070201/ent070201002.htm

くらいであるから極めて面白い映像であることはお墨付きであるが，残念ながらオリジナル・バージョンが一般公開されることは現状では期待できない．

この作品も，現代美術分野における「ウラノスの災い」の1つの事例であると位置づけられる．

③「ダイコンⅣ　オープニングアニメーション」

この作品は，文字通り「ダイコンⅣ」[15]（1983年）のオープニングのために制作された上映時間約5分間の短編アニメ作品である．

「ゴジラ」や「宇宙戦艦ヤマト」等，既存の作品を多量に引用し，黙示録的でありながらもなぜか明るい終末イメージ，日本人自身はあまり気づかない暴力的嗜好等を表現している．

また，同作品のBGMには，1970～80年代に活躍したイギリスのロックバンドELOの名曲「Twilight」が使用されており，同曲と一体となったアップテンポの弾けるようなリズムが，作品に軽快な浮遊感をもたらしている．

そして，この作品は，「自主映画の域をはるかに凌駕した過剰なクオリティ」「このフィルムを起点としてサブカルチャーからおたく文化への突然の進化が始まった」（村上［2005］p.11）等，極めて高い評価を得ている．

ちなみに，オタクを主人公としたテレビドラマ「電車男」のオープニングアニメーションが標記作品と同じBGMを使用しており，同作品へのオマージュであると推測されることから，近年その存在が再び脚光を浴びている．

同作品の制作はアマチュア・グループの「ダイコン・フィルム」で，同グループを母体として，1984年に株式会社ガイナックス（GAINAX Co., Ltd.）が設立され，その後同社は1995年にアニメ「新世紀エヴァンゲリオン」を製作・発表することになるが，同作がアニメの枠を越えて，社会現象を巻き起こしたことは周知の通りである．

このように，「ダイコンⅣ　オープニングアニメーション」の制作に関わったスタッフの多くが，現在の日本のアニメーション界を支える中核に成長しているという事実は，「オタク」が単なる消費者ではなく，クリエータと受け手との中間的な存在であり，こうした重層的な構造が現代日本文化の高い水準を

15）「ダイコン」とは，「大阪コンベンション」の略称で，大阪における日本SF大会のこと．「ダイコンⅣ」は1983年に開催された（大阪における）第4回大会のこと．

下支えしていることの1つの証左であるといえる．

　しかし，同作の制作スタッフが有名になったがゆえに，作品そのものが封印されるという「ウラノスの災い」を，同作も避けることはできなかった．

④のまネコ

　2005年8月，モルドバ共和国出身のバンド O-Zone の楽曲「Dragostea Din Tei（邦題：恋のマイアヒ）」がオリコンアルバムチャートの1位となった．この大ヒットの要因となったのが，「モナー」[16]に似たキャラクター「のまネコ」が，空耳歌詞[17]に合わせて踊るプロモーションビデオ（Flash 動画）にあったといわれる．ただし，インターネット上の共有財産であると認識されていた「モナー」を，同 CD の発売元が"私物化"したとして，「2ちゃんねる」等において大きな非難の声があげられた．その結果として「のまネコ」の Flash 動画は極めてキュートな作品であるにもかかわらずお蔵入りとなってしまった．

　このケースは，もともとパブリック・ドメインとして認識されていた著作物を，営利企業が"私物化"しようとしたことによって，ネットコミュニティの反発を受け，優れた再創造であるにもかかわらず二度と利用できなくなってしまった，という「ウラノスの災い」の変型バージョンの1つであると見ることができよう．

⑤「ゴドーを待ちながら」

　「ゴドーを待ちながら（En attendant Godot；以下「ゴドー」）」とは，1969年にノーベル文学賞を受賞した劇作家サミュエル・ベケット（Samuel Beckett, 1989年死亡）による戯曲であり，不条理演劇の代表作として多くの劇作家たちに多大な影響を与えた作品である．同作品は，1940年代の終わりに創作された後，1952年に初めて出版，翌1953年にパリで初演された．

　作者のベケットは，「自分の作品に勝手な解釈を施して自由に脚色してしまうような演出家には寛大になれなかった」（堀［2007］p.43）といわれており，この点に関連して，日本における「ゴドー」の演出事例を紹介したい．

---

16)　「モナー」とは，インターネット掲示板「2ちゃんねる」の名物キャラクターとなっているアスキーアート．アスキーアート（ASCII Art）とは，記号や文字を組み合わせて作成した絵のことであり，(^_^) 等の顔文字も含まれる．

17)　外国語の歌詞が，何か別の意味を持った日本語に聞こえる状態．またはそれを元にした言葉遊び．

「1944年,演出家の蜷川幸雄が,ベケットの指示どおりの男優だけが演じる従来型の舞台に加えて,女性バージョンと称して女優だけが演じる『ゴドー』を並行上演した.(中略)せりふも女言葉に変えてあった.(中略)『世界の蜷川』として知られていた演出家の舞台とあって,さすがの遺産管理人たちも黙って見すごすわけにはいかなかったのだろう.この『蜷川版ゴドー』を上演したセゾン劇場は二度とベケット作品を上演してはならぬというお達しを受け,上演禁止処分の対象となった」(堀［2007］p.46)とのことである.

この事例のように,ベケットが死んだ後においても,(ベケットの)「遺産管理人が目を光らせていることへの是非が問われている」(堀［2007］p.45)状況にあり,演劇分野においても「ウラノスの災い」が存在することを確認できる.

6. 再創造を通じて愛され続ける夏目漱石

ここまでは「ウラノスの災い」の事例を紹介してきたが,一方で,再創造が活発に行われておりながら,オリジナルと幸せな関係にあると思われる事例として,日本を代表する小説家・夏目漱石[18]に関する再創造を取り上げたい.

夏目漱石に関する,小説分野の再創造の代表作としては,2006年に小林信彦が発表した「うらなり」をあげることができる.同作は,漱石の代表作の1つ「坊ちゃん」(1906年)に登場する脇役的な人物"うらなり"を主人公として,彼の視点からもう1つの「坊ちゃん」物語を描いた作品である.そして,作者の小林信彦は「その文業の円熟と変わらぬ実験精神によって『うらなり』を完成させた」との評価から,同年「第54回菊池寛賞」を受賞している.

また,「明暗」(1916年5月26日から同年12月14日まで連載)は漱石の絶筆となった長編小説で,漱石が病没したため未完のままとなっている作品である.この未完となった「明暗」を元にして,作家・水村美苗が漱石の文体をそのままに,物語のその後を描く「続明暗」を1990年に発表し,同作によって芸術選奨新人賞を受賞している.また,翌1991年には田中文子がやはり「明暗」のその後を描いた「夏目漱石『明暗』蛇尾の章」を,さらに2002年には,劇作家の永

---

[18] 夏目漱石の著作権の保護期間は,旧著作権法が適用されるため,死後30年である1946年末に消滅.

表3.1　夏目漱石作品の映像化事例

製作年	作品	監督	備考(原作)
1953年	坊っちゃん	丸山誠治	
1955年	こゝろ	市川崑	
1955年	三四郎	中川信夫	
1958年	坊っちゃん	番匠義彰	
1966年	坊っちゃん	市村泰一	
1973年	心	新藤兼人	「こゝろ」
1975年	吾輩は猫である	市川崑	
1977年	坊っちゃん	前田陽一	
1985年	それから	森田芳光	
2006年	ユメ十夜	山口雄大	「夢十夜」

資料：フリー百科事典『ウィキペディア（Wikipedia）』"夏目漱石"の項より作成．

井愛が「明暗」に触発された現代心理ミステリー仕立ての戯曲「新・明暗」を発表している．そして，表3.1の通り，漱石の小説は映画化も多数行われている．

さらに，漱石の「こゝろ」を原作として，榎本ナリコが2005年に同名の漫画化を行っているほか，「坊っちゃん」を原作として，江川達也が2007年に同名の漫画化を行っており，漱石作品は，さまざまなメディアにおいて再創造されていることが理解できる．

その他，夏目漱石作品を元にした再創造を行っているクリエータも多数存在する模様で，それらのサイトを検索できる「夏目検索」というポータル[19]も開設されている．

7. おわりに

筆者がかつて分析したとおり（太下［2004］pp. 9-33）[20]，音楽分野（特にポピュラー音楽分野）においては，レコードから楽曲を"私的録音"して繰り返し聴いたり，自らコピー演奏したりすることを通じて，1970年代の後半において音楽に関わるリテラシーが高まっていき，その結果としてシンガー・ソング・ライター等のクリエータが台頭したものと推測される．こうした現象は音楽分

---

19) http://mlf.cure.to/ntm/
20) http://www.murc.jp/report/ufj_report/904/32.pdf

野だけのことではなく，今後は映像分野や文芸分野など，さまざまな分野において同様の事態が生じるものと考えられる．

そして，クリエータの絶対数が急増していくことによって，21世紀においては，クリエータとユーザの明確な差異が徐々に融解していき，生産者と消費者の中間的存在である「プロシューマ」のような，クリエータ（Creator）とユーザ（User）の中間的存在「クリエーザ（Creaser）」[21]が台頭する時代が到来するのではないか，と筆者は考えている．

従来においてもこうした動きは潜在的にはあったものと推測されるが，メディア／テクノロジーの進歩と普及によって，コンテンツ制作にかかるコスト等の制約が解消され，プロフェッショナルとアマチュアの垣根が劇的に低下したのである．

そして，こうした「クリエーザ（Creaser）」が普遍化する社会環境においては，あるコンテンツを元にして新しいコンテンツを二次的に再創造するという行為も飛躍的に増加するものと考えられる．

このように，誰もが利用者であるとともに（将来の可能性も考慮すると）誰もが著作者であり得る，相互に役割交換が可能な社会環境においては，再創造は制限されるべきではなく，むしろ再創造文化を積極的に奨励していくべきであると考えられる．

本章で検討した通り，もしも著作権の保護期間を延長してしまうと，著作権の相続人も世代交代が進むため，その数が増加していくとともに，これらの相続人たちと著作者本人との関係も遠のき，権利者間の関係も複雑化し，その結果として，再創造が困難となる懸念が極めて高い．

つまり，「改作利用権の権利者」と「同一性保持権の権利者」が分裂するような相続または譲渡はできるかぎり発生しない方が望ましいということとなり，言い換えると，著作権の保護期間はできる限り短い方が望ましい，こととなる．

一方，前述した通り，著作権の保護が強化された場合，優れた再創造であるほど，著作権の視点からはその存在が否定されるという「ウラノスの災い」によって，再創造が害される危険性も高まってしまう．

---

21) 筆者の造語．

この「ウラノスの災い」を出発点として考えると，再創造文化の振興にあたって必要なこととは，そもそも「著作権の保護期間」の延長の是非に関する議論なのではなく，現行の保護期間内における権利と権利制限のバランスのあり方こそ，これから検討すべき喫緊の課題であるといえよう．つまり，単に保護期間を現状維持する（延長しない）だけでは，文化振興政策としてはまったく不十分であることが理解できる．

　筆者は，過去の文化的コンテンツをより多くの人々が共有し，それらのコンテンツを元にした再創造を比較的自由に認めることにより，新たなコンテンツの創造もより活性化することを目指すべきであると考えているが，こうした再創造を巡る，新しいコンセプトの経済循環こそ，検討すべき課題であると考えられる．

　そしてもしも，再創造文化の振興によって国民の大半が（社会的効用も含めた広義の）利益を得るような段階に達するのであれば，著作物の利用に関する著作者への経済的な補償の原資を，税金等の公的な資金に求めることにも国民の理解を得られるのではないであろうか．

　本章が，こうした新しい経済循環を検討する1つの契機となれば幸いである．

参考文献

De Waal, Ronald B.［1994］*The Universal Sherlock Holmes,* Toronto: Metropolitan Toronto Library.
太下義之［2004］「音楽コンテンツ産業のジレンマ」『UFJ Institute REPORT』Vol.10, No. 3.
串田孫一［1990］『ギリシア神話』ちくま文庫．
中川裕朗［1985］「訳者あとがき」『シャーロック・ホームズの災難（下）』早川書房．
半田正夫［1982］「著作者人格権の法的構造とパロディ問題」『法律の広場』Vol.35, No. 2.
日暮雅通［2001］「日本だけが特殊なのか？－ホームズ物語の翻訳の変遷とその特殊性」『日本におけるシャーロック・ホームズ』．
日暮雅通［2007］「ホームズ・パロディ／パスティーシュの華麗なる世界」『シャーロック・ホームズと賢者の石』光文社．
堀真理子［2007］『ベケット巡礼』三省堂．
村上隆編［2005］『リトルボーイ』JAPAN SOCIETY．

第4章　デジタル環境と再創造＊

中泉　拓也

1. はじめに

　創造は創造物に基づいて行われる．特に，パロディや著作の映画化等といった再創造には既存の著作物が不可欠である．著作物は多くの人に鑑賞されただけでなく，再創造が行われることを通じて，文化の貢献に寄与するものであるという側面も見逃すことができない．著作物は利用されて初めて文化の振興につながるものであり，利用者やその著作を利用した再創造は，著作権制度の目的から照らしても不可欠な位置を占める．

　しかしながら，現状の著作権は再創造を行う者にとって，必ずしも望ましい環境を提供していない．確かに，著作者のインセンティブを保護するための著作権制度は不可欠である．そして，表現の保護とその自然権の性質上，著作物が創作された時点から著作権が発生し，特許のような登録用件がないことも自然なように見える．しかし，現状の著作権制度のもとでは，既存の著作物から再創造に適したものを検索しなければならない．さらに，仮に見出せたとしても，その著作物を利用できるかどうか，原著作者に許諾を得なければばならず，必ずしも再創造が許諾されるとは限らない．著作権の権利は死後50年という長期に及んでおり，長期に渡ればわたるほど，過去の著作物の検索や許諾にコストやリスクがかかることになる．

＊　本章は，林紘一郎氏他，これまでいただいたさまざまな研究会での示唆に加え，RIETI著作権研究会での田中辰雄氏の指摘をモデル化したものが基本になっている．よってここで感謝したい．また，横浜市大でのセミナーでは，随氏をはじめ，貴重なコメントをいただいた．よってここで感謝したい．ただし文責はすべて著者に帰属する．

原則として，著作権は表現を保護し，特許権はアイディアを保護するものである．そのため，許諾を得るのは表現を利用したものに限られるはずである．しかしながら，アイディアと表現の区別が困難なため，本章が分析対象とする再創造は，パロディなどの直接の引用だけでなく，著書や台本を映画化するといったより広い範囲にまで適用される．また，著作権が表現という極めて本質的な権利を保護しているため，著作権制度で人格権が保証され，著作権法自体が強行規定であることも自然権の観点からは極めて自然である．

　しかしながら，商業的価値が人格権を錦の御旗として保護され，利用や再創造を妨げている現状についても看過できないものがある．特に，人格権を自由に適用すれば，再創造物が完成した後にその使用を差し止めることが可能となる．このような状況は，再創造を思いとどまらせるに十分な障害になっているようにみえる．以上より，現状の著作権制度では，再創造を行うためには，探索費用をかける必要があり，さらに，著作者への許諾が必要となる．加えて，事後的に人格権の侵害に基づく差し止め請求のリスクを負うといった困難が生じる．

　こういった探索コストと事後的な差し止めや再交渉の余地がある場合，既存の著作の著作権者と再創造を行う著作者の著作権者が著作物を介した関係特殊的な関係にあり，再創造の価値の分配に関して，相対の交渉によって，決定される状況になる．さらに，上記のような人格権による差し止めが可能な場合，再創造を行う前に完全な契約を履行することは不可能で，再創造物が完成した後にその利得の分配に関して再交渉を行う余地が残されている．このような事前の契約が不完備で，完全でない状況は，不完備契約理論で定式化される．こういった場合，原著作の著作者が事後的に再創造の利益の一部を得る（収奪する）ことが指摘される．これをホールドアップ問題という．ホールドアップ問題によって，再創造を行う者の利得が減るだけでなく，それによって再創造に投下する努力や資源までも低下してしまうという問題が発生する．

　このように，探索コストに加え，再創造の利益が事後的に減少してしまうというホールドアップ問題によって，大幅に再創造のリスクが増加する．このような状況の中で，再創造が極めて困難になっている．特に，本章ではホールドアップ問題が深刻になる要因として，さまざまな探索コストがかかることと，

それによる関係特殊性の増長をあげたい．

現状の著作権制度のもとで発生するさまざまな探索コストは，権利者と再創造者の関係特殊性を拡大させ，再創造者の交渉力を弱め，再創造の利益が更に低下するという悪循環をもたらす．というのも，仮に当該権利者との交渉が決裂したとしても，その再創造のノウハウを生かすことができる他の著作物が容易に発見される場合，そのノウハウを他の著作物で生かすことで，幾分かの再創造のコストを回収できるからである．これは交渉決裂時だけでなく，それを見越した再創造者の交渉力の改善ももたらす．原稿の著作権制度ではこれと全く逆の事態が生じてしまう．再創造者は重大なホールドアップ問題に直面することになる．

よって，登録制などにより再創造を生かす著作の発見確率が高まり，再創造者の外部機会 (outside option) が増大すると，再創造者の利益機会は大幅に拡大する．インターネットの普及に代表されるIT化は，データベースによるストレッジや探索コストを著しく低下させた．そのため，登録制やパブリック・ドメイン化によるメリットが最大限発揮され，再創造の機会や外部機会を増やす効果によりホールドアップ問題も軽減される．結果広く多くの人々に再創造の道が開かれ，文化の振興にも寄与する可能性を秘めているのである．

なお，こういったコストやリスクは，著作権の権利期間内において発生することはいうまでもないが，古い著作物ほど許諾を得るための著作者の探索も含めて探索コストがかかると考えられるため，著作権の権利期間が長ければ長いほど大きくなることも留意しなければならない．よって，このような状況の改善は権利期間の短縮によって可能となる．加えて，著作権の登録制度や権利期間が切れた著作物のパブリック・ドメイン化が，探索コストを下げる点で，改善につながることも重要である．また，事後的なホールドアップ問題を軽減する意味で，報酬請求権化等の許諾手続きの簡素化・透明化も問題の軽減につながる．

以下では，こういったコストやリスクが，再創造を思いとどまらせるに十分な障壁となっている点に加え，情報技術を利用した登録制による探索コストの低下や再創造者の外部機会の増加が，ホールドアップ問題を大幅に軽減することについてモデル化することとしたい．

次節では，不完備契約モデルを用いて，現状の著作権制度のもとで生じるホールドアップ問題と探索コストについてモデル化し，第3節で再創造が非常に困難になっている状況を定式化する．また，再創造には再創造自体だけでなく，より再創造を行うベースとなる著作物の質が高いことが不可欠である．それは，その著作物本来の質だけでなく，再創造者や再創造自体の相性にも依存するだろう．しかしながら，現実にそのような高い収益を得られる著作物を発見できる可能性は非常に低く，期待利得がマイナスとなる可能性も指摘される．第4節ではそういった状況が存在することをモデル化し，適切な再創造の対象が発見できる可能性が低く，探索コストを回収できないことにより，再創造がそもそも行われない可能性についても指摘する．第5節の結語ではその対策について提案する．特に，権利期間の短縮だけでなく，林によるⓓマークの導入や登録制，パブリック・ドメイン化はIT化による情報技術の進歩も伴って，劇的に再創造のコストを軽減することができる可能性があることを指摘する．

2. モ デ ル

いま，既存の著作物を用いて，再創造しようとしている主体をAを考える．再創造には既存の著作物Xが不可欠とし，既存の著作物の著作権所持者をBとする．再創造するためには，まず，そのための著作を探索することから始めなければならない．そして，探索された著作者に著作物を使用する許諾を得[1]，

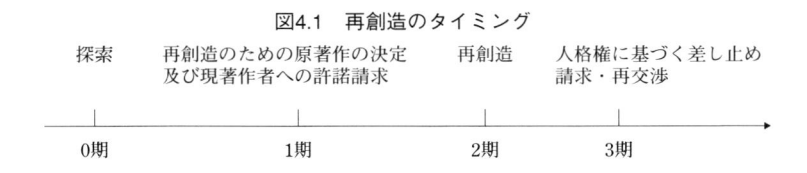

図4.1 再創造のタイミング

探索	再創造のための原著作の決定及び現著作者への許諾請求	再創造	人格権に基づく差し止め請求・再交渉
0期	1期	2期	3期

---

[1] 実際，許諾は完成されたものがどういったものになるかがわからないと得られないことも多いため，事前に許諾を得ることが難しいのが実情である．また，中山［2007］でも人格権のうちの同一性保持権が放棄できたとしても，再創造ができ，それを確認し，承諾した後であり，それ以前の放棄は難しいことを示唆している．

再創造を行う．さらに再創造物が創造された後に，既存の著作者から人格権の侵害による差し止め請求を受ける可能性も否定できない．差し止め請求がなかった場合，ようやく公刊し，収益を得ることができるようになる．これより，再創造に関するタイミングは図4.1のようになる．

いま，再創造のための努力を y とし，その努力と既存の著作物の価値 x とによって，新たな創造物の価値 xy が得られると仮定する．また，再創造のためのコストは，①事前の探索コスト，②再創造のコストの2種類に大別されるとする．本章では，探索コストが固定費，再創造のコストが変動費であると仮定して分析する[2]．よって再創造のコスト C は再創造のための変動費 $c(y)$ 及び固定費 F となり，以下で示される．

$$C = c(y) + F$$

ここで，$c'(y) > 0$，$c''(y) > 0$ であるとする．既存の著作物のコストについてはサンクされているとして捨象する．以上のもとで，次節では y が事前に立証不可能（ex-ante unverifiable）として，不完備契約理論を用いて，許諾における交渉過程をモデル化する．そして，創作者の再創造のインセンティブについて考察する．以下ではまずベンチマークケースとして，著作権の権利期間外で，著作者への報酬が不要の場合についてモデル化する．この場合，創作者の純利益を Π とすると創作者は以下の利益を最大化するように y を決定する．

$$\Pi = xy - c(y) - F$$

$$\frac{d\Pi}{dy} = x - c'(y) = 0$$

最大化の条件により

これを解くことで，最適な再創造の水準 $y^* = y(x)$ が図4.2のように得られる．また，固定費を除いた粗利潤は斜線部分に相当するため，もし固定費を粗利潤が上回れば，A は再創造を行うことになる．

---

[2] 実際には再創造にも固定費が必要となると考えられる．さらに探索コストと探索によって得られた著作物 X の x との間にも相関関係があると考えられるが，ここでは単純化して，そういった可能性を捨象して分析する．

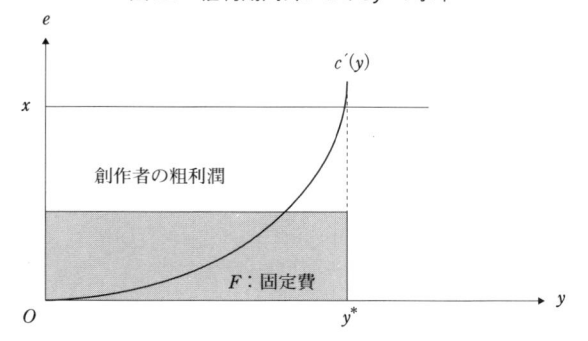

第4章 デジタル環境と再創造　　　　　　　　　99

図4.2　権利期間外におけるy^*の水準

　この水準は，社会的なコストと便益の最大化にも相当するため，最適な再創造の水準 y^* は，社会的にも実現されることが最適な水準になっている．これは，創作者は既存の著作物の著作権者への許諾や報酬請求を考慮せずに再創造を行うことができることによる．

　また，権利期間が終了した著作物をパブリック・ドメイン化し，探索コスト F がゼロとなる場合，再創造の際に固定費が発生しない本章の設定では，任意の x のもとで，再創造が行われることになる．

3. ホールドアップ問題のもとでの創作者の利得

　前節の最後に示したように，著作権の権利機関外においては，創作者は既存の著作物の著作権者への許諾や報酬請求を考慮せずに再創造を行うことができるため，探索コストはかさむものの，再創造を行う努力水準については，社会的な最適水準が達成されることが示された．

　それに対して，著作権の権利期間内においては，既存著作者への許諾も必要となる．そのため，再創造を行う著作者は既存の著作者への報酬や，人格権に基づく差し止め請求についても考慮したうえで，最適な努力水準を決定する．

　既存の著作者への許諾について，本章では y を立証不可能として，不完備契約理論に基づいてモデル化する．不完備契約理論については，中泉 [2004]，柳川 [2003] 等を参照のこと[3] ホールドアップ問題が発生する場合，得られる

価値 xy のうち半分は既存の著作者が得るため，新たな著作者が得るのは $xy/2$ のみ[4]．これより，再創造の著作者 A は以下の Π' を最大化する．

$$\Pi' = \frac{1}{2}xy - c(y) - F$$

最大化の条件より

$$\frac{d\Pi}{dy} = \frac{x}{2} - c'(y) = 0$$

これを解くことで，ホールドアップ問題が発生する，現状の再創造の水準 $y'^* = y'^*(x)$ が図4.3のように得られる．社会的に最適な再創造の水準が y^* に対して，y'^* は過小になっていることがわかる．

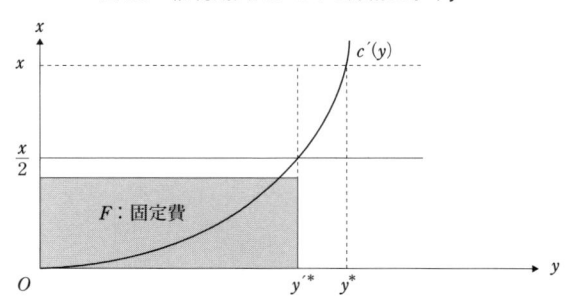

図4.3 権利期間内における再創造水準 y^*

これは，再創造者の利得が既存の著作物の著作者への許諾に一部費やされることを示している．さらにこれが再創造を行う著作者の利得の減少につながるため，再創造の努力水準自体が低下することになる．これについて以下の補題

---

[3] なお，Maskin and Tirole[1999]，Tirole[1999]に示されているような，ホールドアップ問題と不完備契約理論の頑健性について問題となるところである．しかしながら，著作権制度の下においては，人格権の侵害に基づく差し止め請求が自由に行え，それを支持する著作権法が強行法規規定を有するため，再交渉時点で，既存の著作者に100％の交渉力があると考えてよい．この場合，Hart and Moore[1999]の設定のもとでは，任意のインプリメンテーションメカニズムのもとで，xy が契約不可能であれば，ホールドアップ問題が発生する．

[4] 不完備契約理論の厳密なモデルでは，x, y のいずれかが不確実で，その実現値が事前の契約では立証不可能であると仮定している．本章ではそういったモデルの単純化を想定しており，以下の議論は一般性を失わない．

1 にまとめる．

補題 1 ホールドアップ問題が生じるため，$y* > y´*$ となり，再創造の水準自体が低下する．

また，固定費を除いた粗利潤は斜線部分に相当するため，もし固定費を粗利潤が上回れば，A は再創造を行うことになる反面，粗利潤の水準が，①創作者への許諾のため，最終的な利益の半分が減少するの減少に加え，②創作者の取り分の減少に伴う努力水準自体の低下という二重の意味での利潤の減少が発生することにより，再創造が行われない可能性も発生する．すなわち，ある x の範囲内のもとでは，権利期間外では行われる再創造が，権利期間内では行われなくなる可能性が生じる．これについて以下の命題にまとめる．

命題 1 現状の著作権制度のもとでは，ホールドアップ問題が発生するため，以下が成立する著作物 x に関しては，社会的には再創造が望ましいにもかかわらず，再創造が行われない．

$$\frac{1}{2}xy´*(x) - c(y´*(x)) < F < xy*(x) - c(y*(x)) \tag{1}$$

このように，現状の著作権制度では，探索コストなどの固定費が最適な場合に補え，再創造が行われることが望ましい場合でも，ホールドアップ問題が発生する場合，再創造の利得が過少となるため，行われないという問題が生じる．著作物が創作されないという意味で，これは社会的に望ましくないのはいうまでもないが，再創造が行われないため，既存の著作者の利益も上昇しない．よって，事前のインセンティブという観点からも，望ましいことではないことがわかる．

系 1 命題 1 より，既存の著作物が再創造をもたらす価値 x が (1) 式の範囲にある場合，著作権の権利期間内においては，再創造が行われない．そのため，仮に権利を有していても，再創造に伴う利益を得られない．

図4.4 現状の著作権の権利期間における再創造の利得（費用関数が2次式のケース）

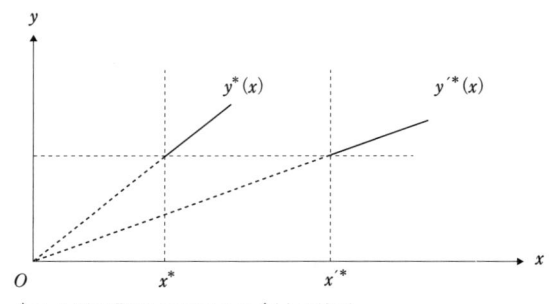

$x^* < x$：固定費Fを回収できる$y^*(x)$の範囲
$x'^* < x$：固定費Fを回収できる$y'^*(x)$の範囲

　以上の議論はxが比較的低い範囲において生じるため，十分大きなxをもたらす著作物に関しては，再創造の可能性が残される．しかしながら，再創造を行うためには，そもそも再創造に適した著作物を探索しなければならない．探索によって，成果が得られるためには，少なくとも，探索コストを再創造による期待利得が上回る必要がある．そのためには，再創造が大きな価値をもたらすような，十分大きなxが一定の確率で発見できなければならない．しかしながら，実際にはこのような大きなxを見い出すことは難しいと考えられる．この場合，再創造により十分な期待利得が得られず，そもそも再創造のための原著作物の探索に着手しないという可能性も生じる．この場合，低いxのみならず，xが高い場合でも，再創造が行われないという深刻な問題が生じる．次節ではモデルを拡張し，上記の点について述べる．

4. ホールドアップ問題がもたらす探索行動の過小性

　前節では，探索コストFのもとで得られるxが明らかであると仮定したうえで，xの水準が低い場合，ホールドアップ問題と探索コストにより，再創造が行われないことが示された．本節では，より現実的な仮定をおき，探索する前の段階ではxは不確実であるとし，xの探索についてのプロセスを内生化する．
　原著作物から再創造を行う場合，原著作物と再創造物とのマッチングにより

成果が相乗効果を有すると考えられる．そのため，どのような著作物が再創造に適するかは減著作物自身の有する固有の価値のみならず，再創造者との相性にも依存する．さらに，高い相乗効果を有する著作物になるほど発見できる可能性は非常に低下すると考えられる．よって，x の分布はロングテールになっていると考えるのが自然だと思われる．

本節では，探索コストを固定費とし，一定の条件で，x が分布していると仮定した場合，現状の著作権制度のもとでは，探索しても期待収益が探索コストに見合わないため，そもそも再創造自体が行われないことを示す．

x の分布を $G(x)$ とする．ここでは，探索コスト F をかけることで，x が分布 $G(x)$ に従って得られると仮定する．

このもとで，以下の命題を得る．

命題 2 以下の条件のもとで，$E[\Pi'] < 0$ となるため，期待利得が探索コストに満たないため，そもそも探索を行うインセンティブが発生せず，再創造も行われない．

$$\int_0^\infty \left(\frac{1}{2} x y'^*(x) - c(y'^*(x))\right) g(x)\, dx < F$$

現実に再創造によって大きな収益を得られる x は非常に少ないと考えてよいと思われる．丹治［2007］で示されているように，数少ない一部の著作物のみに需要が集中することを考えると，再創造に際しても適切な x の分布はロングテールになっていると仮定しても自然ではないかと思われる．

図4.5 再創造に利用される著作物の価値 x がロングテールになる場合

(指数分布 $G(x) = 1 - \exp\{-x\}$ に基づいている場合)

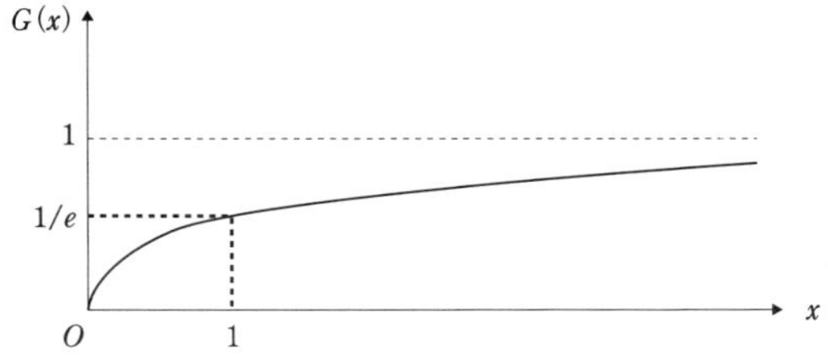

以下では，x の密度関数 $g(x)$ として指数分布 $g(x)=e^{-x}$ を想定し，費用関数を $C(y)=cy^2/4+F$ に特定して命題1を具体化する．

費用関数が $C(y)=y^2/4+F$ より，

$$\frac{d\Pi}{dy}=x/2-cy/2=0$$

よって，$y^*(x)=x/c$．また，$\Pi'=x/4c$．同様にして，社会的に最適な水準に関しては，$\frac{d\Pi}{dy}=x-cy/2=0$ より，$y'^*=2x/c$，$\Pi^*=x^2/c$ となる．よって，命題1，及び期待値がガンマ分布に基づいて計算できることから，

$$\frac{3}{2c}\int_0^\infty \frac{1}{6}x^2e^{-x}dx = \frac{9}{2c} < F$$

の場合，期待利得が探索コストを下回るため，再創造が行われない．また，前節の命題1はここでは以下のようになる．

命題3 以下が成立するもとで，社会的には再創造が望ましいにもかかわらず，再創造が行われない．

$$\frac{9}{2c} < F < \frac{18}{c}$$

このように限界費用が線形で，既存の著作物の価値 x が指数分布に従ってロングテールで分布している場合，ホールドアップ問題が生じる場合は，そうでない場合の利益の 1/4 にとどまるため，ホールドアップ問題に伴う再創造への障壁は無視できないものとなっていることがわかる．

以上，人格権に抵触することで，差し止め請求が行われるなど，事後的な再交渉が行われる場合，ホールドアップ問題が発生し，再創造の過小投資や，再創造を行うこと自体が思いとどまらされるといった問題が発生することが示された．しかしながら，人格権に基づく再交渉といっても，それがどのようなものかが明らかでなく，さらに事前の許諾契約によって，人格権に抵触する条項が記述されている場合，それが完備契約の役割を果たし，ホールドアップ問題が発生しないという反論も考えられる．Nakaizumi [2008] では，仮に事前に人格権に抵触する事項が契約に記述されている場合でも，不確実性が十分大きく，

人格権に基づき現著作者が100％の交渉力を維持して再交渉を行うことが避けられない場合，ホールドアップ問題が発生し，何も契約しないケース（null contract）と等しい投資水準しかもたらさないことを示し，本章で扱っている不完備契約理論の基礎付けを行っているので参照のこと．

次節では，登録制などで，再創造者に外部機会が提供されることで，ホールドアップ問題が軽減されることを示す．

5. 外部機会の増加によるホールドアップ問題の軽減

前節までのモデルでは，外部機会が存在せず，外部機会での利得がゼロであることを仮定していた．しかしながら，仮に探索コストが低く，当該創造物を利用できなくとも，代替的な創造物が容易に発見される場合，それが，再創造者の外部機会の増加をもたらし，ホールドアップ問題が軽減される．以下では，これについて述べる．

いま，前述の著作物 X により再創造を試みている再創造者が X の現著作者との再交渉の結果，原著作物を利用できなくなったとする．前節までの設定では，再創造者が再創造に費やした労力を別の著作で発現しようとしても，そのような代替著作物を検索するのに膨大な探索コストがかかるため，不可能となっていた．それに対して，登録制や情報技術の低下は，そのような代替著作物を発見するためのコストを下げ，代替著作物の利用を可能にする可能性を示唆している．

本節では，そのような代替著作物を X′ とし，その再創造における価値を $x'(<x)$ とする．このとき，以下の命題を得る．

命題 4 外部機会が増加することで，ホールドアップ問題が軽減される．

証明 代替著作物の再創造における価値を $x'(<x)$ として再創造を行う場合，再創造による利得の分配 (U_x, U_y) は $(0, x'y/2)$ をデフォルトとして，xy をナッシュ交渉解で分配する．よって，再創造者の純利益は以下のようになる．

$$\frac{1}{2}(xy - x'y/2) + x'y/2 - c(y)$$

これより，再創造者にとって最適な $\hat{y}$ は以下を解くことで得られる．

$$\frac{1}{2}(x - x'/2) + c'(y) = 0$$

明らかに，$\hat{y} > y^*$．よって，ホールドアップ問題による再創造の投資水準が改善されていることがわかる．

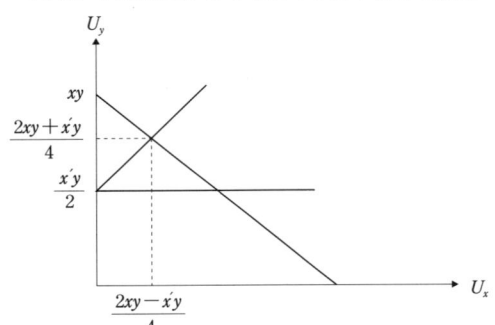

図4.6　外部機会がある場合の事後の利得の分配

このように，探索コストの低下は，事前の検索費用の軽減だけでなく，アウトサイドオプションの拡充によるホールドアップ問題の軽減という形でも再創造にプラスとなる．

6. おわりに

現状の著作権制度下での権利期間では再創造を行う場合，探索コストがかかる．さらに再創造の対象となる著作物を発見したとしても，その著作者に許諾を得なければならず，必ずしも許諾が確実に得られるかどうかわからない．加えて，再創造が行われた後に，その創造物が原著作者の人格権の侵害すると判断される場合，差し止めされるというリスクも負わなければならない．すなわちホールドアップ問題が発生することになる．こうして，現行の著作権制度の

もとでは，再創造には，探索コストやホールドアップ問題による負担が大きく，非常に行われにくくなっている．実際，再創造に適したコンテンツを発見すること自体が困難なため，そもそもホールドアップ問題に直面して低下している再創造の期待収益が探索コストを上回らず，再創造が起こらなくなってしまう．

このような状況の改善は権利期間の短縮によって可能となることはいうまでもない．さらに，権利期間の短縮だけでなく，林による⒟マークの導入や登録制，パブリック・ドメイン化はIT化による情報技術の進歩も伴って，劇的に再創造のコストを軽減することができる可能性がある．現状の再創造は，再創造に適した著作物を発見したのち，許諾を得て，再創造を行うことになる．この場合，再創造が探索コストがあることで，再創造を行うものの交渉力を弱め，ホールドアップ問題を深刻にさせている側面もあるため，両者を並行して行うことは，両方の問題をドラスティックに改善することも示唆している．

すなわち，ホールドアップ問題は，再創造のための著作の代替物が見出せない場合，再創造の著者の交渉力が低下することによって深刻化する．登録制やパブリック・ドメインの普及による探索コストの低下は，探索コストの軽減に加えて，再創造のための代替物も見出せる可能性がたまることによって，ホールドアップ問題を軽減する側面もある．

このように，再創造を促進するためには，権利期間の短縮とパブリック・ドメイン化が望ましいのはいうまでもないが，登録制や報酬請求権化の導入も効果的である．特に林［1999］が提唱している⒟マークのような事前の権利に関するシグナリングも，ホールドアップ問題軽減には有効である．さらに，IT化によるデータベースの維持コストの軽減と探索コストの低下は，再創造で生じる収益の分布がロングテールを成すような著作物群の登録や検索にも威力を発揮する．そのため，登録制の導入はIT化による情報技術の進歩も伴って，再創造の可能性を無限に引き出すことができるかもしれない．すべての人が再創造によって文化の振興に寄与することも夢ではないのである．

参考文献

Arrow, K. J. [1962] "Economic Welfare and the Allocation of Resources for Inventions," in R. Nelson ed., *The Rate and Direction of Inventive Activity,* Princeton University Press.

Bolton, P. and M. Dewatripont［2005］*Contract Theory,* MIT Press.
Dewatripont, M. and J. Tirole［2006］"Modes of Communication," *Journal of Political Economy.*
Hart, O. D. and J. Moore［1999］"Foundations of Incomplete Contracts," *Review of Economic Studies,* 66, pp.115-138.
Mas-Colell, A., M. D. Whinston, and J. R. Green［1995］*Microeconomic Theory,* Oxford University Press.
Maskin, E. S. and J. Tirole［1999］"Unforeseen contingencies and incomplete contracts," *Review of Economic Studies,* 66, pp. 83-114.
Salanie, B.［1997］*The Economics of Contracts : A Primer,* MIT Press．細江守紀・三浦功・堀宣昭訳［2000］『契約の経済学』勁草書房．
Tirole, J.［1999］"Incomplete Contracts: Where Do We Stand？," *Econometrica,* vol. 67, no. 4, July, pp. 741-781.
伊藤秀史［2003］『契約の経済理論』有斐閣．
丹治吉順［2007］「本の滅び方——保護期間中に書籍が消えてゆく過程と仕組み」．
中泉拓也［2004］「著作権の権利期間の最適化」法と経済学会第2回大会梗概集．
中泉拓也［2004］『不完備契約理論の応用研究』関東学院大学出版会．
中山信弘［2007］『著作権法』有斐閣．
林紘一郎［1999］「ⓓマークの提唱－著作権に代わる「ディジタル創作権」の構想－」『Glocom Review』Vol.4, No.4, 4月．www.glocom.ac.jp/odp/library/gr199904.pdf
林紘一郎編著［2004］『著作権の法と経済学』勁草書房．
柳川範之［2000］『契約と組織の経済学』東洋経済出版社．

第Ⅱ部　保護期間と保護方式

第5章 保護期間延長は社会厚生を高めたか：
アメリカの場合*

ポール・J・ヒールド
〔今村哲也・宮川大介訳〕

1. はじめに

　著作権保護の主たる正当化理論が創作奨励理論を基礎としていることに変わりはないが，経済学者や政策担当者は，既存の創作的著作物の効率的利用という観点から，著作権保護の追加的な正当化根拠を唱えてきた．（創作に対するインセンティブが問題とならない）既存著作物に対する追加的な20年の著作権保護期間の延長を正当化するうえで，議会は1998年に，保護期間の延長はそれでもなお「著作権者に対して，古くなった著作物を修復し，それらを公衆に対してさらに普及させるためのインセンティブを与えるであろう」と判断した[1]．当該延長を支持する上で，最高裁判所は，議会が「保護期間を長くすることによって，著作物の修復と公衆への配布に対する著作権者の投資を奨励することになるだろうと予測したことは合理的であった」と結論づけている[2]．さらに，

---

* 原題は Property Rights and the Efficient Exploitation of Copyrighted Works : An Empirical Analysis of Public Domain and Copyrighted Fiction Best Selllers. この論文に対するジョージア大学ロースクールの財政的助成，研究助手として作業に当たってくれた Christian Perrin 氏, Stephanie Steele 氏, そして Sivram Prasad 氏に感謝したい．また, Fiona MacMillan 氏及び AHRB Copyright Research Network, Roberta Kwall's DePaul IP Seminar の教員及び学生, Berkeley IP Scholars Conference の参加者, Northwestern University Law School faculty colloquium, 貴重なコメントをいただいた Doug Baird 氏, Robert Bartlett 氏, Erica Hashimoto 氏, Doug Lichtman 氏, David Mustard 氏, Usha Rodrigues 氏, David Shipley 氏, Jim Smith 氏にも同様に謝意を示したい．このペーパーの3.1項③, 3.2項, 及び4.2項で詳細に例証として示した回帰分析その他の統計的作業に多くの時間を費やしていただいた Jennifer Le-Rademacher 氏および YiMei Cai 氏, UGA Statistics Department の Jaxk Reeves 教授には特別な恩義を負っている．

1) H. R. Rep. No. 105-452, p. 4（1998）．

Landes and Posner［2003a］も「無体物としての著作物に対して著作権保護が欠如している場合には，こうした著作物の保存や利用への投資に対するインセンティブを減少させる結果，非効率な状態を生じる可能性がある」として，同様の結論に到達している．それに合わせて，時が経過しても有意の価値を持つ著作権については，無限に更新可能なものとするべきであると彼らは主張している．

　19世紀に見出される証拠から，著作権が欠如している場合に，一定の創作的な作品について，特にその生産コストが高いときには，それらの低利用を招く可能性があるという事実が示されている．1891年まで，アメリカは外国の作品に対して著作権の保護を与えていなかった．そのため，ディケンズ，テニスン，スコット，ブラウニングのようなイギリスの作家たちによる非常に価値のある著作物が実際のところパブリック・ドメインとなっていた．Khan［2004］によれば，その結果として，アメリカの出版社らは，最新のイギリス小説を最初に出版する，というコスト高な競争，すなわち「市場価格が限界費用の水準にまで低下した結果，高い初期費用が回収されない場合のある，破滅的な競争」を生じさせた．植字作業が高コストで労働集約的なものであった時代において，単独の権利保有者がいないことから生じる効率の悪さは非常に大きかった．そうした問題を解決するために，出版社の小規模なグループは「代用的な著作権（synthetic copyright）」を創り出し，それによってイギリスのさまざまな著作物に関する排他的権利を自分たちに割り当てることを結託した[3]．19世紀には書籍の生産に要する費用が高かったことを考えると，著作権の欠如（出版社間の結託は建設的なものとはなっていなかった）が，アメリカの読者に対してイギリスの価値ある著作物が入手困難な状況を生じさせていた可能性がある．

　本研究では，1913年から1932年までに発行されたベストセラー小説を調査することよって，創作的作品の低利用を防ぐために著作権法が現時点で必要であるとする仮説を検証する．対象となる書籍のうち，1913年から1922年までに発

---

2) Eldred v. Ashcroft, 537 U.S. 186, 207（2002）．
3) Kahn［2004］は，イギリスの出版社も「出版業コンガー（printing conger）」と呼ばれるカルテルを形成することによって，シェークスピアやフィールディングの書いたパブリック・ドメインにある作品に対する出版権をめぐって，同じように結託したと指摘している．

行されたものは，最初の発行のときから75年が経過したため，1988年から1997年までにパブリック・ドメインとなっている．これに対して，1923年から1932年までに発行された著作物は，1998年著作権保護期間延長法によって，少なくとも2018年までは保護される状態にある[4]．この2つの書籍グループを比較することは，著作権法が人気小説の低利用を現時点で防いでいるかどうかという問題に対する答えを出すのに役立つ．第2節では，本研究の手法について簡単に説明する．第3節および第4節では，パブリック・ドメインのデータセットに含まれる書籍が，2000年までは著作権保護を受けていた書籍と同じ程度の比率で出版されていたものの，その後は，各書籍について有意に多い版数（訳注：editions 及び number of editions には版数という訳を当てた．具体的には出版元の数を意味する．3.2項を参照）が，有意に高い比率で刊行されたことを示している．パブリック・ドメインにあるものと財産権で保護されているものの全体集合に関する最低価格の平均は同じであるが，1913～22年と1923～32年から採取した，最も人気のあった20の書籍に関するより小さな2つの部分集合を見ると，パブリック・ドメインの部分集合に属する書籍は，保護の状態にある他方の部分集合よりも有意に安価であることが示されている．全般的に見ると，このデータは，書籍に関して，著作権保護期間の延長が効率性の向上では相殺しえない死加重損失を生み出すということを示している．また，このデータは，期間延長がその他の創作的作品に関して有害かどうかが，作品の生産と流通の費用にしたがう可能性があることを示している．生産コストが低くなるほど，低利用の尤度も低くなる．

　最後に，本研究のデータによると，パブリック・ドメインとなった小説の方が2000年以降も権利を有する小説よりも明らかに広く商業的に利用されていることが示されていることから，第5節では，パブリック・ドメイン作品に著作権の保護がないことによって，深刻な程度の混雑外部性が生じているか否かを検討する．例えば，Landes and Posner [2003a] あるいは Liebowitz and Margolis [2005] は，創作的な作品の価値がその過度な利用によって浪費あるいは消耗することになる可能性と，そのような事態は，単一の主体に対して財産権を集

4）　17 U.S.C. §302 (a)（1994 & Supp. IV 1998）．連邦議会が実施した遡及的延長の首尾一貫性を考慮すれば，2018年より前に再度，保護期間は延長されることになる可能性があるように思われる．

中することによって防ぎうると主張している．ここでのデータだけでは，過剰利用（パブリック・ドメインの「コモンズ」は，食い荒らされることになるという考え方）の懸念を拭い去ることはできないが，小説作品について過剰性が問題となりにくい理由についてはいくつかの証拠も示されている．非常に重要であり明確にいえることは，過剰性を主張する学説は，重要な創作財に対する中央集権的な事業計画や管理が浪費を妨げるために必要とされることについての立証責任を果たしてこなかったことである．本研究は，パブリック・ドメインとなっている小説の生産と流通をめぐって，頑健な競争が存在することを示している．このようにある財の生産と流通について非常に成功している市場があることを考慮すると，実際には，競争的状況が市場の失敗を覆い隠しているにすぎないと主張する研究者の側の方に，その主張の立証責任が課せられているというべきである．

2. 方法論

Landes and Posner [2003a] は，効率的な利用の問題とその結果として生じる保護期間の問題は，ある所定の期間に生産される最も価値の高い作品群を検討した場合にのみ生じるにすぎないことを説得的に主張している．彼らは，連邦法で更新登録が要件とされたときでも，更新登録される著作権の割合は低く，長期にわたり出版されている書籍は非常に低い比率であったことを指摘して[5]，すでに価値を持たない大多数の作品に対して長期の保護を与えることは意味がないことを示唆している．重要でない作品の保護を延長するべきとする主張はほとんどないため，今回の研究の対象は，時が経過してもその価値を保有し続けるようなベストセラー書籍にのみ限定している．

第1のデータセットは，3つのソースから集めた334件のベストセラー書籍によって構成されている．1年につき約15件の大部分の作品は，Hackett [1967]

5） 彼らは「1883年から1964年までの間に登録された著作権について，28年の保護期間の終了時に更新されたのは，更新に要する費用が小さいにもかかわらず，11％よりも少ない」，そして「1930年にアメリカで出版された10,027件の書籍のうち，2001年に出版されているものは，174件ないし1.7％にすぎない」と報告している．

が作成し主要業界紙 *Publisher's Weekly* の編纂した年末時点におけるベストセラー上位10点のリスト群から採取した．このリストを，2番目に有名なアメリカの書籍・音楽の年刊人気作品リスト（Mattfield [1962]）と，*Publisher's Weekly* の編纂する常時ベストセラーの作品リストによって補った．これらの作品リストは，例えば James Joyce の *A Portrait of the Artist* (1916) のように，ある特定の年において上位10点には入らなかった作品データも捉えている．1913～32年までという年度は，ほぼ同年代に作られたパブリック・ドメインの小説と著作権保護のある小説とを比較することの重要性から選択された．1923年は基準年（この年より前に出版されたすべての小説はパブリック・ドメインとなっている[6]）として重要であるため，1923年の直前・直後10年間が選択された．本研究の目的は，1913年から32年までの間に出版された人気のある小説作品のすべてを見出すことではなく，統計的目的を充足する量の任意のサンプルを取り出すことにある．そして，各作品の出版状態（in-print status）と入手可能な版数の状況については，*Bowker's Books-in-Print* (1966-2006) にあたりながら，出版後60年目から5年間隔[7]で追跡している[8]．1913年から22年の間に出版された166作品については，出版後75年を経過しており，パブリック・ドメインに帰している．2006年における各書籍の状況は，Bowker 社の Books in Print オンライン・サービスを用いて追跡した[9]．おそらく，販売比較データがあれば，入手可能性をはかる手段としては，出版の状況をみるのに比べてより適切であろう．しかし，過去の販売データは，公開されていないのが通常である．

ベストセラーの場合でも，必ずしも耐久的にその価値を有するわけではないという反論に対応するため，1913～32年の間から最近でも人気のある40件の作

---

[6] 17U. S. C. §301.
[7] 毎年ではなく，5年間隔で出版状態を測定するという判断は，単に現実的な理由による．過去の入手可能性に関する情報が見出せるオンライン・データベースがなく，また，Bowker 社の Books in Print の手作業による調査は，高度に労働集約的作業となる．リソースが限られているために，必然的に5年間隔のサンプリングを行うことになったのである．
[8] Bowker 社は，アメリカで現在「出版中の」（通常，出版社の在庫を意味する）すべての書籍リストを毎年数冊出版している．そのリストは，著作者，作品名または出版社によってアルファベット順に並べられ，出版社の公示価格情報も含んでいる．過去の情報ではなく，現在の出版状況については www.booksinprint.com において利用可能である．
[9] www.booksinprint.com.

品（「耐久的書籍（durable books）」[10]）を割り出した[11]．1913～22年までの作品はパブリック・ドメインに帰しており，誰でも出版することができる状態にあることから，現在も出版されている最も多い版数をもつ20作品を選択した．出版社間の競争レベル（各作品につき，少なくとも17社の異なる出版社）は，これらの作品の人気が耐久的であることの客観的証拠を示している．1923年から1932年までの耐久的書籍の20件は，すべて今もなお著作権により保護されているので，ある程度主観的に選択した．現時点での版数は，人気度を示す指標として信頼できないものと考えたが，その理由は，版数の少なさは，消費者の需要がないこととはまったく別であり，著作権者が許諾を与えることに対して消極的であることを示している可能性があるためであった．これらの作品は，文学作品にあまり興味を持たない者にもよく知られた作品であり，また，この研究について紹介した会議でも，このリストの内容について，特に異論は唱えられていない．最も重要なことは，著作権を有する作品群の大きなデータセットから，異なる作品を代わりに用いても，統計的比較を大きくは変更しないであろうし，むしろ第4で示すように，パブリック・ドメインの部分集合と著作権のある作品の部分集合との間の入手可能性と価格に関する差違を単に拡大させるだけであるということである[12]．

耐久的書籍の部分集合については，さらに出版状態についても測定した．一方，国内の主要な書店チェーンにおける書棚専有面積の調査は，消費者に対する直接的な入手可能性を比較するために実施した．

---

10) この用語については，William Landesに負うところが大きい．（訳注：本章の訳出にあたってはdurable を「耐久的」と統一した．長期にわたって出版されているということを意味する．）
11) これらの書籍の数冊については，第4のソースであるDickinson［1953］から見出した．
12) パブリック・ドメインにある耐久的書籍と，著作権のある耐久的書籍との間の重要な相違は，リスト掲載の最低価格の平均である．www.booksinprint.comにより掲載された，20冊の著作権のある耐久的書籍の2006年の平均価格は，$8.05だった．耐久的書籍のリストには選ばれていない，148件の著作権のあるベストセラー小説のなかで，$8を下回っていたのは，Paul Elliot, *Impromptu*（1923）（$5），Edith Wharton, *Old New York*（1924）（$7），Anita Loos, *Gentlemen Pref Blondes*（$6）だけである．

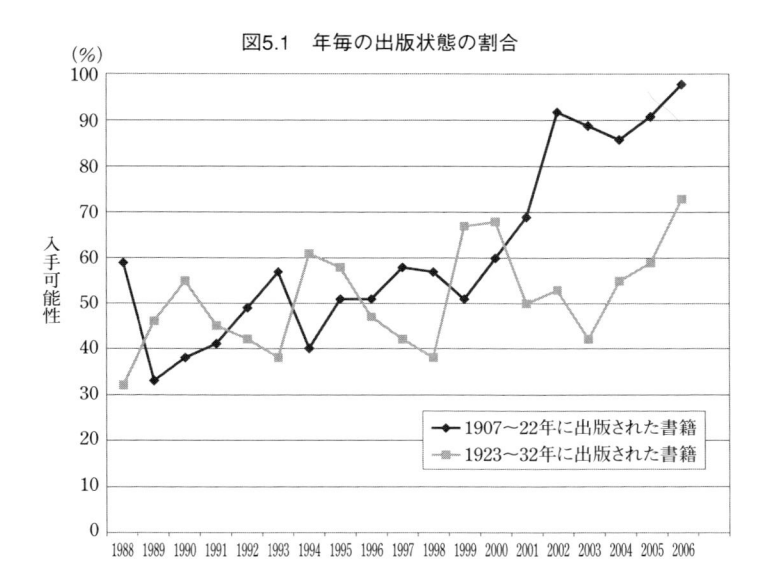

第5章 保護期間延長は社会厚生を高めたか：アメリカの場合　　　117

図5.1　年毎の出版状態の割合

(%)　入手可能性

―◆―1907〜22年に出版された書籍
―■―1923〜32年に出版された書籍

3. パブリック・ドメインと著作権保護のあるベストセラー書籍の入手可能性と価格の比較

　本研究の１つの目的は，既存の小説作品に対する財産権を延長することが，その適切な利用を確保するために必要かどうかという問いに答えることである．その目的のために，1913〜22年に発行された166件のパブリック・ドメインとなった作品の集合と，1923〜32年に発行された著作権のある作品の集合について，時の経過による出版状態の状況，入手可能な版数，2006年現在の価格という点に関して比較を行った．入手可能性に関する比較は，絶対的期間（例：1999年の状態）と相対的期間（例：出版から70年後の状態）の双方について行っている．

3.1 出版状態にある確率
① 年毎の確率

　図5.1は，1988年から2006年までの両データセットにおける出版状態を追跡したものである[13]．年毎の分析は1988年に開始しているが，それは当該年が1913年から1922年までに出版された書籍がパブリック・ドメインに入り始める最初の年のためであり，例として1913年に発行された書籍は1988年にパブリック・ドメインとなる．この分析のために，1907年から1912年までの間に出版されたベストセラー書籍の出版状態に関する補充データを収集した．例えば，1988年の分析は（1988年の時点でパブリック・ドメインにある）1908年および1913年に出版された書籍の出版状態を，（1988年の時点で著作権の保護がある）1918年，1923年および1928年に出版された書籍の場合と比較している．5年間隔で出版状態のサンプルを採取したことから，利用可能なデータポイント数を増やすために1907年から1912年に出版された書籍の補充データが必要となり，その結果1988年から2009年の各年比較は2つの各データセットについて最小でも24件の書籍を常に測定することとなった（ただし，通常の部分では各データセットについて少なくとも40件の書籍を測定している）．2006年の比較データはこの研究の対象となった334件の書籍すべてを含むことになる．

　図5.1に示される両作品グループの一般的傾向として，年月の経過によって入手可能性が増加することが示されているが，1988年から2001年までのパブリック・ドメイン作品と著作権保護作品との間の入手可能性については，統計的に有意な差違が見られない．しかし，2001年頃から，パブリック・ドメイン作品の出版状態の傾向は，急に上昇しており，2006年には98％にまで到達している．一方で，著作権のある書籍のデータセットのうち2006年に出版状態にあるものは，74％にすぎない．

　この図は，2001年頃に，何らかの有意なイベントが生じていることを示唆している．入手可能性を比較すると，1988年から2001年の間で変化しており，い

13）　作品グループを5年間隔で追跡したため，2〜3年分のデータを各データポイントにおいて利用することができる．例えば，1998年におけるパブリック・ドメインの作品の入手可能性に関するデータは，1908年，1913年及び1918年に出版された作品から得られたものであり，1998年における著作権保護のある作品の入手可能性に関するデータは，1923年及び1928年に出版された作品から得たものである．

くつかの年（6年）ではパブリック・ドメインの書籍がより多く出版状態にあること，他の年（7年）では著作権保護のある書籍がより多く出版状態にあることが示されている．平均して，著作権保護のある書籍はパブリック・ドメインにある書籍よりも10年程度新しいが，そのことは，限界的な需要の増加を生じ，そうした書籍の入手可能性を上昇させている可能性がある．一方で，パブリック・ドメインにある書籍の出版社は，ライセンス費用を支払う必要がないが，そのことでこれらの書籍を出版するための費用は限界的に低くなる．2001年において，入手可能性を示す2本の曲線は乖離し，パブリック・ドメイン作品の出版状態は，2004年から2006年に100％に近づいている．光学スキャニング技術とソフトウェアの進歩が，そうした技術に要する費用の低減をもたらし，また，データセットの中でもほとんど人気のない作品に対する小さな需要をみたすことを可能とした新しいビジネスモデルの出現によって，パブリック・ドメインの素材を使用する出版社が，そうした作品のロイヤルティ・フリー状態の利点を生かすことが可能となったのかもしれない[14]．

②出版後の確率の年次推移

データの全セットは，出版後における入手可能性の年次推移を測定することでも分析が可能である．著作権により保護されているグループの書籍の一部は75年間をまだ経過しておらず，また大部分は80年間を経過していないことから，完全な比較を行うことができない．

図5.2で見られるように，出版後60年，65年，70年の時点で，1923～32年に出版された新しい方の書籍グループはわずかに入手可能性が高い．その差違は著作権の状態に関係するものではない．というのも，1913～22年の書籍は各々75年後までパブリック・ドメイン化していないためである．そのため，60年，65年，70年のデータポイントは，すべてまだ著作権の保護を受けている書籍を表している．出版後75年と80年の時点では，出版状態の比率が，パブリック・ド

---

[14] 2001年に新しいソフトウェアが登場し，楽譜出版社による楽譜のスキャンと編集に関する能力に対して大変革を与えた音楽出版業界でもこれと同様の状況がある．このことは，St. James Music Press 社の Mark Schweizer 社長から，2006年12月4日に筆者に届いた電子メールにおいて報告を受けている．私の研究助手は，その当時に小説のパブリック・ドメイン市場に参入した著名な新興出版社が数社いたことを報告している．

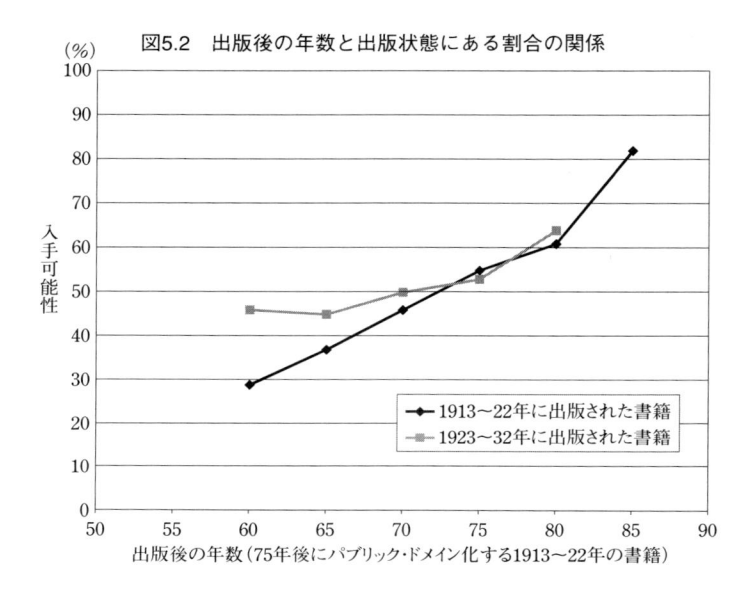

図5.2 出版後の年数と出版状態にある割合の関係

縦軸：入手可能性 (%)
横軸：出版後の年数（75年後にパブリック・ドメイン化する1913～22年の書籍）

凡例：
― 1913～22年に出版された書籍
― 1923～32年に出版された書籍

メイン及び著作権のあるベストセラーの両方についてほぼ同じであるが，このことは著作権のある書籍が平均して10年新しいことを考慮すると興味深い発見である．著作権の保護がある書籍のデータセットについては，85年目のデータが今のところ入手できていないが，この時点におけるパブリック・ドメインの書籍の傾きは急に上昇している．

パブリック・ドメインの書籍の98％が2006年に出版状態にあると踏まえると，1913～22年の書籍グループの90年から95年目の動向は，100％に接近することになるであろう．著作権保護状態の書籍の入手可能性がこれに遅れて推移するのか，それとも同じように100％に接近するのかはまだわからない．その結果がいずれであるとしても，このデータは，低利用の問題が，ある作品のパブリック・ドメインの状態に起因するものであることを示唆していない．

③全体分析

当該データベース上の各書籍の状態を，各観測時点におけるデータとみなすことで，先に概観した傾向を統計分析によって確認することができる．

第 5 章 保護期間延長は社会厚生を高めたか：アメリカの場合　　　　121

表5.1　出版中である度数

	著作権で保護された書籍	パブリック・ドメイン	合計
絶版	858 70.39% *57.97%*	361 29.61% *38.48%*	1,219 *50.41%*
出版中	622 51.88% *42.03%*	577 48.12% *61.51%*	1,199 *49.59%*
合計	1,480 61.21%	938 38.79%	2,418

注：上段は度数，中段は横の%，下段は縦の%．

　表5.1のカイ二乗値は87.21であり，その p 値は $P(\chi^2 > 87.21) < 0.0001$ である．このカイ二乗検定から得られた p 値は著作権の状態と書籍の入手可能性の間に強い依存関係があることを示している．より正確には，パブリック・ドメインに入った書籍が著作権によって保護されているものに比べて，有意に高い入手可能性を持つことが示された．この結果は，すべてのデータが互いに独立であるという仮定に基づくものであり，さらなる分析を担保するような関係が存在するか否かを判定することを企図している．著作権の状態と書籍の入手可能性との間に強い依存関係が存在することから，われわれはさらなる分析へと進むこととする．もちろん，データ上の各書籍が同分析において，平均して 6 回程度 "book-event" として計測されていること，及び特定の書籍の入手可能性がほぼ確実に時系列で相関していることを勘案すれば，上記の結果はある程度誇張されたものであろう．しかし，もっとも厳しい仮定（特定の書籍に関する観察データが完全に相関しており，結果としてサンプルサイズが 6 倍程度に誇張されている）を置いたとしても，上で得られたカイ二乗値（87.21）は，パブリック・ドメインに関する強い効果を依然として示している．

　著作権の状態（PD）のみを書籍の入手可能性（CPUB）の説明要因として利用することは，他の説明要因を無視することに繋がるかもしれない．当モデルでの利用が可能と考えられる他の要因は，出版年（PUBYR），出版後経過年（AFPUB），そしてデータの観測年（YR）である．これら 4 変数（PD, PUBYR, AFPUB, 及びYR）のいずれも CPUB の潜在的な説明変数である．著作権の状態

がここでの一義的な関心事項であるため，まず同変数をモデルに導入する．残りの変数の選択に関しては，交絡効果を避けるために注意が必要となる．これは，それらの変数のうちいくつかは他の変数の関数であることによる．例えば，著作権の状態（PD）は出版年（PUBYR）と出版後経過年（AFPUB）のみの関数であり，データの観測年（YR）は出版年（PUBYR）と出版後経過年（AFPUB）との和である．ここでは時点効果が関心事項の1つでありかつYRとPDの相関もそれほど高くはないことから，YRをモデルに取り込むこととする．PUBYRもしくはAFPUBを（CPUBとYRに加えて）モデルに取り込むことは何らかの交絡をもたらすため利用しない．

YRをCPUBの説明要因とした予備的モデルは，2001年以前における書籍の入手可能性が，2001年における書籍の発行割合に比例的でかつ大きなジャンプを伴いながら，ある程度安定的な増加傾向を持っていたことを示している．この効果をモデルに取り込むために，追加的なダミー変数PY2K（1：YR>2000, 0：YR≦2000）を導入する．特定された回帰モデルは以下の通りである．

$$\ln\left(\frac{P_{ij}(発売中)}{P_{ij}(絶版)}\right) = \beta_0 + \beta_1 * PD_i + \beta_2 * PY2K_j + \beta_3 * (PD_i * PY2K_j) + \beta_4 * (YR_j - 1966),$$

where $i = 0, 1$（0は著作権で保護された書籍，1はパブリック・ドメインの書籍） and (1)
$j = 0, 1, 2, ..., 40$（$YR_0 = 1966, YR_1 = 1967, ..., YR_{40} = 2006. PY2K_0, ..., PY2K_{34} = 0$ and $PY2K_{35}, ..., PY2K_{40} = 1$）．

［YR_jの代わりに（$YR_j - 1966$）を用いているが，この変数変換は推定結果に影響しない.］

各書籍が出版以降60年，65年，……と反復観測されていることから，同一書籍のデータは相関している．分析に当たっては，この点を考慮した手法を用いることが必要となる．同一書籍からの観測データ間の相関について，観測時点が離れるに従って減少することが示されているため，自己回帰モデルにおける自己相関が適切な仮定と考えられる．このため，自己相関係数を考慮した上で，反復観測されたデータを含む場合と含まない場合について，個別にロジスティック回帰分析を実施した．それらの2モデルの結果がおおよそ同一であること，及び観測時点が5年毎でありかつ変数が2値であることから，反復観測の効果

は無視できるものと考えられる．反復観測効果を含まない最終モデルの結果は以下の通りである．p 値はすべての変数（PD, PY2K, PD*PY2K, そしてYR）が有意に CPUB を説明することを示している．PD は2001年以降に限って有意であり，2000年から2001年にかけてのジャンプは，パブリック・ドメインに入った書籍に関してのみ有意である．

同モデルのパラメータ推計に関する代替的な解釈は以下のとおり．

$$\ln\left(\frac{P_{ij}(\text{出版中})}{P_{ij}(\text{絶版})}\right) = -1.4663 + .0545*(YR-1966) + X \qquad (2)$$

ここでX は Y2K と PD に依存し，以下に与えられる．

X	PD = 0	PD = 1
PY2K = 0	0.0000	− 0.02
PY2K = 1	− 0.46	+ 1.40

PD*PY2K による，書籍の入手可能性の最小二乗平均（適切な期間上の平均）は以下の表5.2に示されている．2000年以前の平均的な入手可能性がグループ間でほとんど同じであること，しかし2000年以降はパブリック・ドメインに入った書籍の入手可能性の方がはるかに高いことに留意せよ．

表5.2　PD*PY2Kによる最小二乗平均

	著作権で保護された書籍	パブリック・ドメイン
2000年以前	0.47	0.47
2000年以降	0.43	0.79

図5.3はモデルの結果を図にしたものである．実線が著作権が消滅状態にある書籍，破線が著作権で保護されている書籍に対応する．書籍の入手可能性に対する時点効果（YR-1966）は上記した対数目盛において線形（+0.0545/年）であるが，図5.3に示されているように，実際の確率目盛上ではわずかに曲線を描いている．

3.2　2006年時点で出版状態にある版数

2006年時点においてパブリック・ドメインに入っている書籍とそうでない書籍の出版状態にある版数もまた大きく相違している．なお，いくつかの出版元

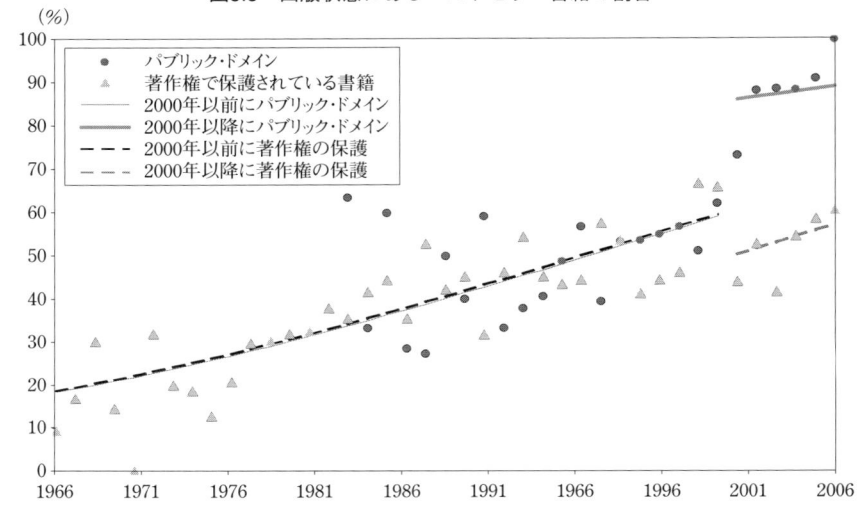

図5.3　出版状態にあるベストセラー書籍の割合

凡例:
● パブリック・ドメイン
▲ 著作権で保護されている書籍
― 2000年以前にパブリック・ドメイン
― 2000年以降にパブリック・ドメイン
--- 2000年以前に著作権の保護
--- 2000年以降に著作権の保護

は同一書籍について数十もの版を Books in Print のオンラインデータベースに掲載しているため，出版元毎に1版のみをカウントした．2006年時点において，パブリック・ドメインに入っているものは総計1,023版，著作権で保護されているものは総計405版，また平均では前者で6.3版，後者で3.2版となった．ebooks[15]を当該版数から控除する場合には，6.3版から5.2版へと減少する．6.3版から5.2版へと減少する．

　表5.3及び図5.4はパブリック・ドメインに入っている書籍とそうでないものとの比較であるが，前者において一般的により高い入手可能性が認められる．当該データセットから両者をランダムに1万件抜き出すシミュレーションを2006年のデータを基に行った場合，前者を抜き出す確率は0.781となった．これは表5.3および図5.4の結果と整合的である．

---

15) ebooks は消費者のコンピュータへの直接のデジタルダウンロードを通じてのみ入手可能である．購入者はその上で，それらをプリントするかスクリーン上で読むこととなる．Books in Print に掲載されているパブリック・ドメインに入った書籍のうち180件についてebooksが存在している一方，著作権によって保護されている書籍に関しては，わずかに14件がデジタル形式で流通するにとどまっている．

第5章 保護期間延長は社会厚生を高めたか：アメリカの場合　　125

表5.3　2006年に出版中であるベストセラー書籍の版の度数

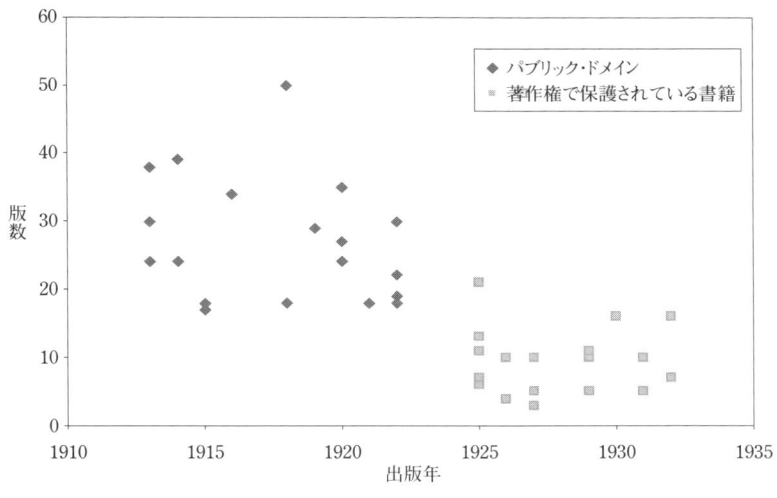

入手可能な版	パブリック・ドメイン	著作権で保護されている書籍	合計
0	8	43	51
1	41	40	81
2	54	34	88
3	33	16	49
4	14	7	21
5-9	52	18	70
10-19	31	9	40
20+	15	1	16
合計	248	168	416

図5.4　出版年別の2006年時点で入年可能な版数

3.3　比較価格データ

　興味深いことに，Books in Print オンラインの2006年データに基づく，書籍1冊当たりの平均最低価格は，著作権で保護されているベストセラー書籍125件とパブリック・ドメインに入っているベストセラー書籍162件でまったく同じ（＄20）であった．われわれが以下の4.4項で見るように，この価格に関する結果は，最も耐久的に人気がありかつ価値が現在まで維持されている，両カテゴリの40件に関しては成立しない．

4. 最も耐久的に人気を有する書籍の入手可能性と価格に関する比較（1913～32年）

利用の効率性に関する問題は，その価値を長期にわたって維持している書籍において最も重要となることから，本研究ではより詳細な分析のために，1913～22年と1923～32年の各期間からそれぞれ20件ずつ，最も耐久的な書籍を特定する．

4.1 出版状態にある確率

特に驚くべきことではないが，40件の最も耐久的な書籍の出版状態に関する比較においては，上記の2グループについてほとんど差違が見受けられない．著作権によって保護されている（1923～32年）20件に関しては，出版後，60年，65年，70年，75年，そして80年の各時点において常に出版されている．つまり100％の出版率である．パブリック・ドメインに入っている（1913～23年）書籍20件に関しても，それらがパブリック・ドメインに入ってからは，当該各時点において常に出版されており，期間を通じて100％の出版率である．しかし，後者のうち5件については，著作権によって保護されている期間において絶版となっている場合もあった[16]．この相違は，1923～32年に出版された*An American Tragedy*, *The Great Gatsby*, *The Sun Also Rises*, *Winnie-the-Pooh*, *A Farewell to Arms*, *All Quiet on the Western Front*, *Lady Chatterley's Lover*, *Brave New World*, その他の古典といった著名な（amazing）書籍リストの相対的な強さを反映したものかもしれない．

4.2 当該期間を通じて出版状態にある版数

過去の書籍販売データが存在しないことを踏まえると，入手可能性に関する

---

[16] Eleanor Porter の *Pollyanna*（1913）はその出版から60年，65年，そして70年後には絶版となっている．Willa Cather の *O Pioneers!*（1913）は出版後70年には絶版となっている．Zane Grey の *The Lone Star Ranger*（1915）と Raphael Sabatini の *Scaramouche*（1921）は出版後60年には絶版となっている．Raphael Sabatini の *Captain Blood*（1922）はその出版から60年，65年，そして70年後には絶版となっている．

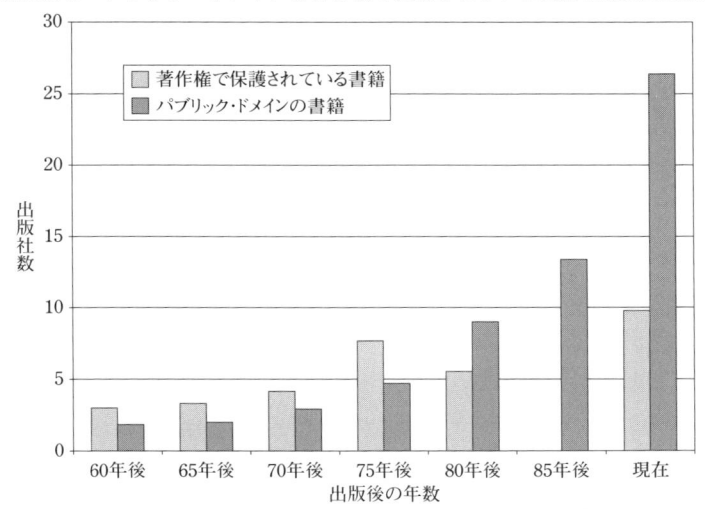

図5.5 耐久的なパブリック・ドメインと著作権で保護されている書籍の版数の時系列変化

測度の一候補として，耐久的書籍毎の版数の時系列変化が考えられる．しかし，著作権者がその書籍に関するライセンスを広く行わない可能性もあるため，これは不完全な測度である．パブリック・ドメインに入っている書籍は許諾なく出版ができるので，それらの書籍の複数の版があることは，定量的な入手可能性比較（例：書店での占有売場面積）に関して，ほとんど何の情報ももたらさないだろう．しかしながら，版数のデータは，パブリック・ドメインに入っている書籍が幅広く商業的に利用されていることを実証するものだろう．次の項で示されるように，棚面積データは，最も人気のあるパブリック・ドメインに入っている書籍は，入手可能性について，著作権に保護されている書籍とほぼ同程度であるという含意を支持している．

図5.5に示されているように，両グループの書籍を著作権によって保護されている期間で比較すると，1923〜32年に出版された新しい書籍の方が版数の点においては高い入手可能性を示している．全期間を通じての比較に関して，この傾向は古いグループの書籍がパブリック・ドメインに入る75年目においても継続している．これ以降，パブリック・ドメインに入った方の書籍1冊当たり

の版数は書籍1冊当たり2006年時点で29.1版であり，そうでない書籍1冊当たり8.9版と比してはっきりと増加している．版数の少なさが必ずしも需要の少なさのシグナルとみなされるわけではないが，当該データからは，パブリック・ドメインに入っている書籍がその法的状態に起因して，低利用状態にあると結論づけるのは難しそうである．

199件の耐久的書籍を基礎とした書籍 ― 出版後経過年の分析は，当該グラフの傾向を補強する．データセット中の全ベストセラー書籍を対象とした先の分析と異なり，ここでわれわれは被説明変数（EDT），つまり耐久的書籍の出版後60年，65年，……，85年における版数データに関心がある．なお，1906～12年に出版された書籍のデータは利用していないため，データの初年度は1973年（1913＋60）である．被説明変数の差違に対応するため，ここではポワソン回帰モデルを用いる．さらに，反復観測効果は2値変数の場合に比べてカウント変数の場合に強くなることを考慮して，自己回帰を仮定した共分散構造を伴う，反復観測が考慮されたモデルを用いる．これはパラメータ推計に最低限の影響しか与えないが，推計に関する不確実性が，同様の結果を199件の独立な書籍―出版後経過年イベントから推定した場合に比べて大きくなることを反映して，わずかに大きな標準偏差をもたらす．この差違を除けば，モデルに含まれる説明変数は，2で実施したベストセラーの書籍－出版後経過年分析と同じである．

ポワソン回帰モデルは以下のとおり特定される

$$\ln(\text{EDT}_{ij}) = \beta_0 + \beta_1 * \text{PD}_j + \beta_2 * \text{PY2K}_j + \beta_3 * (\text{PD}_j * \text{PY2K}_j) + \beta_4 * (\text{YR}_j - 1973),$$

［指数の説明は3.1項の③を参照］ (3)

すべての変数に関するp値が非常に小さく，全説明変数が耐久的書籍の出版状態にある版数を有意に説明していることを示している．なお，現在のモデルのように交差項が含まれている場合には，結果の解釈に注意が必要である．

以下の式から，時間の経過に関する（YR-1973）対数目盛での期待値の増加は0.0632/年であり，対応年において版数全体に関する下落（-0.1183）が存在することがわかる．切片パラメータの推計値は，1973年において，著作権のある耐久的書籍の版数が$\exp(-0.2479)=1.28$と推計されることを示している．ここで，われわれのデータセットには1988年までパブリック・ドメインに入った書

籍がまったく存在しないため，1973年における同カテゴリの版数を推計することには意味がない．しかし，両カテゴリの結果の差違に基づいて，パラメータの推計結果を説明することには意味がある．2000年以前において，パブリック・ドメインに入っている書籍の版数期待値はそうでない書籍の $\exp(0.4972)=1.69$ 倍である．しかし，2001年以降，その値は $\exp(0.5695+0.4972)=2.90$ 倍となっている．

当該モデルのパラメータ推計に関する代替的な解釈は以下の通り：

$$\ln(EDT)=0.2473+.0682*(YR-1973)+X, \text{ where } X(対数目盛) \text{ is:} \quad (4)$$

X	PD = 0	PD = 1
PY2K = 0	0.0000	+ 0.4972
PY2K = 1	− 0.1183	+ 0.9484

PD*PY2K による版数の最小二乗回帰平均は表5.4に示されている．これらはすでに計算されたものと同様に，2種類の代表期間（2000年以前及び以降）に対応した単なる平均値である．

表5.4　PD*PY2Kによる最小二乗平均

	著作権で保護されている書籍	パブリック・ドメインの書籍
1986	3.58	4.02
2004	6.78	19.71

図5.6は，当該モデルを図にしたものである．実線がパブリック・ドメインに入った書籍に対応している一方，破線は著作権で保護されている書籍を示している．2000年以前において，わずかではあるものの有意な差違がそれら2グループ間に存在していることに加えて，それ以降は差違が大きくなっている．

2006年分析　両カテゴリ間で現時点の版数に相当な差違がある事実を踏まえて，2006年時点の入手可能性について一層の分析を行うほか，40件すべての書籍において存在している価格データとの関係についても考察する．版数の差違の有意性は，データセットから両カテゴリの書籍を1件ずつ1万回抜き取るシミュレーションによって確認される．このシミュレーション結果から，パブリック・ドメインに入っている書籍がより多くの版数を有している可能性は0.9861

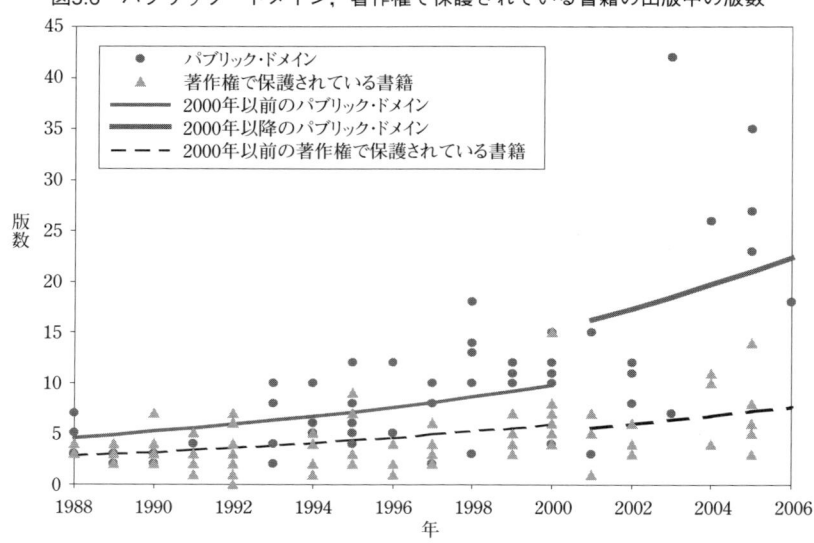

図5.6 パブリック・ドメイン，著作権で保護されている書籍の出版中の版数

凡例：
- ● パブリック・ドメイン
- ▲ 著作権で保護されている書籍
- ── 2000年以前のパブリック・ドメイン
- ━━ 2000年以降のパブリック・ドメイン
- --- 2000年以前の著作権で保護されている書籍

縦軸：版数
横軸：年

となった．これはベストセラー書籍に関する全データセットに基づいて行った同様のシミュレーションの結果0.781よりもかなり高い．さらに，EDTとLOWの関係を検証した図5.7からは，両カテゴリの平均最低価格における差違も確認される．これはまた，ランダムに抜き取ったパブリック・ドメインに入っている書籍の価格がそうでないものよりも低い確率が0.937であるというシミュレーション結果とも整合的である．

以下では，2006年時点の版数に関する，著作権の状態に基づいた分析が示されている．ポワソン回帰モデルによるPDのE06の説明力に関しては以下の通り：

$$\ln(E06_i) = 2.2875 + 0.9934 PD_i.$$

以前と同様に，PDが重要な要因であり，パブリック・ドメインに入った書籍が有意に多くの版数を有している．このモデルに基づいて，著作権のある書籍の平均版数は $\exp(2.2875) = 9.85$，そうでない書籍は $\exp(3.2809) = 26.6$ と推計される．

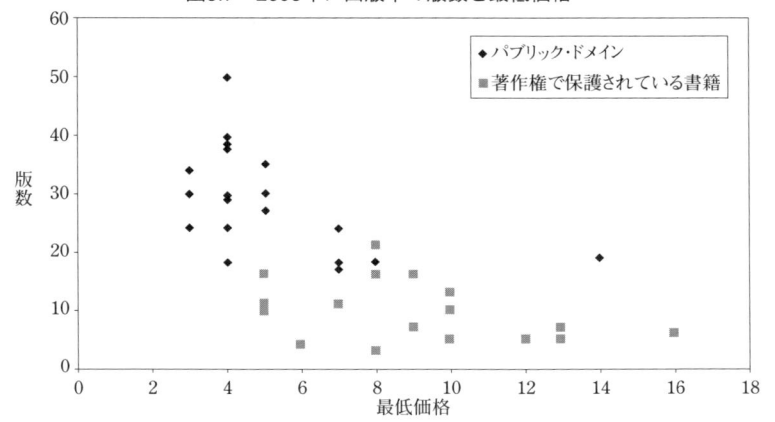

第5章　保護期間延長は社会厚生を高めたか：アメリカの場合　　　131

図5.7　2006年に出版中の版数と最低価格

当該モデル上で考慮されている唯一の説明変数は，著作権の状態である．仮にわれわれが最低価格を追加的な説明変数として取り込んだ場合，モデルは以下の通りとなる：

$$\ln(E\,06_{ik}) = 2.9086 + 0.7547 * PD_i - 0.0710 * LOW \tag{5}$$

モデルの結果は著作権の状態と価格の影響が有意であることを示している．LOW の係数は−0.0710であり，つまり他の要因をコントロールした上で，$1の価格上昇が exp(0.0710)＝0.93倍の版数の変化に対応していることを意味している．最小二乗値は平均価格（$7）での版数を推計しており，それは著作権のある書籍に関して exp(2.4101)＝11.13版，著作権のない書籍に関して exp(3.6633)＝23.68版である．同様の比較がより高い価格（$20）でなされた場合，両グループの期待版数はともに減少するものの，その相対的なパターンは維持される（各々 4 と 10）．

4.3　耐久的書籍の書棚占有面積に関する比較

20件のパブリック・ドメインにある耐久的書籍（1913〜22年）は，無数の異なる版元から入手することができるという意味において明らかに高い入手可能性を有しているが，書店での書棚占有面積の方が経済的な観点からは重要である

と考えることもできるだろう．出版社が，著作権で保護されている書籍を書店でより強く消費者に提供したいと考えるとすれば，それによって正の外部性が発生するかもしれない．消費者の目に触れる書棚を占有するということが，出版後70年あまりを経過した古い書籍を宣伝するための基本的手段だとすれば，それら40件すべての書籍が amazon.com で容易に入手できるからといって，著作権の比較状態に関する議論を打ち止めにすることはできないだろう．

　40件の耐久的書籍のリストは，ジョージア州，カリフォルニア州，イリノイ州およびニューヨーク州の Borders と Barnes & Nobles に2006年のサンクスギビング休暇の前後にファックス送付された．返答があった8軒の書店のデータはパブリック・ドメインにある書籍20件に関して80％，そうでない書籍に関して86％の在庫率を示している．それらの8軒の各書店は，各書籍を最も多い場合で20件保有していたことから，100％の入手可能性の点数は160/160で示される．パブリック・ドメインに入っている書籍の点数は128/160（80％），そうでないものについて138/160（86％）であった．総計すると，販売に供される多くの書籍に複数の在庫があるという要因を背景として，書棚において入手可能であったものは，パブリック・ドメインにある書籍で512冊，そうでないもので690冊であった．

　その著作権のある20件の書籍が比較的高い評判を有していることを考えた場合，それらの書籍の書棚における追加的在庫は非常に少ないのであって，このことはパブリック・ドメイン効果の存在を示している可能性もある．*Publisher Weekly*（Hackett［1967］）による，当該40件の書籍に関する限られた販売データによれば，仮に人気だけが唯一の変数であるとすれば，著作権のある書籍は，パブリック・ドメインにある書籍に比べて，かなり多くの書棚面積を専有すべきであることを示している．例として，それら40件の書籍すべてが著作権で保護されていた1965年時点において，その後パブリック・ドメインに入った1913～22年グループの20件のうち100万部を売り上げたのは，わずか5件のみに止まっている[17]．同時点において，その偉業を達成するために平均して10年程度

17）1965年時点で販売されていたものは，Somerset Maugham, *Of Human Bondage*（1915）；Raphael Sabatini, *Scaramouche*（1921）；James Joyce, *A Portrait of the Artist*（1916）；Eleanor Porter, *Pollyanna*（1913）；Edgar Burroughs, *Tarzan of the Apes*（1914）．

少ないにもかかわらず，著作権のまだある1923～32年グループでは，11件が100万部を売り上げている[18]．さらに示唆的なことは，パブリック・ドメインにある書籍（1913～22年）のうちトップ5の書籍が1965年時点で738万1,709冊を売り上げるにとどまっている一方，著作権のある書籍（1923～32年）のうちトップ5は2028万9,943冊を売り上げていたことである．その上，著作権のある書籍はそうでないものに比べて，1965年時点において販売期間が15年程度短かった[19]．1965年時点で売上100万部以下の書籍の販売データは存在しない．当該データを更新した Hackett [1977] では，1923～32年グループの人気が他と比較して相対的に高いものであることが，1975年までに200万部以上を売り上げた書籍のデータに基づいて改めて強調されている．1913～22年グループで当該リストに含まれているものは1件だけである（*Of Human Bondage*, 260万9,236冊）のに対して，1923～32年グループからは7件が選ばれている．それら7件の1975年時点の総販売冊数は2873万2,714冊である．

著作権のあるグループ（1923～32年）の20件はそうでないグループ（1913～22年）に比べて，書棚の現在の専有面積の点では，いくぶんより高い入手可能性を有しているといえるものの，その差違（86％対80％の在庫率；690対512の総冊数）をそれらの書籍の法的な状態に基づくとするのは困難であるように思われる．新しい方の20件の書籍が，これまでの間，より高い人気を有してきていたことを考慮すると，われわれはそれらがより多く書棚にあることを期待するだろう．そうした評判という要素を考慮すると，その書棚面積データは，入手可能な版数の比較データの含意と整合しており，いいかえれば，パブリック・ドメインに入った書籍が低利用状態にあるとはいえないように思われる．

---

18) 1965年時点で販売されていたものは，D. H. Lawrence, *Lady Chatterly's Lover* (1930); Erich Maria Remarque, *All Quiet on the Western Front* (1929); Aldous Huxley, *Brave New World* (1932); Charles Nordhoff, *Mutiny on the Bounty* (1932); Pearl Buck, *The Good Earth* (1931); William Faulkner, *Sanctuary* (1931); Thornton Wilder, *The Bridge at San Luis Rey* (1927); Lewis Sinclair, *Elmer Gantry* (1927); Ernest Hemingway, *The Sun Also Rises* (1926); Dashiell Hammett, *The Maltese Falcon* (1930); A. A. Milne, *Winnie-the-Pooh* (1926).

19) パブリック・ドメインにある書籍5冊の平均出版年は1916年であり，著作権のある書籍5冊については1931年である．

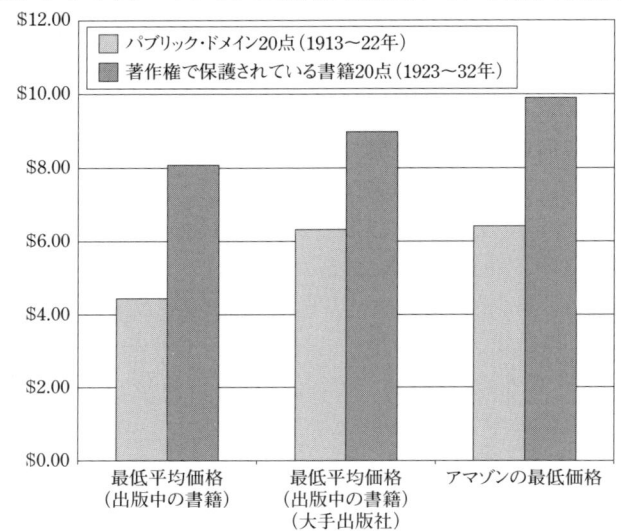

図5.8 パブリック・ドメインと著作権で保護されている書籍の価格比較

[Bar chart:
- 最低平均価格（出版中の書籍）: パブリック・ドメイン約$4.45, 著作権で保護約$8.05
- 最低平均価格（出版中の書籍）（大手出版社）: 約$6.30 と $8.90
- アマゾンの最低価格: 約$6.40 と $9.90
凡例: パブリック・ドメイン20点（1913〜22年）／著作権で保護されている書籍20点（1923〜32年）]

4.4 耐久的書籍の比較価格データ

図5.8が示すとおり，耐久的書籍において，パブリック・ドメインにあるものとそうでないものの間の重要な差違は価格である．Books in Print に掲載されている最低平均価格は前者において＄4.45，後者において＄8.05と平均で81％高くなっている．著名な主要大手出版社が販売する書籍の価格のみを考慮した場合でも，平均最低価格は各グループについて＄6.30及び＄8.90へと上昇し，著作権のある書籍が41％割高となる．また，amazon.com で入手できる新品の最低価格を用いた場合，その結果は各々＄6.40及び＄9.90へとさらに上昇し，著作権のある書籍が平均して55％割高となった[20]．

著作権の状態以外の2つの要素から，こうした価格の差違について説明できるかもしれない．第1に，前述のように，20件の著作権のある耐久的書籍（1923〜32年）の方が明らかに著名なために，一般的にいくらか高い価格が見込まれている可能性がある．第2に，パブリック・ドメインにある書籍の印刷品質が

---

[20] 中古市場での販売データによってサンプルに余計なものが入ることを避けるため，Amazon warehouse から新品で入手可能な版の価格のみを使用した．

第5章　保護期間延長は社会厚生を高めたか：アメリカの場合　　　　135

　実質的に低いという可能性もある．これらの変数をコントロールするために，ペンギンクラシックス・ペーパーバックコレクションの分析を実施した．分析対象となった90件のペンギンクラシックスのうち，48件は現状で著作権があり，42件はパブリック・ドメインに帰している．著作権のある48件の書籍は，上述した非常に有名な20件の著作権のある耐久的書籍をまったく含んでいない．さらに，ペンギンブックスは同じ品質でありかつ同一の原典に基づいているため，いかなる価格の差違もそれ以外の要因，たとえば，可能性が大きいものとして，相対的な新しさや著作権者へのロイヤルティ支払いの必要性などに帰するべきである．

　48件の著作権のあるペンギンクラシックスの場合，その頁毎平均単価は＄0.047/頁であり，パブリック・ドメインにある場合は＄0.03/頁である．この結果は，頁当たり1と1/2ペニー強，すなわち300頁の標準的な書籍でいえば＄5.10強の差違に対応している．著作権のある300頁のペンギンクラシックスは平均で＄14.10程度の価格であり，一方で平均＄9.00程度のパブリック・ドメインのものよりも56％程度割高である．これはパブリック・ドメインにある耐久的書籍とそうでないものとのamazon.com上での価格差違（55％）とほぼ同一であり，印刷の質のみでは各グループ20件の書籍間の価格差違を説明することができないことを意味している．3.1項の③において確認された発行年と入手可能性の間における正の相関を考慮した場合，価格差違の一部は書籍の相対的な新しさとその法的状態によって説明されうるだろう．

　1913～32年に書籍が出版された時点では，著作権の存続期間は28年および28年の更新期間から構成されていた．データセット上のすべての書籍の出版を促すためには，この最大56年の期間で十分であったということになる．議会による保護期間の持続的な延長がなければ，ここでの分析対象となっているすべての書籍は，1988年までに，すべてパブリック・ドメインに入っていたことになる．価格データは，これらの保護期間の延長がコストを生じるものとなっていることを示唆している．そして，パブリック・ドメインにある書籍とそうでない書籍との利用状況をさまざまな視点から分析した結果，著作権の状態に起因した入手可能性の上昇が，そのコストを相殺するような社会的便益をもたらしているとはいえない．

4.5 他の作品への応用可能性

　政策立案者は，ベストセラー小説を対象としたこれらの分析結果が，他の創作活動においても典型的に認められるのかという点に関心を抱くだろう．特に，創作を促すのに必要な期間を超えた著作権保護期間の延長コストの議論は，音楽，演劇，絵画，映画及びソフトウェアについても同様だろうか，もしくは作品の低利用問題はそうした種類の作品に関して深刻な問題となる可能性があるだろうか．

　低利用となる可能性のあるパブリック・ドメイン作品かを識別するためには，複製と流通のコストが重要な要素となるだろう．本章の最初の部分で言及した通り，19世紀には，パブリック・ドメインにある書籍の最初の出版社となるための高コストの競争が，それらの書籍が大衆に提供されることを危うくするという現象が見られた．手作業による版組という労働集約的な作業の性質は，パブリック・ドメインにある書籍に関して，市場で競争を行うことのリスクを高めたのである．この分析は，現代においてそうした側面がもはや問題ではないことを示している．光学機器技術を用いた書籍の複製，デジタル保存，そして広く普及しているソフトウェアを用いた印刷が複製と流通のコストを低減しており，この結果として，パブリック・ドメインにある書籍の利用は，実際に著作権のある書籍と比べて，同期間で増加している．このことは，容易に複製可能な他の作品，例えば楽譜，録音された音楽，映画そしてソフトウェアも書籍と同じような動きを見せる可能性があること，また，パブリック・ドメインに入った際の低利用に繋がるような破壊的な競争が発生する可能性がほとんどないことを意味している．創作を促すのに必要な期間を超えた著作権保護期間の延長は，書籍の過剰な保護と同じくらい高コストである．

　米国議会図書館（the Library of Congress）の国家録音物保存委員会（National Recording Preservation Board）から委託を受けた Brooks [2004] による研究は，この仮説をある程度支持している．この研究は，著作権保護期間の延長が「著作権者に再発行及び古い記録を保存するためのインセンティブを与える」という要望によって部分的に動機づけられていたことを指摘し，そのため，著作権保護期間の延長がその目的を達成してきたか否かを定量的に分析することをねら

第5章 保護期間延長は社会厚生を高めたか：アメリカの場合

いとしている．同研究は，1,500点に及ぶ過去の作品の入手可能性を網羅的に分析した上で，「著作権者が，自らの最も重要な録音物を再発行することに関して，実社会における商業的動機付けをほとんど持っていないことは明らかである」と結論づけている．同研究は，著作権保護期間の延長が，古い録音物の入手可能性を増加させるような働きをしないことを見出した．1890年から1964年までに録音された人気のある音楽[21]のうち，著作権者によって，再録音され，CDとして入手可能な状態となっているものはたった14%にすぎない．なお，連邦著作権法のもとでは，同時期のいずれの録音物も実際にパブリック・ドメインに帰していない．このため，パブリック・ドメインにある録音物とそうでないものとの直接的な比較は，極めて困難である[22]．それでもなおBrooksは，そうした著作権法の仕組みにもかかわらず，CDとして入手可能な作品の22%が著作権の非保有者により作成されていることを示している[23]．ベストセラーのフィクション小説とちょうど同じように，著作権の非保有者が大衆の入手可能性の高さを支えている．録音物というものは，書籍と同様，デジタル化が容易であり，さまざまな形態で流通させることもできる．著作権の非保有者による作品の活発な利用が，音楽と書籍の両分野で同様に見られることは，長期にわたる長々とした著作権保護が，容易に複製できる作品の利用を担保するために必ずしも必要なものではない，という仮説を支持するものである．このため，著作権保護期間の延長は，ちょうど19世紀において書籍がそうであったように，大衆への初版の提供コストが高い場合においてのみ，必要となるかもしれない．加えて，追加的な複製を行うコストが低い，いわゆるフリーライダー問題が発生するような場合は，高額の初期複製コストが作品の低利用状況を悪化させるという事態が起こる可能性もある．例えば，パブリック・ドメインにある古い映画を修復するコストが十分に高ければ，誰もそれを修復する動

---

21) その執筆者らは参照した出版物において幅広く利用されている証拠があるような証拠づけられている「興味が文書化されて存在する」録音物に調査対象を限定している．
22) 1972年以前，録音物は州法によって期間の定めなく保護されていた．1976年に，すべての録音物の保護が，2067年2月15日まで延長された．17 U.S.C. § 301 (c).
23) これらの発行者のほぼすべてが法的に見た場合に著作権違反である．研究によれば，その多くはヨーロッパに拠点を置いている．権利者の16%は特定が容易でなく，そのために権利者が再録音に関する法的な権利を有していることを知らないと推測しうるという事実に乗じるものもある．

機を持たないであろう．これは，修復後の作品が低コストで容易にコピー可能であり，それを流通させるようなフリーライダーが存在する場合に，その修復に要した労働コストを回収することができないからである．損傷しているか，あるいは破損しやすい古い映画を例として考えると，著作権保護期間の延長は，結果として大衆の入手可能性を高めることになる可能性がある．このことは，大衆に入手可能となる前にコストを伴う修復を必要とするような他の種類のアート作品にも当てはまるかもしれない[24]．

　しかし，修復がコストを伴いかつ複製が安価である場合には著作権保護期間の延長がいつでも必要というわけではないかもしれない．修復が高コストでありかつ複製が安価であるものの，独立して著作権の保護が可能となるような新しい要素を取り込んだ作品を考えてみよう．例えば，パブリック・ドメインに入った映画の最新版に，従来は含んでいなかったシーンを新たに取り入れたとする．この場合，新しいシーンが著作権法で保護されているため，フリーライダーは同法を破ることなしにこの映画を複製することができない．同様に，古典的書籍を「批評的」に扱う再版は，その作成に比較的高いコストを伴うものの，それがオリジナル版に含まれていない新しい内容を含んでいるとすれば，フリーライダーがそれを利用することは比較的困難となる．例えば，D. H. Lawrence の *Sonsand Lovers*（1913）について新たに作成された批評的な版では，著者によって削除されたシーンが追加されているほか，学術的なイントロダクションや説明を加えた脚注，コメントなどが追加されており，それらの要素を削除することなしには，デジタル情報としてスキャンし，合法的に流通させることができない．仮にフリーライダーがその手間のかかる作業を行ったとしても，彼は新しい批評的な版と競合状態にある不完全な作品を手にするだけであ

---

24) もう1つの例は，書籍を映画化する場合のように高額な派生著作物を製作する場合があるだろう．市場が実際に映画版を1つだけ支持するとしたら，パブリック・ドメインにある書籍を原作とした映画製作に向けた，非常にコストのかかる競争を映画スタジオが行うことが容易に想像できるであろう．こうした競争の可能性は製作を思いとどまらせるかもしれない．他方，多くの映画制作会社は小規模で互いに結びついているため，19世紀のイギリスでフィクションの出版社が行ったのと同様に，結託による解決方法が促されるかもしれない．実際，映画取引雑誌は製作日が相当先の映画についての計画を発表したりするがれはまるで特定のストーリーに対する権利をはっきりさせるためのようでもある．

る.実際,Sutherland［1995］はパブリック・ドメインに入った作品のもたらす効果の1つが,非保護状態にある原作品を保護状態に再構成する一方策として,新しい批評的な版の作成を促進することになる点を指摘している[25].

したがって,著作権保護期間の延長が正当化されるのは,主として以下の3つの条件が満たされる場合である.すなわち,①初版を大衆に提供するコストが高いこと,②フリーライダーが追加的な複製を行うコストが低いこと,③新しい版が独立して保護可能な要素を含んでいないことである.この仮説の好例を特許の文脈に見出すことができる.例えば,連邦議会はパブリック・ドメインにあるいくつかの薬品が,希少な疾病患者の治療に対して潜在的に効果を有しているにもかかわらず,十分に利用されていないとした.この問題への対処は,FDAの承認要件を満たした最初の製薬会社が,このようないわゆる"orphan"医薬品(訳注:いわゆる希少疾病用医薬品)に対して,10年間の排他的な流通権利を与えられるという形でなされた[26].連邦議会の状況認識としては,①FDAの厳格な治験要件のため薬品を大衆に提供することは極めて高コストであり,②一般的にジェネリック製品の製造元が薬品の認可後にその製品を模倣することは比較的容易であるうえ,③FDAの認可を目指している団体は通常,当該薬品に関して他に何らの財産的権利も有していない,というものである.破損しやすい映画フィルムのように修復を必要とするような作品の著作権保護に際しても,低利用状態を避けるという同様の問題意識から,類似の保護方策が正当化されるであろう.

5. 混雑外部性

経済学者の中には作品のパブリック・ドメイン状態が,その作品の低利用状態ではなく過剰利用につながると指摘する者もいる.共有地の悲劇の例を必要以上に推し進める意図はないものの,Landes and Posner［2003a］は「小説,映画またはコミック本のキャラクター,もしくは音楽や絵画の一部」の価値が「共

---

25) 彼女は,D. H. Lawrenceの遺産に対して,今後生じるパブリック・ドメイン状態に直面したときには,新しい批評的な版の利用を許諾するという戦略について述べている.
26) 21 U.S.C.§360aa-360ee (1994).

有の石油田やガス田における制限のない掘削が当該資源を早々と枯渇させてしまう」のと同様に，消耗されてしまうことを憂慮している．同様に，Liebowitz and Margolis [2005] は「オープンアクセスは資源の管理に対して必ずしも普遍的な方策ではない」と記しており，作品の過剰で不適切な利用はその価値を損なうと指摘している．

　パブリック・ドメインに入ったベストセラー書籍が，相当程度利用されていることは前述したデータから明らかであるが，以下ではそこに混雑状態が存在するか否かを検討する．たとえば，2006年において，Books in Print に掲載されている50の異なる出版社が，Willa Cather の My Antonia（1918）について少なくとも一種類の版を提供している．そこに掲載されていない他の版も当然存在するであろう[27]．そのように多くの版が必要であろうか．このことは政策立案者が懸念する混雑の1つの類例であろうか．My Antonia の価値が貶められたり，その価値が損なわれたりしているのだろうか．

　以下において Landes and Posner や Liebowitz and Margolis の主張を紹介するが，ここで最も重要なことは，著作権保護を混雑外部性に基づいて正当化しようとする者には，中央集権的な統制の便益が，著作権保護期間の延長に伴って発生する独占の死加重を上回ることを示す責務があるということである．本章のために収集されたデータは，My Antonia のようなさまざまな形態（廉価なペーパーバック，トレードペーパーバック，ハードカバー，大判印刷，カリキュラーユニット，ebook，オーディオテープ及びオーディオCD）でかつ＄2から＄108の範囲までの価格で入手可能なパブリック・ドメインの書籍について，非常に競争的な市場が存在することを示している．このような頑健な競争は，財市場において通常必要なものと考えられる．経済学者が，そうした市場において深刻な混雑外部性のような市場の失敗が存在していることを主張するためには，実際のところその市場が見た目通りではないという，実証的な根拠を示す責務があるだろう．経済学者間では，著作権で保護された価値ある作品の中央集権的な管理が，上記4.4項で議論された著作権保護のある耐久的書籍の例に見られるような，何らかの死加重損失を生み出すというコンセンサスが得ら

---

27) 例えば，無料のデジタル版が Gutenberg Project のウェブサイトからダウンロードできる．
　　<http://www.gutenberg.org/etext/242>

れていることが通常であるため，そうした実証的根拠を示す必要性は特に高い．奇妙なことに，混雑外部性に関するいくつかの主張は，市場に対する強い不信と生産物の中央集権的管理という，極めて時代錯誤的な嗜好を示している．

　しかしながら，そのことが，書籍の文脈ではもっともらしくないことを認識した上でのことであれば，混雑外部性の可能性は真剣に取り扱われるべきである．Landes and Posner [2003a] とLiebowitz and Margolis [2005] は，消費の非競合性と無尽蔵性を有している，典型的に著作権法で保護されているような作品に関しては，混雑の外部性が問題とならないことを認識している．彼らは，歌というものが1人や2人もしくは1,000人によって同時に何度でも（消費の非競合性）その価値を損なうことなく（無尽蔵性）歌われることが可能であることを認識している．そこでは，追加の1利用者に伴う限界費用はゼロと考えられるため，当該財の利用制限は死荷重損失につながる．実際のところ，継続的で完全な利用可能性（usability）という点から財の価値を定義するのであれば，純粋公共財に関して，過剰利用すなわち混雑外部性が生じることは理論的にありえない．しかし，Landes and Posner [2003a] とLiebowitz and Margolis [2005] は，財の価値に関する基準は，市場価値であって利用可能性ではない主張し，ある種の公共財の限界的な追加的利用は正のコストを発生させると仮定する．例えば，数十の広告主が同一の歌を自社製品の宣伝に利用したとしよう．すると大衆はその曲に飽き飽きして，結果としてその製品に対する需要は低下し，財の価値は減少する可能性がある．われわれは音楽版共有地の悲劇を観察するかもしれないのである．

　音楽消耗仮説は可能性としてはあるが，必然的に生じるものとは言い難い．実質的に無限ともいえる歌の共有地において，宣伝主がその同業者と同じ曲を選ぶことで顧客離れにつながるようなリスクをとるとは考えにくい．テレビやラジオを数時間視聴してみれば，こうした経済的な直感は裏づけられることだろう．伝統的な共有地の悲劇のエピソードを広告における音楽へ援用することは，適切ではないかもしれない．経済学者が語るストーリーは通常，その共有地を所有する者がおらず，結果としてその価値を最大化するインセンティブを持つ者がいないことから生じる過剰利用を念頭においている．もちろん，イングランドで共有地が囲い込まれたときに，農業生産物が増加したという実証的

な事実もある（Ellickson [1993]）．しかし，音楽はかなり異なる状況にある．家畜に飼料を与えるに際して，極めて限られた選択肢しか持たない農民と異なり，宣伝主は数千の選択可能な歌を有している．仮に農民がその家畜に飼料を与えるに際して，同程度に廉価でかつ望ましい数千の牧草地を有していれば，合理的な判断の帰結として，特定の牧草地を過剰に利用することはしないであろう．そうした過剰利用は意味がないだけでなく，将来的なコストをもたらすかもしれない．無数の牧草地がありながら過剰利用することは，ただちにその仲間内での評判コストにつながる可能性すらある．同様のことは，自社製品を販売するための曲を選択している広告主にも当てはまる．広告主にとって，選択可能な曲が無数にあり，かつ大衆を苛つかせてその選択した曲の価値を低下させることのコストが大きい場合に，特定の曲を過剰利用する何の理由もないのである．多くの場合，混雑を引き起こすことは，マーケティング上のよくない判断の結果なのであって，それに対して規制を必要とすることはまれである．

　上記の議論のいずれも，パブリック・ドメインに入った作品の過剰利用が発生していないということを証明するものではない．私の直感は，広告に使われるようなパブリック・ドメインの曲に関しては，市場は信頼するに足るものであり，中央集権的な管理はその作品の過剰利用と混雑を避けるために必ずしも必要ではないというものである．Landes and Posner [2003a] の直感はおそらく逆であり，有名人の人格価値（celebrity personae）を勘案しているようである．彼らは，有名人の肖像に対して権利を与えるパブリシティ権に関する法律は，広告主などが有名人の人格価値を非効率的に利用する可能性があるという点を根拠として，正当化されると主張している．彼らが正しい可能性はある．広告に関しては，有名人の人格価値が，ずっと限定的なストックしかないのかもしれない．おそらく，ワシントンやリンカーン，フランクリンのようなパブリック・ドメインにある人格価値は過剰利用されており，価値が減少している可能性がある．しかし，パブリック・ドメインにある書籍の場合と同様に，パブリック・ドメインにある人格価値において極めて競争的で頑健な市場が存在しているならば，政策立案者や経済学者は，有名人に関する商品の生産について中央集権的な管理の必要性を断言する前に，市場の失敗に関する証拠を求める必要がある．

第5章　保護期間延長は社会厚生を高めたか：アメリカの場合　　　143

　書籍市場における混雑の問題を議論する前に，Landes and Posner［2003a］による混雑の説得的な例を見ておくことは有益であろう．彼らは商標が過剰利用されうる無体財であることを指摘している．実際に，侵害された商標の価値になされる金銭的損害の額について，会計士は頻繁に証言をしている（Smith［1997］）．例えば，服飾メーカーが"EXCELSIOR"の商標を使用してシャツを販売し，高品質の製品に対して評判を獲得しているときに，当該商標を用いて低い品質の製品を販売したメーカーは，当該商標の価値を減じるだけでなく，大衆に対する"EXCELSIOR"という用語の有効性を低くしたことになる．その侵害より前に，"EXCELSIOR"は高品質のシャツを意味していたが，それ以降はそうではない．大衆は価値ある記憶補助手段を奪われたことになる．経済学者は，商標に使用される単語のような無体財が，ある文脈では，大衆の損失となるように濫用される（misused）ことを昔から証明してきた．

　しかし，*My Antonia* その他のパブリック・ドメインにある書籍が，これと同様に，過剰利用されて価値を失ってきたとは考えにくい．商標や有名人の人格価値とは異なり，書籍が不本意な大衆の眼前に突きつけられることはない．大衆が有名人の肖像画や，至る所で耳にする歌，それに商標の濫用にうんざりする状況は想像できるが，*My Antonia* の複数の版が存在することによって，大衆がそのお話自体にうんざりするということは想像し難い．仮に消費者がマイケル・ジョーダンを用いた50種類の製品を目にしたら，人々はその顔にうんざりするだろう．ジョーダンの顔を避けるためには，テレビやラジオを消したり，ポスターの貼ってあるビルボードやモールのある市街を避ける必要がある．しかし，書籍の消費者は，50種類の *My Antonia* の1つたりとも，無理やり購入を迫られることはない．事実として，大衆がその作品の消費を強制される可能性がないならば，混雑外部性がそもそも発生していることを確認することは困難である．

　こうした理由から，Landes and Posner［2003a］と Liebowitz and Margolis［2005］が示しているような，ある作品のポルノ版がそれらの価値を減ずるのではないかという懸念は不適切なように思われる．もしミッキーマウスがパブリック・ドメインに入り，突如として成人向け映画に登場したとしても，誰もそれを見る必要がないのである[28]．悪趣味な者もいるということだけでは，この知名度

抜群のネズミの価値は減じられないだろう．実際に，シンデレラのさまざまな成人版があっても，荘厳で公共的な人格価値に対して何のダメージも与えていないようである[29]．有名作品のポルノ版は，その著作権者が満足させようとは考えていない消費者集団（marketsegment）を満足させているが，著作権者がそうした集団を満足させようと考えないのは，その作品やキャラクターの価値が減じられるからではなく，むしろその著作権者の評判が損なわれるからである．言い換えれば，ポルノ版を許容することが効率的である可能性はあるのであって，このことは著作権で保護されている作品の風刺やパロディに対して，著作権者の抵抗にもかかわらず，著作権法が伝統的に寛容であった理由を説明するものかもしれない．

　結論をいうと，無体財の市場が成長している場合において，財産権の拡張を経済学者が主張しようとするのであれば，彼らには混雑による市場の失敗が存在することを示す責務がある．一般的に，われわれは以下の3条件が満たされているときにおいてのみ，無体財市場における混雑現象が発生する可能性があると考えるべきだろう．すなわち，①消費者による当該財の消費が，消費者には容易に避けることができないこと（例，大量の広告目的の使用），②当該財の追加的な利用が，その利用者に対してなんらの評判その他のコスト（例，消費者を遠ざけるような効果）を引き起こさないこと，そして③代替財が廉価でなく，豊富でもないことである．

6. おわりに

　本章で用いられたデータは人気書籍のパブリック・ドメイン状態が，その低利用をもたらすものではないことをはっきりと示している．データセット中のパブリック・ドメインにある書籍はそうでないものに比して平均で10年程度古いものではあったが，それらは高い比率で出版状態にあり，かつより多様な出

---

28) それは消費者が騙されてない限りにおいてのことであり，騙されている事例としてはExcelsiorシャツの例のような商標侵害の事例がある．
29) ポルノ版のシンデレラに関する議論は＜http://www.coastnet.com/~greywizard/rev244.htm＞などで見ることができる．

版社からより多くの版が提供されている．最も価値のある書籍のある部分集合のみを考察したところ，そこには価格における顕著な差違が計測され，経済学者が懸念していた著作権保護期間の延長に伴う死加重損失の存在が確認された．これらの損失を相殺する上で唯一の論拠のある便益は，潜在的な混在外部性を軽減することである．書籍の場合のように（商標や有名人の人格価値とは違って）大衆が過剰消費をまったく強制されない分野では，データによって示された版の多様性が，こうした外部性をもたらすことはほとんど考えられない．

　データは総じて，パブリック・ドメインの書籍について，極めて競争的で頑健な市場が存在することを示している．映画や音楽そしてソフトウェアのような，技術がその複製コストを非常に低減しているような他の製品市場においても，非常に似通った動きが見られるものと思われる．市場の失敗の可能性はありうるが，その説明責任は明らかに競争的な市場に中央集権的な管理を持ち込もうとするグループにある．知的財産と有形財の間のアナロジーを探る趣旨のLandes and Posner [2003b] による説明に反論する上で，われわれは本章を単純な論点で締め括りたいと思う．紐やバブルガム，ダイエットソーダのような有形財の適切な供給量の決定に関して，中央集権的な単一の権限者には委ねないで，市場を信頼するのであれば，どうして *My Antonia* や黄色という色，あるいは「コーヒー」という言葉のような無体の公共財については異なる扱いをしなくてはいけないのか．もちろん，われわれはまず最初に公共財の創出を担保するため，十分な期間を有する財産権というものを必要とするが，そうした目的を越えて当該財産権の保護期間を延長するためには，市場ではそれらの創作的生産物に対する現在の消費者需要に対して適切に対応することができないということを立証する積極的な証拠が必要である．

〔訳者付記〕
　本章は，ジョージア大学ロースクールのポール・J・ヒールド教授が執筆した論文（原題：Property Rights and the Efficient Exploitation of Copyrighted Works: An Empirical Analysis of Public Domain and Copyrighted Fiction Best Sellers）を日本語に翻訳したものである．英語原文は，*Minnesota Law Review* に掲載予定であるが，本書への日本語訳の掲載の了承も得ている．なお，日本語訳の初出は，ポール・J・ヒールド著（今村哲也＝宮川大介訳）「財産権と著作権保護のある作品の効率的利用 ― パブリックドメ

インおよび著作権保護のあるベストセラー小説に関する実証研究」渋谷達紀＝竹中俊子＝高林龍編『知財年報2007 IP レポート』別冊 NBL120号（商事法務，2007年11月）249頁である．

　近時，わが国では著作権の保護期間の延長に関して，活発な議論がなされているが，これらの議論において欠けていると指摘されていた「実証研究」（empirical analysis）の成果を紹介するヒールド教授の研究は，時宜を得たものとして，延長について賛否いずれの方向性を支持するにおいても，権利者及び利用者双方の利益の調和を図った制度構築が実現されることを願う者にとっては，ひとつの有効な客観的かつ合理的な判断資料を提供しうるものであると思う．

　そうした意味でも，日本語訳の掲載を許可していただいたポール・J・ヒールド教授には，この場を借りて，改めて感謝申し上げる次第である．なお，本翻訳は，平成19年度文部科学省科学研究費補助金（若手研究 B ）「著作権の保護期間延長に関する法理論的考察」（課題番号19730095）の研究助成による研究成果の一部でもある．

参考文献

Brooks, Tim ［2004］ *Survey of Reissues of U.S. Recording,* Council on Library and Information Resources, Library of Congress:Washington, D.C.

Dickinson, Asa D. ［1953］ *The World's Best Books: Homer to Hemingway,* New York : Wilson.

Ellickson, Robert ［1993］ "Property in Land," *Yale Law Journal,* 102, pp. 1315–1398.

Hackett, Alice P. ［1967］ *70 Years of Best Sellers, 1895–1965,* New York: R. R. Bowker.

Khan, Zorina B. ［2004］ "Does Copyright Piracy Pay ? The Effects of U.S. International Copyright Laws on the Market for Books, 1790–1920," *NBER Working Paper,* 10271, pp. 1–40.

Landes, William M. and Richard A. Posner ［2003a］ "Indefinitely Renewable Copyright," *University of Chicago Law Review,* 70, pp. 471–504.

Landes, William M. and Richard A. Posner ［2003b］ *The Economic Structure of Intellectual Property Law,* Cambridge: Belknap Press of Harvard University.

Liebowitz, Stan and Stephen Margolis ［2005］ "Seventeen Famous Economists Weigh in on Copyright: The Role of Theory, Empirics, and Network Effects," *Harvard Journal of Law and Technology,* 18, pp. 435–457.

Mattfeld, Julius ［1962］ *Variety Music Cavalcade,* New Jersey: Prentice-Hall.

R. R. Bowker Company ［1966–2006］ *Books In Print,* New York: R. R. Bowker.

Smith, Gordon V. ［1997］ *Trademark Valuation,* New York: John Wiley & Sons.

Sutherland, Joan ［1995］ "The Great Copyright Disaster," *London Review of Books,* 2, January 12, pp. 2–4.

第6章　保護期間延長は映画制作を増やしたのか

田中辰雄・中　裕樹

1. 保護期間延長の創作誘因効果の実証例

　1991年から，2006年までの間に22ヵ国のOECD加盟国が著作権保護期間を延長した．基本的には，それまで著作者の死後50年間だった著作権保護期間を，著作者の死後70年間に延長した．わが国では，2004年1月に施行された著作権法の改正により，アニメ，映画，ゲームソフトなど「映像の著作物」に限り，その保護期間が公表後50年から公表後70年に延長されたが，著作物一般についての改定は2007年現在審議の過程にある．この状況下，2006年9月22日，社団法人日本文藝家協会，日本漫画家協会，日本音楽著作権協会（JASRAC）などの権利者団体16団体が，著作権の保護期間延長を求める要望書を文化庁に提出した．これは，現在「著作者の生前全期間プラス死後50年間」である著作権の保護期間を，さらに20年間延長することを求めるものである．これに対して著作権の保護期間延長には創作を促す効果はなく，パブリック・ドメインの便益を損なうだけであるという反対論が述べられている．

　延長論の最大の論拠は，保護期間延長は創作者の収益を増やし，より多くの創作物を生み出すという誘因論である[1]．しかし，保護期間延長で実際に創作が刺激されるかどうかについては疑問を呈する意見が多い．

　アカロフら17人の経済学者たち（うち5人がノーベル経済学者）は，エルド

---

[1]　これ以外の論拠としては，利用を制限した方が価値があがるという混雑効果（Landes and Posner [2003] pp. 222-225），ミッキーマウスのように継続的な投資でキャラクターの価値を維持するケース（絹川 [2006]）などがある．しかし，これらの議論を適用できる対象は限定的であり，論拠としては主役ではないだろう．

レッド事件（Eldred v. Ashcroft）で提出した意見書の中で，遠い将来の収益の割引現在価値はきわめて低く，誘因効果はほとんどないはずであると主張した（Akerlof et al.［2003］）．毎年1ドルずつ収益があがるとし，割引率を7％としたとき，保護期間が死後50年から70年まで20年間延びることによる収益の増加分は，割引現在価値にして0.33％でしかなく，この程度の増加では誘因にならないだろうというのがその論拠である．現実には，コンテンツの収益が毎年一定額ということはありえず，通常は発表初期に集中しその後次第に低下するので，誘因はさらに減少する[2]．また創作物はヒットするかどうかの不確実性が高いので投資家がより高い収益を要求する可能性があり，その場合割引率はもっと高くなり，この点からも誘因はさらに減少する．

　そして，実際に保護期間延長が創作を増やしたかどうかの実証でも，否定的な結果がいくつか出ている．例えばランデスとポズナーは，アメリカで1962,1998年の著作権の保護期間の延長がされた際に登録が増えたかどうかを調べた（Landes and Posner［2003］）．アメリカでは登録制度があり，登録していることが裁判での訴訟要件になっているので，登録数で創作物の量をある程度推測することができる．その結果，この2回の保護期間延長の際，登録数は増えてはいるものの統計的に有意ではなかったとしている．また，Khan［1998］はさらに歴史をさかのぼり，1891年のアメリカの著作権法の改正の後に，職業的作家（full-time author）が増えたという証拠はないと述べている．

　これに対し，リーボウィッツとマルゴリスは，わずかな収益増加でも，それが閾値を超えれば創作者にとっては大きな誘因になることは論理的にはありえると反論した（Liebowitz and Marlgolis［2005］）．これは単なる論理的な可能性にとどまっているので，実証のサポートを必要とする．実証例としては，著作権期間延長により著作権関連の企業の株価が上昇したという報告があるが（Baker and Cunningham［2004］），株価という間接的な指標を使っており，直接に創作が増えたという研究ではなかった．期間延長による創作意欲刺激を示す報告はあまり知られておらず，実証分析に関しては，期間延長の誘因効果にはどちらか

2）　この点は実証例がいくつかある．例えばアメリカの登録制度を基に分析した Landes and Posner［2003］，日本の書籍データを分析した田中・丹治・林［2007］を参照．いずれも将来の収益自体が全収益の数％程度にとどまるとしている．

第6章 保護期間延長は映画制作を増やしたのか　　　　149

といえば否定的な見解が多かったといってよい．先に述べた17人の著名経済学者による意見書は，このような背景から出されたと見ることができる．

　このような状況の中で，直接に保護期間延長で創作物が増えることを示す画期的な報告が現れた．Png and Wang［2006］の論文がそれである．彼らは，インターネット上の映画のデータベースを使って，OECD 諸国が著作権の保護期間を50年から70年に延長した際，それらの国の映画製作本数が増えたと主張した．推定によれば毎年の映画製作本数は保護期間延長によって8.51〜10.4％程度増加したとされる．さらに，この保護期間延長の効果は頑健であると結論づけている．Png and Wang［2006］も遠い将来の収益の割引現在価値が低いことは認めており，それにもかかわらずこのような推定結果が出た理由として，彼らは遠い将来の収益の現在価値が低いとしても，その低い価値の上昇が大きな効果を生じさせることがあるのだろうと解釈している[3]．

　この報告は，現状では保護期間延長が創作物を増やすこと直接実証した唯一の事例であり，その意味で注目に値する．ただし，現実には，日本で映画製作者へのヒアリング調査をすると，日本での保護期間の延長に伴い製作予定本数や映画への投資額を増やすつもりだという声はほとんど聞かれない．それにもかかわらず，保護期間延長で映画製作本数が増えたとすれば，意外性のある結果である．したがって，結果の頑健性を検討しておく必要がある．はたして保護期間延長で映画の製作本数は増えるというのはどれくらい頑健な結果なのだろうか．本章の目的は，Png and Wang［2006］の推定を再現し，再検討を行うことにある．彼らの用いた映画データベースはインターネット上にあり，誰でも利用可能なので同じデータを使った分析ができる．本章では彼らのデータを再現し，保護期間延長の効果を再度推定した．その結果，保護期間延長の効果は推定式の形によるところが大きく，より当てはまりの良い推定式，また国の規模効果を考慮した推定式では，保護期間延長の効果はほとんど検出できなかった．すなわち，Png and Wang［2006］の推定結果は頑健とはいえない．

---

[3]　なお，映画においては比較的昔の作品の商業価値が維持されているという指摘もある（Rappaport［1998］）．

2. 利用する映画データベース

本章では OECD 加盟30カ国の1991年から2006年までのパネルデータを利用し，保護期間延長の効果について分析する．推定式は以下のようになる．

$$\text{映画製作数}_{it} = \text{著作権保護期間延長ダミー}_{it} + \text{その他の変数}_{it}$$

ここで，i は OECD 30カ国，t は1991年から2006年の年次を示す．

被説明変数の映画製作数とは，次節で説明を行う共作数を調整した映画製作数である．著作権保護期間延長ダミーとは，その国で著作権保護期間を延長していれば1，していなければ0をとるダミー変数である．その他の変数は，映画製作数に影響を与えると考えられる変数であり，本章では，Png and Wang [2006] にならい，GDP，人口，長期実質利子率を使用した．

映画に関するデータベースとしては，amazon.com による the Internet Movie Database ("IMDb") と Film Index International が存在している．IMDb は，映画をはじめテレビ・ビデオなどさまざまな映像作品についてのデータを取り扱っている．Film Index International は映画のみを扱っており，IMDb のデータとほぼ一致している．本章の映画製作数のデータは IMDb から集計した．IMDb は「地球上で最も大きい映画のデータベース」と自ら宣言している．IMDb は一般向けの "IMDb" とプレミアム会員向けの "IMDbPro" に分けられていて，IMDbPro の検索では video games と short films を取り除くことができ，より正確な検索結果を得られると考えられるので，こちらのデータを利用した．以下，データについて詳述する．

近年グローバル化の影響により，映画の製作においても国境を越えた共作が増えてきている．図6.1は映画共作数の推移のグラフである．これを見ても，映画共作数が増加している傾向を読み取ることができる．Png and Wang [2006] はこの共作を考慮して映画数をカウントしており，われわれもこれに従う．共作数の集計は，IMDbPro において国ごとに検索し，製作年度とタイトルが一致するものをリストアップし，そのうえで製作本数は等分して割り振った．例えば，ある映画が4つの国の共作である場合は，それぞれの国が0.25本だけ映画

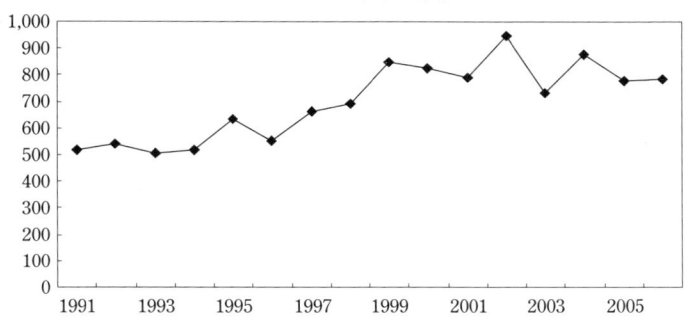

第6章　保護期間延長は映画制作を増やしたのか　　　　　　　　151

図6.1　映画共作数の推移

を製作したとして計算した．

以下の表6.1は集計した映画製作数の記述統計である．集計した期間は1991年から2006年である．

表6.1　各国の映画製作数の記述統計

	平均	最大値	最小値	標準偏差
映画製作数	89.7	1477	1	179.3
共作を除外した映画製作数	66.0	1328	0	154.1
共作調整済み映画製作数	75.9	1396.3	0.33	165.2

上記のデータは集計期間が1991年から2006年である．Png and Wang [2006]の論文は分析期間が1991年から2002年で最後の4年が欠けるので，それに対応させた映画製作数の記述統計は表6.2の通りである．

表6.2　映画製作数の記述統計（1991年から2002年に限定）

	平均	最大値	最小値	標準偏差
映画数	91.7	1085	1	172.0
共作を除外した映画製作数	66.7	924	1	145.6
共作調整済み映画製作数	77.2	997.9	1	157.3

以上のようにデータを限定して比較すると，Png and Wang [2006] とほぼ同じデータを取得していることが確認される．したがって，本章で利用している映画製作数は先行論文とほぼ同じデータである．

人口，GDP，長期実質利子率など映画製作数に影響を与えると考えられる制

御変数はOECDのデータベースから取得した．また，OECDの国の中にはこの期間に著作権保護期間を延長していない国も存在するが，映画製作関数の推定精度をあげるため計測対象に追加した

3. これまでの研究との整合性

先行論文では，OECD諸国の中から26カ国を選び，1991年から2002年のデータを分析しており，われわれのデータよりカバレッジが少ない．本節ではデータの範囲をこの先行論文の国・期間に限定し，同様の推定をして先行論文の再現を行う．以下変数の説明を行う．

被説明変数
    映画製作数：共作を調整した映画製作数　単位：本
説明変数
    Law　　：著作権保護期間延長ダミー
          著作権保護期間を延長していれば1，していなければ0のダミー変数である．この変数の有意性，符号が関心の対象である．著作権保護期間延長が映画創作を刺激したとすれば，この変数が正に有意になるはずである．保護期間延長時期の確定についてはPng and Wang [2006] の論文にある表をそのまま採用した．
    PGDP　：1人当たりのGDP（＋）
          豊かさの指標と考えることができ，豊かであるほど映画の製作数は増えると考えれば，期待される符合はプラスである．
    POP　　：人口（＋）単位：1000人
          人口が多いほど，映画を見る人が増え，映画製作数が増加すると考えられるため，期待される符合はプラスである．
    Time　 ：タイムトレンド変数
          時間トレンドの意味ははっきりしないが，先行論文では，期待される符号はマイナスであると考えられている．

Png and Wang［2006］に合わせた回帰結果は表6.3の通りである．推定はパネル回帰で固定効果モデルである．

表6.3　Png and Wang［2006］の分析結果の再現

変数	推定係数	t 値
LAW	7.25	2.20 **
PGDP	5.03	6.19 ***
POP	0.012	29.2 ***
TIME	−5.34	−6.56 ***
R^2		0.98983
調整済み R^2		0.98877

注：＊＊＊1％水準，＊＊5％水準有意，＊10％水準有意（以下同じ）．
　　推定はパネル回帰，固定効果モデル．

　先行論文の結果（Png and Wang［2006］p. 26, Table 4 の (a)）と本章の結果を比較すると，それぞれの変数の係数の大きさがほぼ一致しており，変数の有意性も一致している．著作権保護期間延長ダミーである Law は正に有意である．Law の係数より保護期間延長により映画製作本数が7.25本増える．共作数を調整した映画製作数の平均は77.2本であるので，保護期間延長は約9.39％（＝7.25/77.2）映画製作数を増加させることになる．

　Png and Wang［2006］は，この結果の頑健性を確認するにあたり，次の作業を行っている．①特定の国を1つずつ排除しても変わらない，②政府による補助金の効果を入れても変わらない，③ EU 統合効果の代理変数として R&D を入れても変わらない．よって結果は頑健であるとしている．

　本章で検討したいのは，そもそも統計的に見て上の推定式の変数選択でよいかという問題である．映画製作数は，国の規模の影響が大きく，ばらつきも大きい．この推定式はばらつきを十分考慮しているだろうか．また，タイムトレンド変数を入れる意味がはっきりしない．以下，変数選択の頑健性について検討する．

　なお，Png and Wang［2006］は OECD 26カ国の分析であり，30カ国すべてではない．彼らの分析では，アイスランド，ノルウェー，メキシコ，ルクセンブルグが取り除かれている．また，推定期間が2002年までになっている．本章では用いるデータは OECD 30カ国すべてで，かつ2006年までのデータであり，よ

りカバレッジが広くなっている．なお，以下の推定でデータのカバレッジを Png and Wang [2006] と揃えても結果の大勢は変わらない．一般論としてはデータカバレッジは大きい方が望ましいと思われるので，以下ではこの拡張したサンプルを用いる

4. 推定結果は頑健か

まず，OECD 30カ国に拡張し，年度を1991年から2006年に拡張したうえで，Png and Wang [2006] と同じ形の推定式を推定する．表6.4の(a)がそれである．データが増えたため係数は微妙に異なるが，ほぼ似た値が得られている．保護期間延長ダミーの t 値は2をわずかに超えており有意である．

しかし，ここでタイムトレンドを取り除くと t 値はかなり低下する（(b)式）．また，この回帰式は国の規模効果を人口で制御し，豊かさの効果を1人当たりGDP で制御しているが，1 人当たり GDP は係数が有意にならない．回帰式としては人口と GDP を独立の変数にして回帰した方が，両方の変数が有意となり，また決定係数が上昇してあてはまりがよくなる．表6.4の(c)式がそれで，決定係数はわずかながら上昇している．そして，このとき保護期間延長の効果は有意ではなくなる．さらにこの式から時間トレンドをはずすと有意性は一段と低下する（(d)式）．

表6.4 保護期間延長効果の効果：被説明変数は映画製作本数

変数	(a) 係数	t値	(b) 係数	t値	(c) 係数	t値	(d) 係数	t値
LAW	7.887	2.038 **	6.033	1.670 *	5.154	1.408	2.106	0.614
POP	12.863	32.645 ***	12.798	32.697 ***	3.687	2.458 **	4.614	3.173 ***
PGDP	0.705	1.575	0.252	0.866				
GDP					0.065	6.325 ***	0.057	5.860 ***
R	1.043	1.135	1.447	1.665 *	0.229	0.265	1.609	2.556 **
TIME	−0.855	−1.331			−0.964	−2.297 *		
R^2	0.988		0.988		0.990		0.989	

注：推定はパネル回帰，固定効果モデル．

変数の組み合わせを変えたときの効果をまとめて見るために，人口（POP），

所得（GDP），1人当たり所得（PGDP），時間トレンド（TIME）のすべての組み合わせについて回帰を行った．ただし，国の規模の効果は必須なので人口POPと所得GDPのどちらかは必ず式に含むようにした．式の数は12本となる．保護期間延長の効果のt値と決定係数が12個得られるので，それをプロットしたのが図6.2である．横軸に決定係数をとり，縦軸に延長効果の係数のt値を描いてある．

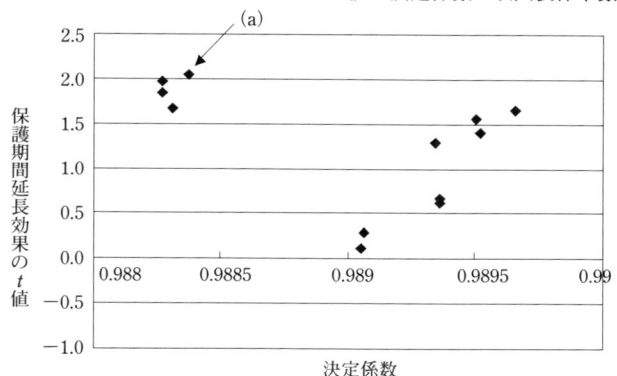

図6.2 保護期間延長効果の係数のt値と決定係数：映画製作本数

Png and Wang［2006］と同じ結果が得られるのは図6.2の(a)の点である．それ以外の組み合わせではt値が低下し，特に決定係数がより高い組み合わせでは，すべて有意ではなくなっている．延長効果の有意性は変数の組み合わせに関して頑健とはいいにくい．

そもそも製作本数の分布はひどくばらつきが大きく，いわば"癖"がある．図6.3(a)は縦軸に製作本数を，横軸に人口をとったときの散布図である．人口は変動が少ないためにデータは各国別にグループをなし，1つの国についてはほぼ垂直方向に並んでいる．このグラフから非常にばらつきが大きいことがわかるだろう．GDPについても同様であり，図6.3(b)は横軸にGDPをとった場合で，やはりばらつきは極端に大きい．回帰分析の常としてなんらかの基準化を行うのが筋である．なお，表6.4では利子率の係数が一貫してプラスであり

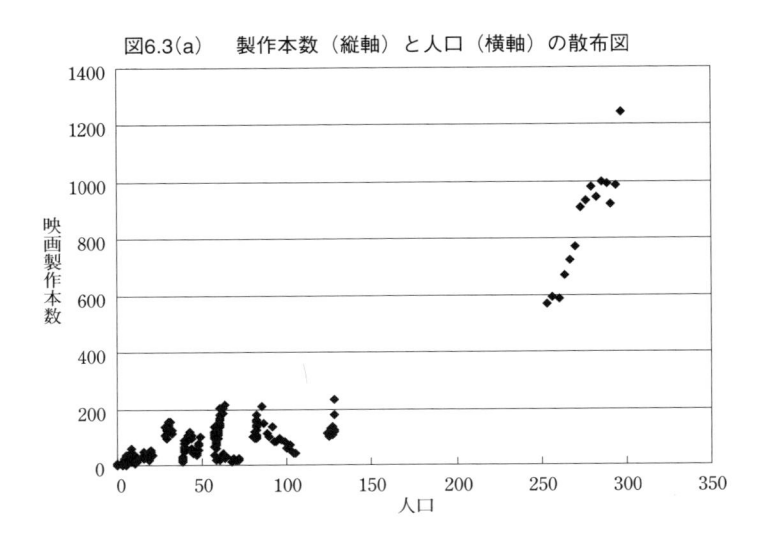

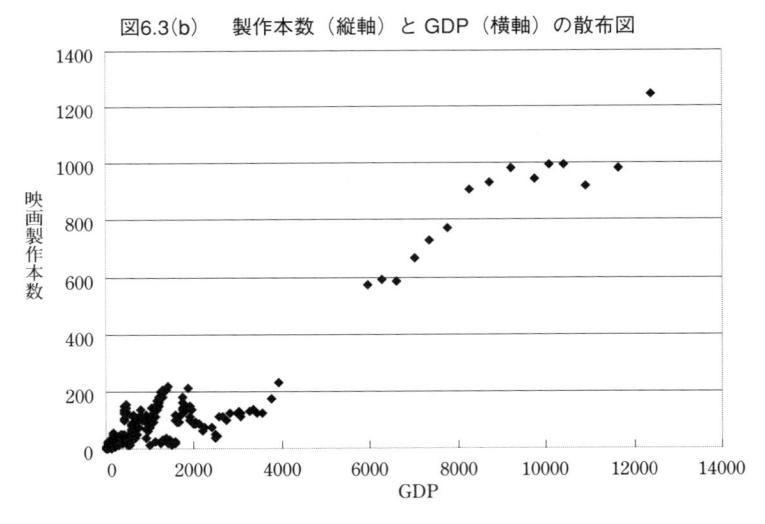

図6.3(a)　製作本数（縦軸）と人口（横軸）の散布図

図6.3(b)　製作本数（縦軸）とGDP（横軸）の散布図

（有意なこともある），理論に反しているという問題もある．全体として表6.4の定式化は改善の余地がある．

　規模を基準化する方法として自然なのは，被説明変数を人口1人当たりの映

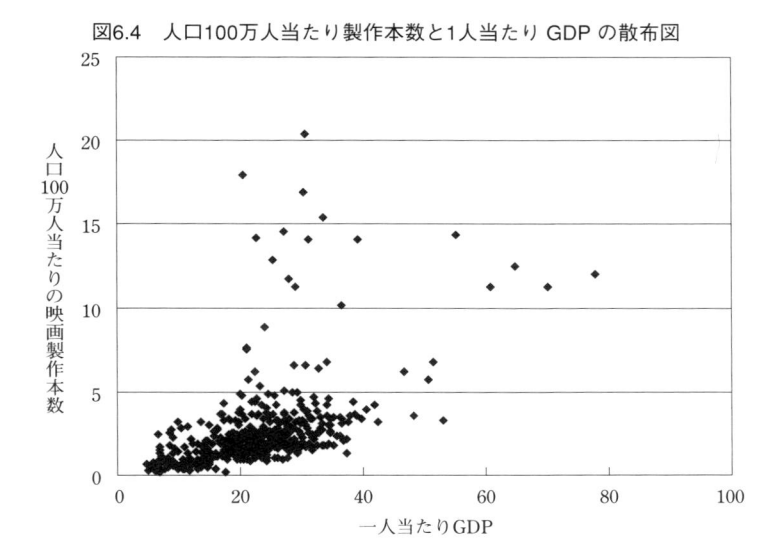

第6章　保護期間延長は映画制作を増やしたのか　　　157

図6.4　人口100万人当たり製作本数と1人当たり GDP の散布図

（縦軸：人口100万人当たりの映画製作本数，横軸：一人当たりGDP）

画製作本数にする方法である．この場合，主たる説明変数も，国の規模によるばらつきの効果のない1人当たり所得 PGDP になるのが自然である．図6.4が，人口100万人当たりに直したときの散布図である．まだ不均一分散が見られるが，よく見られる比較的自然な分布になっている．Png and Wang［2006］も折れ線グラフで製作本数の推移を比較するときは，人口当たりの製作本数に直している（Png and Wang［2006］, p. 30, Figure 2）．

そこで，被説明変数を人口100万人当たり映画製作本数に直して，表6.4と同じ説明変数での回帰を行ってみよう．表6.5がその結果である．これを見ると保護期間延長を表す LAW の係数は1つも有意にならず，2つのケースでは値がマイナスになる．一貫して有意になるのは予想通り，1人当たり所得水準である．利子率の係数が少なくとも正に有意にはならない点は表6.4より望ましい．

図6.5は，図6.2と同じく，変数の組み合わせを変えて，期間延長の係数の t 値とそのとき決定係数の値をプロットしたものである．t 値は2を超えることは無く，有意になるものは1つもなく，さらに1/3程度は値が負になる．このように映画製作本数を人口で基準化すると，保護期間延長の効果は検出できな

表6.5 保護期間延長効果の効果：被説明変数は人口100万当たりの映画製作本数

変数	係数	t値	係数	t値	係数	t値	係数	t値
LAW	0.226	0.969	−0.117	−0.527	0.224	0.958	−0.102	−0.453
POP	0.006	0.249	−0.006	−0.255				
GDP					0.000	0.283	0.000	−0.483
PGDP	0.174	6.446 ***	0.090	5.025 ***	0.174	6.452 ***	0.091	5.041 ***
R	−0.068	−1.227	0.007	0.126	−0.069	−1.233	0.007	0.136
TIME	−0.158	−4.088 ***			−0.159	−4.069 ***		
R^2	0.822		0.814		0.822		0.814	

注：推定はパネル回帰，固定効果モデル．

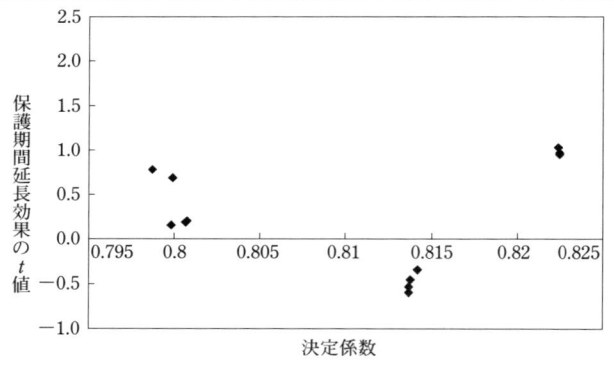

図6.5 保護期間延長効果の係数のt値と決定係数：人口100万人当たり映画製作本数

くなる．

図6.2と図6.5を比べると，Png and Wang［2006］の推定結果である(a)は例外的となる．より当てはまりの良い推定式，あるいは映画製作本数を人口当たりで基準化した推定式では，延長効果は検出されない．全体としては，期間延長の効果は頑健とはいえない

5. おわりに

本章では，著作権保護期間延長が映画創作を刺激するのかということについてIMDbから集計したデータを用いて検討した．OECD 30カ国，1991年から2006

年のデータを分析したところ，Png and Wang［2006］が導いた保護期間延長は映画製作数を増やすという結果は，頑健とはいえなかった．より当てはまりのよい式や製作本数を人口で割って基準化した回帰式では，保護期間延長の効果は見出せないからである．したがって，著作権保護期間延長をすることで，創作者にとって新たな創造の意欲が高まり，映画製作数が増加するという命題の論拠はまだ得られていないと考えるべきである．

参考文献

絹川真哉［2006］「メディア・コンテンツの最適著作権期間：ガンダム・アプローチ」富士通総研研究レポートNo. 274.
　　http://jp.fujitsu.com/group/fri/downloads/report/research/2006/no274.pdf
田中辰雄・林紘一郎・丹治吉順［2007］「著作権保護期間延長問題についての経済的考察」日本知財学会，1C5.
Brief of George A. Akerlof et al.［2003］as Amici Curiae in Support of Petitioners at 12, Eldred v. Aschcroft, 537 u.s. 186（2003）No.01-618.
Baker, Matthew J. and Brendan M. Cunningham［2004］"Court Decision and Equity Markets : Estimating the Value of Copyright Protection," *Journal of Law and Economics.*
Khan, B. Zorina［2004］"Does Copyright Piracy Pay? The Effect of U. S. International Copyright Laws on the Market for Books, 1790-1920," National Bureau of Economic Research, Working Paper 10271.
Landes, William M. and Richard A. Posner［2003］"The Optimal Duration of Copyrights and Trademarks," in Landes and Posner, *The Economic Structure of Intellectual Property Law,* Belknap.
Liebowitz, Stan J. and Stephen E. Margolis［2005］"Seventeen Famous Economists Weigh in on Copyright : The Role of Theory, Empirics, and Network Effects," *Harvard Journal of Law & Technology,* Vol. 18, No. 2, Spring, pp.435-457.
Png, I. P. L. and Qiu-hong Wang［2006］"Copyright Duration and the Supply of Creative Work," Department of Information Systems, National University of Singapore, April.
Rappaport, Edward［1998］"Copyright Term Extension: Estimating the Economic Values," Washington, DC: Congressional Research Service, May 11.

第7章　EU・アメリカはなぜ保護期間を延長したか

酒井　麻千子

1. はじめに

　最近，日本では著作権に関するさまざまな議論がなされている．その中でも世間の注目を集めているものの1つに，文部科学省文化審議会においてなされている著作権保護期間延長に関する議論がある．

　日本においては，映画の著作物を除いた[1]著作物の保護期間は，1970年の著作権法全面改正[2]による著作者の死後50年までの保護期間の延長以来現在に至るまで変更されていない．1970年の法改正で，ベルヌ条約第7条[3]で定められた，著作者の死後50年の保護期間を定めたためである．これに対して，1990年代を通じEU及びアメリカ合衆国において相次いで著作権の保護期間を著作者の死後70年に延長する法改正がなされた．また，アメリカ合衆国政府のいわゆる「年次改革要望書（U.S. Govermnent [2002-2006]）」[4]によって，日本も著作権の保護期間を著作者の死後70年にするべきという要望が2002年以降毎年出されている．

　こうした状況を踏まえ，日本国内でも著作権の保護期間延長問題に対する関心が高まってきている．2005年1月24日，文部科学省の諮問機関である文化審

---

1)　映画の著作物に関しては，2004年1月1日より公表後70年の保護期間延長がすでになされている．
2)　著作権法全面改正の遅れにより，旧著作権法（1899年7月15日施行）で規定された著作者の死後30年という保護期間から，1862年より4回に分けて暫定延長がなされている．
3)　1948年ベルヌ条約ブリュッセル会議において，著作権の保護期間を著作者の死後50年とすることを基準として設けている．
4)　正式名称は「日米規制改革および競争政策イニシアティブに基づく日本国政府への米国政府要望書」．

議会著作権分科会において，著作権保護期間延長問題が「著作権法に関する今後の検討課題」として取り上げられた．以降審議を重ねる中で，権利者団体からの要望以外に利用者などからの声明も出されている．2006年11月8日には劇作家，法律家，学者など64名（発足時）を発起人として，「著作権保護期間の延長問題を考えるフォーラム」[5]（発足時の名称は「著作権保護期間の延長問題を考える国民会議」）が発足した．最近では各種メディアで審議会やフォーラム及びその他の活動が取り上げられ，著作権の保護期間延長問題は国民的議論にまで発展してきたと思われる．

さて，著作権の保護期間を延長する根拠の1つに，「ヨーロッパ諸国やアメリカ合衆国が延長しているから」というものがある．確かにベルヌ条約加盟国の約半分が著作者の死後70年に保護期間を延長したこともあり，国際協調の点からも非常に重要であるとされている．

しかし，例えば1998年に保護期間を延長したアメリカ合衆国では，後述するように，当時から現在に至るまで保護期間延長に批判的な議論がなされている．EUにおいても，著作隣接権の保護期間延長に対する最近の動向について，延長に消極的な議論がなされている．

保護期間延長の流れの嚆矢を放ったこれらの国々において，なぜ保護期間延長に関する議論が今なお続けられているのか．また，これらの国々ではどのような理由を根拠として保護期間延長を決定したのだろうか．本章はこのような問題を考える手がかりとして，EUにおいて法改正へ向けて当時なされていた議論とアメリカ合衆国での議論を取り上げ，検討，分析することとしたい[6]．

2．EUの動向

EUの保護期間延長に向けての準備は，1988年6月7日に公表された「著作権および技術的課題に関するグリーン・ペーパー」をもって開始した．このグ

---

5) http://thinkcopyright.org/
6) 本章は，筆者が2007年10月12日の「著作権保護期間延長問題を考えるフォーラム」第3回シンポジウムにて発表したワーキングペーパーの内容をまとめ直し，アメリカ合衆国での審議の部分を追加したものである．

リーン・ペーパーの発表から約5年かけて，最終的に1993年10月29日「著作権と一部の関連する権利の保護期間の調和に関する理事会指令」が出された．この指令が事実上加盟国に著作権保護期間延長を義務付けたものである[7]．

本節では，EUにおける保護期間延長の議論をまとめる．まず，EUにおける立法手続きを簡単に説明し（2.1項），著作権保護期間延長に関する公的機関での審議の流れを追う（2.2項）．そして，審議会及び学説での議論をまとめ（2.3項），延長後の現在，議論されている問題について紹介する（2.4項）．

2.1 EUにおける立法手続について

EUにおける立法手続は，日本におけるそれとは異なる点が多く存在する．本項では，EUにおける立法手続を，今回の著作権保護期間延長の場合に即して追うことにする．今回の著作権保護期間延長に関する指令は，当時のEC条約第100条a（現在は第95条）の規定[8]により，共同手続によって作られた．なお，議論がなされていた当時，EUは欧州連合（EU）ではなく欧州共同体（ECs）であり公式機関の名称が現在と若干異なるため，当時の名称を用いることとする[9]．

まず，欧州共同体コミッション（the Commission of the European Communities，以下コミッション）[10]が法案を作成し，欧州議会（the European Parliament）[11]及び欧州共同体理事会（the council of the European Communities，以下理事会）[12]に提案する．同時に，EC条約100条aの規定により，コミッションは経済社会評議会[13]に諮問を行う．経済社会評議会では，法案を審議して評議会の意見をコミ

---

[7] 理事会指令はEC加盟各国に対して関連する国内法の整備を求めるものであり，強制力がある．加盟国は指令の趣旨・目的を考慮し，国内法を整備する必要がある（EC条約第249条）．
[8] この規定は，市場統合に関する規定である．著作権保護期間延長に関する指令は，市場統合に関わる分野とされた．また，コミッションに対し，経済社会評議会に諮問を行うことを義務付けていた．
[9] EUは，いわゆる欧州共同体（European Communities）から新しくできたものではなく，広義においては欧州共同体の機能の他に新たに安全保障政策や警察・司法協力の枠組を（別の柱として）加えたものである．したがって，現在のEUの中にもECsの機能は残っていることに注意が必要である．
[10] ECsの管理・運営をつかさどる執行機関である．政策立案や規則・指令・EC法の提案を行い，政策の施行も行う．法案を作るにあたり，まずコミッションが提案を行わないと始まらない．
[11] 市民を代表する機関である．1987年の単一欧州議定書において権限が強化された．
[12] ECsの主たる意思決定機関であり，かつ政策について最終決定権を行使できる立法機関である．
[13] EC理事会とコミッションの諮問機関である．

ッションに送付する.

次に，欧州議会では第一読会を行い，法案を審議して欧州議会としての意見を理事会に送付する．修正案を出すことも可能である．議会からの修正案を受け，コミッションでは修正案を作成し，欧州議会及び理事会に提案する．

これを受けて理事会では，欧州議会の意見及びコミッションの修正案を考慮し，「共通の立場」を採択して欧州議会に通知する．欧州議会では第二読会を行い，理事会の「共通の立場」を審議し，理事会に通知する．

そして，理事会では欧州議会の審議結果を受けて法案の採択を行い，法案は成立する．

2.2 審議の流れ

EUにおける保護期間延長の経緯を簡単に表にまとめると表7.1のようになる.

表7.1 EC公的機関での保護期間延長の経緯

1988年6月7日	Green Paper on Copyright and the Challenge of Technology	Commission of the European Communities
1989年1月25日	Opinion on the Green Paper	Economic and Social Committee
1991年1月17日	Follow-up to the Green Paper	Commission of the European Communities
1992年3月23日	Proposal for a Council Directive	Commission of the European Communities
1992年7月1日	Opinion on the Proporsal for a Council Directive	Economic and Social Committee
1992年11月4日	REPORT on the Commission Proposal for a Council Directive	Committee on Legal Affairs and Citizens' Rights
1992年11月17日	Opinion on the Proporsal for a Council Directive	European Parliament
1993年	Amended Proposal	Commission of the European Communities
1993年10月27日	Dicision of the Amended Proporsal for a Council Directive	European Parliament
1993年10月29日	Council Directive	The Council of the European Communities

グリーン・ペーパー（1988年）と関連意見

1988年6月7日，コミッションは「著作権及び技術的課題に関するグリーン・ペーパー」(Commission of the European Communities [1988]) を公表した．このグリーン・ペーパー[14]においては，域内市場の完成[15]に向けて必要な著作権上の課題及びEC委員会の見解が示された．この中で示された，著作権にお

けるコミッションの関心分野は次の4点である．
 (1) 競争の歪みやモノ・サービスの自由な移動の障害を取り除くことで，域内市場が適切に働くようにする
 (2) 特にメディア産業・情報産業において，共同体内の経済競争力を改善する
 (3) 共同体外のヒトや企業による創作物の過剰な利用や投資の濫用と戦う
 (4) 正当な競争を乱すような著作権の過度な保護をコントロールし，不当に広範囲・期間の長い著作権の独占を避ける

この4点を踏まえ，近い将来域内共通市場ができるまでに包括的な著作権の調和が必要になるので，1992年末までに著作権の調和に向けての作業を行うべきであると主張した[16]．

このグリーン・ペーパーに対し，コミッションの諮問機関である経済社会評議会は1989年1月25日に意見書を採択した（Economic and Social Committee [1989]）．この意見書の中で経済社会評議会は，特にグリーン・ペーパーが，①複写複製②著作権の内容の統一の欠如，③著作権保護期間が重要な事項であるのにもかかわらず扱っていないことを指摘し[17]，コミッションは保護期間について検討し，保護期間の調和のための解決策を提出すべきであると主張した．

---

14) グリーン・ペーパーとは，まだ規定が制定されていない特定の分野に焦点を当てて EC 委員会が作成した文書のことである．直接的な政策提案などを行うものではなく，問題を提起し，広く関係者に課題認識と討論を促すものである．
15) 域内市場の完成というタームが出てくる理由としては，1986年2年調印，1987年発効の「単一欧州議定書」の制定が挙げられる．この「単一欧州議定書」は，欧州統合の行き詰まりと「欧州悲観主義（ユーロペシミズム）」と呼ばれる経済不安を打開するために EC 委員会が作成した「域内市場白書」を踏まえて制定されたもの．単一欧州市場と欧州政治協力の2点がポイントである．単一市場成立の目標期限は1992年と定められた．もちろん著作権分野も例外ではなく，単一市場を完成させるよう動くことがそれ以降の EC 内での目標となった．
16) 4点の関心分野を踏まえて述べられた意見に関しては，海賊版や家庭内複製についての意見等で，保護期間に関する論点は全く触れられていない．一方で，保護期間の調和に触れなかったことに対しては利益団体や，学会のみならず，裁判所による判決文からも非難を受けている（Silke von Lewinski [1992], at 786）．保護期間に関する議論が正式に登場するのは，1991年 EC 委員会による「グリーン・ペーパーへのフォローアップ」においてである．
17) 経済社会評議会は，域内の著作権の内容／期間の不統一が問題であるとし，保護期間の調和が域内市場のためにも必要であると主張した．

グリーン・ペーパーへのフォローアップ（1991年）

グリーン・ペーパーが出されて2年後の1991年1月17日，コミッションはグリーン・ペーパーへのフォローアップを提出した（Commission of the European Communities［1991］）．

このフォローアップにおいては，第1に，コミッションの著作権に対する立場を明確にした．著作権は知的創作の基礎であり，著作権を守ることは創作性の維持と発展を確保し，著作者のみならず文化産業や消費者，そして最終的には社会全体の利益になると主張した．そして，最近の技術の進歩によるモノ・サービスの変化（内容／利用方法の変化・流通の国際化）から著作者の利益を守り，1993年に迫った域内共通市場の形成を円滑に行うため，著作権は強化し，その保護は可能な限り広範囲にすべきであるとした．

第2に，保護期間についての立場を表明した[18]．国際条約で定める保護期間はミニマムな保護期間であるため，共同体の加盟国の中にはそれよりも長い保護期間を定めている国がいくつか存在することを挙げ，その結果保護期間が国ごとに異なり，モノやサービスの自由な流通を阻害し競争に歪みを生じさせる原因であることを指摘している．その上で，コミッションは以下の4つの原則を提案した．

(1) 保護期間の調和は完全に行うべきである．すなわち，保護期間をすべての国で同時に始まり終わるように決定するべきである．

(2) 保護期間は著作者や権利者にとって高いレベルの保護を与えるように制

---

18) 前述したように，1990年代になって初めて保護期間という論点が公式の議論の場に上がった．理由としては，各界からの批判を受けたことはもちろんであるが，1989年1月24日にEC裁判所（ECJ, The Court of Justice of the European Communities）から出されたパトリシア事件の判決の影響が強いと思われる．パトリシア事件について簡潔に記すと，①本件レコードの複製物が販売された時点で，ドイツにおいてはレコード製作者の権利は存続していたがデンマークでは消滅していた．②このような状況で，ドイツのレコード製作者の権利に基づく差し止め請求はEEC条約第30条（量的規制の禁止）に抵触するかが争われた．③先決的判決の中で，差し止め請求は第30条に抵触しないという判断がなされた．

この判決文においてEC裁判所は，このような問題が起こるのはEC加盟国内で保護期間（保護期間自体も保護期間満了の起算点も）が異なるからである．保護期間の差異は加盟国間の貿易を阻害する結果となり問題である，と指摘した．

この判決を受けて，EC委員会内部で保護期間の調和が市場統一を促進させるという意識ができたと思われる．パトリシア事件について，Case 341/87 EMI Electrola GmbH v. Patricia Im-und Export and Others（1989），ECR, at 79-98.

定すべきである．これは，国際条約で定められたミニマムな保護期間よりも長くなる可能性があることを意味する．
(3) 保護期間の調和は現に存在する各国の法律で与えられた権利を侵害してはならない．すでに運用されている保護期間が指令で定める期間よりも長い場合は，保護期間の減少を避けるために移行措置を導入することが望ましい．
(4) 委員会指令は著作権と著作隣接権の微妙なバランスを守るように努める必要がある．過度に複雑になるのを避けるためである．

理事会指令の提案（1992年）と関連意見

1993年3月23日，公表したフォローアップをもとに，コミッションは「著作権と一部の関連する権利の保護期間の調和に関する理事会指令の提案 (Commission of the European Communities [1992])」を理事会及び欧州議会に提出した．この理事会指令の提案の中では以下の内容が述べられている．

まず提案の趣旨説明として，著作権の保護期間は知的財産権の重要な要素であるにもかかわらず，単一の保護期間を設定していないことで，ECの加盟国の中で保護期間の不一致を引き起こしていることを指摘し，保護期間の不一致は貿易の障壁を作ってしまい，競争に歪みをもたらすので，保護期間の不一致を取り除く必要があるとした．

次に，「一般的検討」という項目の中では，EC加盟国間及び非加盟国の保護期間の比較を行い，国際条約では保護期間の最低基準を定めているだけであるので，加盟国の中でも保護期間がバラバラであることを示した．また，1989年のパトリシア事件の判決文を引用[19]し，域内市場を完成させるためには保護期間の調和が不可欠であると述べた[20]．

さらに，「法的枠組みと調和の選択肢」[21]という項目の中では，さまざまな理由から，長い保護期間に揃える形での調和の方向性で法的枠組みを考えるべきであるとした．その理由として特に強く主張していると思われるものは，域

---

19) 前掲注18) 参照．
20) Id., at 4-13.
21) COM (92) 33 final, op.cit., at 16-31.

第7章　EU・アメリカはなぜ保護期間を延長したか　　167

内市場の完成という最も重要な政治的目標を完璧に遂行するため，というものである．すなわち，もし保護期間を短い方に合わせる場合，現在長い保護期間を規定しているいくつかの加盟国に対して移行措置を設ける必要があるが，そうすると21世紀半ば頃まで保護期間が完全に統一されず，域内市場の完成という最も重要な政治的目標に反する結果になるため，長い保護期間に合わせた方がよいと考えたのである[22]．この理由以外にもさまざまな理由をコミッションは示している[23]．

　コミッションは，この理事会指令の提案について経済社会評議会に諮問を行った．これを受けて，経済社会評議会では，保護期間を調和するというEC委員会の提案には賛成であるが，原則的に保護期間を著作者の死後50年で調和すべきという内容の意見書を賛成多数により採択した (Economic and Social Committee [1992])[24]．ベルヌ条約加盟国の90％は著作者の死後50年という基準を採用しており，国際合意につながりやすいこと，移行措置の導入はそれほど難しくないこと等が理由である．ただし，意見の相違があっても，とにかく保護期間を調和することが第1であると最後に記した．

欧州議会第一読会における審議（1992年）

　欧州議会では，本会議における審議の前に，関連すると思われる委員会に指令や法案を付託し，そこでの報告書を踏まえた上で審議を行う（第一読会）．今回は，法務及び市民の権利に関する委員会に指令を付託し，審査報告書を提出

---

22)　この部分について，EC委員会の提案書では2つの事例を紹介している．
　　1つ目はドイツのパフォーマーに対する保護期間を著作者の死後50年→公表後25年にしたときの措置として新法が効力を発する前に存在する著作権にも遡及適用した場合，法の一般原則に反するとして違憲判決が出ている．GRUR 1972, vol.8, at 941 et seq.
　　2つ目はスペインの著作権保護期間を著作者の死後80年→著作者の死後60年にしたときの措置として，新法が効力を発する前に亡くなった著作者には旧法を適用するという移行措置を導入したものである．そして，仮にスペインの場合と同様の移行措置を行った場合，最大20年間も保護期間に差が生じるため複雑になる，という意見を述べている．
23)　ベルヌ条約で定められた著作者の死後50年という基準は，著作者＋その子孫2代までを保護するものであり，現在平均寿命が延びているため，保護期間もそれにあわせて延長する必要があるとする理由や，権利の割り当て交渉などで著作者の立場を有利にしてくれるため，生前の著作者や権利者の報酬が増え，著作者の保護のレベルを高めることができるという理由などが挙げられている．
24)　賛成は「多数」，反対が17，棄権が6と記されている．

させた (Committee on Legal Affairs and Citizens' Rights [1992]). また, 審査報告書に対し, 経済金融産業委員会及び文化少年教育メディア委員会からの意見書も提出されている[25].

法務及び市民の権利に関する委員会の審査報告書においては, 理事会指令に対する14の修正案が出された[26]. 保護期間との関連で重要なのは, 指令の遡及適用を認めた第12修正案である. すなわち, 指令が適用されていたら1993年12月31日の段階で消滅していなかっただろう著作権及び関連する権利についても指令を適用する, というものである.

経済金融産業委員会の意見書では, 経済社会評議会が表明した, 保護期間を著作者の死後50年までに統一することで域内調和させる提案を真剣に考慮すべきであり, 結果的に100年を超える保護期間は適切でないと主張されている. 文化少年教育メディア委員会は, 審査報告書を支持するという内容の意見書を提出した.

これを受けて, 欧州議会では1992年11月17日に審査報告書の審査を行った後, 19日に審査報告書に若干の訂正を加えた立法決議案の採択を行った (European Parliament [1992]). 議論は映画の著作物の著作者をめぐってのものが中心で, 保護期間の調和に関する発言をする議員は非常に少なかった[27].

その後の審議

欧州議会の立法決議案を受けて, 1993年1月, コミッションは理事会指令の修正提案を理事会及び欧州議会に提出した (Commission of the European Communities [1993]). 理事会指令の修正提案について, 理事会では同年9月に「共通の立

---

25) 法務及び市民の権利に関する委員会の審査報告書の中に添付されている.
26) この他には, 視聴覚の著作物の著作者を映画監督等に限定するという, 欧州議会で最も議論された第3修正案や, すでにパブリック・ドメインに置かれた著作物を合法に流通経路に乗せた場合, その時点から25年間の保護期間を与える第9修正案等が代表的である.
27) 議論の中で保護期間に関する発言をしたのはたった2名である. ホッペンステッド (Hoppenstedt) 氏は, 今回の法改正が本当に行われるのであればこの70年という保護期間は上限 (upper limit) であるとしている. また経済金融産業委員会としては経済社会評議会の意見を受け50年という保護期間を採択した, とも主張している. もう1人はサレーマ (Salema) 氏で, EC域内での調和の必要性は認めるものの, 長い期間での調和はドイツしか有利にならず, より客観的な保護期間を定めるべきであったことを主張している.

場」を採択し，欧州議会に送付した．これを受けて，欧州議会では修正提案及び「共通の立場」を審議し（第二読会），1993年10月に修正提案及び「共通の立場」受け入れ宣言を行った（European Parliament [1993]）．審議では共通の立場で合意が図られたことを評価するのみで，保護期間の調和のあり方についての討論はここでもなかった．最後に，理事会が法案を採択して指令は成立した．

2.3 審議会及び学説における議論

本項では，公的機関から出された著作権保護期間延長の根拠を挙げる．根拠として挙げている指令や意見，提案書が多いものから順に並べ，当時の EU 内及び EU に向けて寄せられた学説の補足や反論を付け加える形式でまとめる．

保護期間延長の根拠の1点目は，1993年に迫る域内共通市場形成へ向けて，著作権保護期間を調和させることは域内市場の形成や市場を円滑に動かすための絶対条件であるとするものである[28]．

この根拠に関しては，特に反対意見は出ていない[29]．ただし，この理由が保護延長の根拠の核となるのであれば，延長は今回限りのものであり，今後はさらなる保護延長の議論はなされないことが保証されるべきという指摘もある（Cornish [1993]）．

2点目は，著作権は知的創造にとって不可欠（fundamental）であり，保護を強化することは著作者だけでなく文化産業，消費者，社会全体の利益となる[30]．著作権は著作者に創作のインセンティブを与えるし，多額の投資が必要となる創作分野では，著作権強化は投資を増大させる可能性があるとするものである[31]．

この根拠に関してはいくつかの反論が挙げられている．第1に，著作権法がなくても素晴らしい作品が溢れていた時代があることを考えると「著作権があ

---

28) ほぼすべての指令／提案書／意見から出された根拠である．
29) 反対意見を提出した経済社会評議委員会などであっても，この「域内市場の完成」という目的はグリーン・ペーパーが出された当時から絶対に達成すべき目標である，としていた．この理由があったからこそ，学術分野においていかなる反論が出されようとも死後70年での保護期間の調和を推進することができたのだという意見がある（Ricketson [1992], at 770.）．
30) この根拠は，グリーン・ペーパー，フォローアップ，理事会指令の提案，理事会指令で挙げられている．
31) この意見は，特に理事会指令の提案において強く出されている．

るから知的創造をする」という公式は絶対的なものではないとする意見がある．第2に，保護期間を延長すると過去の著作物を利用して新たな作品を生み出すサイクルを歪めてしまう可能性があり，これは著作者にとっても好ましい事態ではないとする (Puri [1991])．第3に，保護期間を延長すると高い販売価格を維持したままの作品が流通する状態が以前よりも長く続くことになり，消費者の利用を妨げ不利益であるとする意見がある (Puri [1991])．第4に，投資の増大効果を議論するにあたり，EC委員会が厳密な証拠や主要な投資者からの補足的意見を全く提供しなかったことを批判する意見もある (Morey [1992])．

3点目は，短い保護期間で調和する場合，長い保護期間を定めている国や戦時加算などの既得権利 (established rights) への配慮として移行措置をとる必要があるが，法的安定性を損ない域内市場の完成を遅らせる可能性があるため好ましくない，とするものである[32]．

この根拠に関しては，1点目の補足と同様，今後はさらなる保護延長の議論はなされえないとする指摘がある (Cornish [1993])．また，特に戦時加算への配慮の妥当性に関して，世界大戦以外にも災害や社会状況などによる著作者の不利益は存在するはずであり，その場合は考慮せず世界大戦の場合のみ考慮するというのは公平さに欠けるという意見もある (Ricketson [1992])．

4点目は，著作者は作品の収入で配偶者や子供も養っていく必要がある．そして，ベルヌ条約で定められている死後50年という数字は，著作者本人だけでなくその子孫2代まで著作物の利益を享受することができるように，という意図を持って選ばれたものであると解釈している．現在は平均寿命が延びており死後50年では孫の代までカバーすることができないため，死後50年よりも長くする必要がある[33]．

この根拠に関しては，確かに著作権は配偶者や子供を養うために必要である (Feather [1988]) が，19世紀の頃とは今は社会状況が異なり，配偶者や子孫が著作者の収入のみに頼りきるよりは各々職を持ち収入源を持っていることが多いだろうという意見や (Ricketson [1992])，配偶者と子供までは保護されるべ

---

32) 移行措置をとると域内市場の完成を遅らせる，という根拠については，理事会指令提案と理事会指令が採用している．
33) 理事会指令提案と理事会指令が採用している．

きだとしても孫まで保護する必要性があるかどうかについては疑問があるとする意見がある（Cornish［1993］）．また，ある作品に対する著作権は著作者やその子孫が必ず保有しているわけではなく，企業などに移転している場合も非常に多いため，この場合保護期間を延長しても企業が利益を得るだけであり無意味であるとする意見もある（von Lewinski［1992］）．

　審議会及び学説における議論を辿っていくと，当時はあまり熱心に議論されていなかった可能性があるように思われる．後述するアメリカの場合で集められる資料及びその内容と比べて，1990年代のヨーロッパにおける保護期間延長問題の文献はかなり少ないと思われる[34]．また，民間の意見を取り入れる機会もあまりなかったと思われる．EC公式文書に載せられているのは，1991年6月13～14日にヨーロッパ共同体委員会によって開かれたヒアリング1件のみである[35]．また，1980年10月末に，EC委員会は著作権の保護期間の調和に関する関連団体からのヒアリングを行っているが，その後は立ち消えになったという指摘もある（von Lewinski［1992］）．

　当時あまり議論されなかった理由として，当時の多くの研究者が「著作権の保護期間延長は社会全体の進歩の証である」という前提から議論を始めてしまい，保護期間延長の根拠を緻密に調べたり，著作者の利益拡張の正当性や利用者の利益とのバランスを図ったりするなどの試みをしなかったからという指摘がある（Davies［2002］）．

1.4　その後の動向

　本項では，保護期間延長が決まった後，EUでどのような問題が発生し，議論がなされているかを紹介する．

---

34) 実際にS. Ricketson教授は1992年以前，保護期間延長問題に関する積極的な議論は国レベルでも国際レベルでも相対的に少なかったと指摘している（Ricketson［1992］, at 753.）．
35) Commission of the European Communities［1992］の中に記載されている．このヒアリングでは権利者だけでなくユーザーも集めており，このヒアリングに参加した大多数が保護期間延長に賛成した，あるいは反対しなかったという記述がある．

EU デジタル図書館について

　技術革新により，作品をデジタルデータとして保存・蓄積し文化遺産を守るとともに，利用者が容易にそして自由に利用することができるようなデジタル・アーカイブ技術が開発されている．このデジタル・アーカイブを用いた文化財の保存計画は世界的に進行しており，日本でも大学や図書館，テレビ局などで着手している．

　EUにおいては，2005年6月に出された「i 2010：欧州情報社会2010 ― 成長と雇用のための欧州情報社会」[36]という計画の重要な柱として，同年9月，欧州委員会は加盟国の中央図書館の協力のもと，蔵書をインターネット上で公開する「欧州デジタル図書館」（European Digital Library）計画（Commisson of the European Communities [2005]）の開始を決定し，2010年までに600万点の文献（デジタルコンテンツ）を公開する[37]という目標を立てた．

　しかし，著作権保護期間を70年に延長したことでパブリック・ドメイン下に置かれる作品が少なくなり，従来の著作権付きの著作物については著作権処理問題が発生するため，目標の達成は困難になる可能性があるという指摘がある[38]．実際，当初の目標よりも遅れているという認識があると思われ，欧州委員会は計画の促進に向けた勧告（Commission of the European Communities [2006]）を出している．

著作隣接権の延長に関する議論

　1998年以降，アメリカ合衆国における著作権の保護期間は著作者の死後70年（法人は公表後95年）でヨーロッパとほぼ同じだが，音楽プロデューサーの保護期間について死後70年（企業に雇われている場合は公表後95年，あるいは制作から120年）というヨーロッパの実演後50年よりも長い保護期間を与えている．これに対し，ヨーロッパの音楽プロデューサーや音楽業界がアメリカと比べて不利になる可能性があるとして，保護期間を延長するように提案する動きがあった．これに対し，現状維持を強く支持する意見が非常に多く出され，活

36) http://europa.eu/scadplus/leg/en/cha/c11328.htm
37) http://europa.eu/rapid/press ReleasesAction.do? reference=IP/06/253&format=HTML&aged=0&language=EN&guiLanguage=en
38) http://euobserver.com/871/22383

発な議論を呼んだ（IViR［2005］）[39]．

反対意見は以下のようなものである．
(1) EU の中では理事会指令で既にローマ条約で定められたミニマム基準である20年を大幅に超える50年という保護期間を与えている．理事会指令が出される以前の EC 加盟国のレコード製作者に対する保護期間を考えても，50年という期間は長い方である．
(2) 創作性を守る著作権と異なり，レコード製作者の権利は経済投資を守るためのものである．したがって，著作権よりも保護の度合いを低くすべきである．また，マーケティングコストの上昇を法の保護でカバーするのには疑問がある．
(3) 世界的な音楽市場は4つの多国籍企業（メジャーズ）に支配されていて，このメジャーズは「ヨーロッパの」「アメリカの」という区別はできないはずである．もしできたとしても，保護期間を延長すればメジャーズの利益になるだけであり，より市場支配が強まり自由な競争が阻害されると考える．
(4) 保護期間の延長は市場における音楽の選択を狭めるだけである．ベストセラーの音楽ばかりに投資が集まり，新たなアーティストに対する投資が少なくなるからである．
(5) アメリカを除いてすべての先進国が50年という保護期間を与えている．
(6) すでにアメリカは EU の保護期間で十分な利益を得ている．これ以上保護期間を延長すれば，アメリカはさらに利益を得ることになり2地域間での利益分配の差を悪化させることになる．

これらの意見を受けて，2004年に7月に出された欧州委員会のワーキングペーパーでは，現在はまだ延長をする機に至っておらず，マーケットの成長を見守り研究を続ける必要があるとして，延長を見送る方針を出した（Commission of the European Communities ［2004］）．

また2007年7月，加盟国の1つであるイギリスが政府の方針として著作隣接権延長を断念することを表明した（Department for Culture, Media and Sport ［2007］）．

---

39) http://ec.europa.eu/internal_market/copyright/docs/studies/etd2005imd195recast_summary_2006.pdf
また Commission of the European Communities ［2004］, at 10を見よ．

これは,「知的財産制度に関するガウアーズ報告書」(TSO [2006]) を受けたものである.

しかし,2008年 2 月14日に EU が発行しているニュース[40]では,実演家の権利を現在の実演後50年から95年に延長しようという動きが EU の中で強まったという報道もなされている.今後も経過を見守っていく必要がある.

3. アメリカ合衆国の動向

アメリカにおいては,EU で著作権保護期間延長が議論され,ほぼ延長が確定となった1993年半ば頃から連邦議会が保護期間延長に関するさまざまな意見を集めていった.そして,5 年の歳月をかけ,紆余曲折を経て1998年10月 7 日に著作権保護期間延長法 (CTEA: Sonny Bono Copyright Term Extension Act of 1998) が制定される.ここでは,連邦議会において最終的にCTEAが制定されるまでの流れを紹介する.まずアメリカ合衆国における立法手続きを簡単に説明し (3.1項),著作権保護期間延長に関する審議の流れを追う (3.2項).そして,主に審議会で出された議論をまとめ (3.3項),最後に,延長後議論されている問題について紹介する (3.4項).

3.1 アメリカ合衆国連邦議会における立法手続きについて

アメリカの著作権制度は,主に連邦著作権法を元に発達してきたものである[41].合衆国憲法の 1 条 8 項では連邦議会の権限を定めているが,その中に著作権条項と呼ばれるものがあり,連邦議会が著作権法を制定する権限を有する.したがって,アメリカ合衆国における審議の流れについては,連邦議会での立法手続きを理解する必要がある.アメリカ連邦議会は上院と下院の二院制をとって

---

40) http://ec.europa.eu/news/culture/080220_1_en.htm
41) アメリカは連邦制をとっているので,著作権法も連邦著作権法のほかに各州の著作権法が存在しうることには注意が必要である.例えば,1976年以前においては,連邦著作権法では著作物のうち発行されたもののみを著作権の対象としたため,未固定の著作物や未発行の著作物については州の著作権において保護する必要性があった.現在では未発行の著作物も連邦著作権法の対象範囲となっているが,州著作権法では(州内における取引について)未固定の著作物について保護規定をおくことができる.

いるが，両院とも大まかな部分では違いが見られないので，ここではまとめて立法手続きを追うことにする．

まず，上院・下院とも，法案を提出するところから始まる．法案を提出することができるのは上院議員と下院議員のみである[42]．上院提出法案にはS.〇〇という番号が，下院提出法案にはH. R.〇〇という番号が付される．提出された法案は，それぞれ上院・下院に置かれている委員会に付託される[43]．

アメリカの立法手続きの中で最も重要なのが委員会における審議である．委員会での審議過程は，公聴会（Hearing）とマークアップ（Mark up）の二段階からなる．

委員会（もしくは小委員会[44]）は，重要な法案について公聴会を開催する．その後，法案を修正なしに議院に報告するか，修正して議院に報告するか，あるいは否決するかを決定する会議であるマークアップを行う．法案を議院に報告すると決まった場合には，議案審査報告書（Report）が議院に提出される．

議院に提出された法案はカレンダーに載せられ，本会議への議案の上程がなされた後，本会議において討論が行われる．ここで，修正案の審議も[45]行われる．

討論が十分なされたら，最終評決に入る．ここで法案が可決された場合は，印刷されてもう一方の議院へ送付される．もう一方の院においてもほぼ同じ手続きがとられ，最終的に，①法案に同意するか，②修正して一方の院へ送付するか，③否決する（あるいは放置する）という選択肢のうちいずれかが採られる．②の場合はまた修正案を一方の議院に送付し，さらに同様の手続きが繰り返される．

上院・下院の議決が完全に一致したら，その法案を発議した議院で記録法案（Enrolled Bill）を作成し，大統領の元へ送付される．大統領は，記録法案の受理後10日以内に，承認して署名するか，拒否して議院に戻すかを決める．10日

---

42) 大統領や行政庁などの依頼のもと提出される場合は，所管委員会の委員長もしくは小委員長により提出される．
43) 2003年現在においては，委員会は下院に19，上院に16存在している．
44) 委員会の中にさらに小委員会を置くことができ，法案を小委員会にさらに付託することも可能である．
45) 下院においては，この修正案の審議は全院委員会で行われる．

以内に何もしなかった場合，自動的に法案は法律（Act）となる．

法案は署名され法律（Act）となった時点で，公法律（Public Law）と私法律（Private Law）に分けられ，一連の法律番号が付された連邦法律集に搭載される．

3.2 審議の流れ

アメリカにおいては，EU で著作権保護期間延長が議論され，ほぼ延長が確定となった1993年半ば頃から連邦議会が保護期間延長に関するさまざまな意見を集めていった．そして，5年の歳月をかけ，紆余曲折を経て1998年10月7日に著作権保護期間延長法（CTEA : Sonny Bono Copyright Term Extension Act of 1998）が制定される．ここでは，連邦議会において最終的に CTEA が制定されるまでの流れを追うことにする．

第103議会（1993～94年）

1990年代初めのヨーロッパの動きを受け，アメリカでも，著作権保護期間を著作者の死後50年から70年へ延長すべきという議論が起こった．そこでアメリカ議会図書館著作権局は，著作権保護期間に関する調査の一環として，1993年9月29日にヒアリングを行った．また，パブリック・コメントを11月30日まで募集し，200以上のコメントが寄せられた．証言を行った著作権者は保護期間延長に賛成なのに対して，寄せられたコメントはいっさいの保護期間延長に反対というものが多かった（The Register of Copyrights ［1994］）．

第104議会（1995～96年）

第104議会の前半，アメリカ合衆国連邦議会では上院・下院とも著作権保護期間延長に関する法案を発議した．下院では1995年2月16日に，Moorhead 議員が Extension of Remarks の中で法案発議を行い（104th CONG. REC. E379 ［1995］），下院司法委員会に付託された[46]．上院では同年3月2日に Hatch 議員が発議を行い（104th CONG. REC. S3390-S3394 ［1995］），上院司法委員会に付託された[47]．

下院では3月15日，下院司法委員会の下に置かれている裁判・インターネッ

---

46) 法案番号は H. R. 989である．
47) 法案番号は S. 483である．

ト・知的財産小委員会に当該法案がさらに付託された．この小委員会では，6月1日にパサデナ州とカリフォルニア州でのフィールドヒアリングと，7月13日に小委員会でのヒアリングが行われている（Subcomm. on Courts and Intellectual Property [1995], 及び104th CONG. REC. D854 [1995]）．7月13日のヒアリングでは，アメリカ議会図書館著作権局長の Maribeth Peters 氏[48]，アメリカ合衆国通商代表部次席代表のCharlene Barshefsky氏[49]，商務省次官補及びアメリカ合衆国特許商標庁特許・商標本部長のBruce Lehman氏からの証言[50]を得た（Hearings on H.R. 989, 104th Cong. [1995]）．

上院では，上院司法委員会が9月20日にヒアリングを行った（S. Rep. No. 104-315 [1996], 104th CONG. REC. D1121 [1995], S.HRG. No. 104-817 [1995]）．まず，省庁を代表して Maribeth Peters 氏と Bruce Lehman 氏が証言を行い[51]，次に利益団体等からの証言を行っている．証言者は，アメリカ映画協会（Mosion Picture Association of America）の代表取締役兼 CEO である Jack Valenti 氏，作詞作曲者であり AmSong の代表である Alan Menken 氏，ナッシュヴィル作曲家協会会長の Patrick Alger 氏，アメリカン大学ワシントン法科大学院教授の Peter A . Jaszi 氏の4名であった[52]．その他にも，たくさんの利益団体や大学教授等から声明書を提出されている[53]．

48） 著作権局としては，国際調和とアメリカが知的財産分野でリーダーになるために，保護期間を延長すべきだと主張した．
49） 彼は貿易のバランスを重視するならば保護期間を延長すべきだと主張した．
50） 彼は著作権ベースの産業の潜在能力を高めるためには，保護期間を延長すべきだと主張した．
51） 2名とも，保護期間延長に全面的に賛成の意を述べている．Peters 氏の証言前声明書の中では，アメリカの著作権保護期間の歴史やアメリカの著作権法と EU Directive の点から見た S. 483における変更点，保護期間延長に賛成／反対の意見の評価などを詳しく述べている．Lehman 氏は，特に EU Directive との整合性，調和を強く主張している．
52） 証言前声明書の中で，Valenti 氏，Menken 氏，Alger氏の3名は保護期間延長を強く支持したが，Jaszi 氏は S. 483が憲法に規定された著作権条項の "limited times" の文言に違反する可能性があると主張した．
53） 声明書を提出したのは，以下の団体／人物である．Christopher J. Dodd 上院議員，ASCAP（the American Society of Composers, Authors, and Publishers），NMPA（the National Music Publishing Association Inc.），アメリカ作曲者組合（the Songwriters Guild of America），絵画同業組合（the Graphic Arts Guild），全米著述業組合（the National Writers Union），クリエイター・著作権者連合（the Coalition of Creators and Copyright Owners），著作者サービス社（Author Services Inc.），アメリカ中西部紀行文著者協会（the Midwest Travel Writers Association），アメリカフィルム遺産協会（the

その後，下院では翌年1996年5月15日に司法委員会裁判・インターネット・知的財産小委員会でマークアップセッションが行われた模様である（104th CONG. REC. D473［1996］）[54]。

上院では5月16日と23日にマークアップセッションが行われている（S. Rep. No. 104-315［1996］）．このマークアップセッションにおいて，まず音楽ライセンスに関する修正案がBrown議員とThurmond議員から提出されたが，この修正案は12対6で「テーブルに置く」[55]との動議が可決され，廃案とされた．次に，Brown議員による法人著作の著作権者に関して保護期間延長を認めないとする修正案は4対12で廃案とされた．そして，Hatch議員による代案の性質を持つ修正案を伴ったうえで，この法案は15対3で可決された．原法案の修正箇所は4点あり[56]，その4点は修正案に置き換えられた．

そして7月10日にHatch議員により，修正案を伴った形で上院議会に報告された（104th CONG. REC. S7670［1996］）．この際，委員会報告書も提出された．この報告書の中には，Leahy議員やSimon議員／Kennedy議員による追加意見や，Brown議員やKohl議員による少数意見も含まれていた（S. Rep. No. 104-315［1996］）．この法案は一般議案目録の中に置かれ，議会での審議に入ることとなった．しかし，この後の動きが記されていないことから，このまま法案は棚上げされたと推測される[57]。

American FIlm Heritage Association），映画研究協会（the Society for Cinema Studies），ローレンス工科大学，Bob Dylan Jr. 氏，Don Henley 氏，Carlos Santana 氏，Stephen Sondheim 氏，Mike Stoller 氏，E. Randol Schoenberg 氏，Ginny Mancini 氏，Lisa M. Brownlee 氏，William Patry 教授，45人の知的財産法教授を代表してDennis Karjala 教授である（S. Rep. No. 104-315［1996］, at 5）．

54) しかし，この後の動きが記されていないことから，このまま法案は棚上げされたと推測される．
55) この「テーブルに置く」との動議は，審議中の議案や修正案に関する討論を終わらせる効果を有する．そして，この動議が可決されると，対象となる議案や修正案は議長壇のテーブル上に棚上げされ，廃案となる．
56) (a)1978年1月1日以前に作られたが発行されなかった作品に関する保護期間の10年延長の規定（section 303）を削除，(b)著作物の原著作者が権利を取り戻す規定（section 304(c)）を修正，(c)著作権行使の例外規定（section 108）を修正する規定を追加，(d)今回の保護期間延長はまだ保護期間が残存する著作物にのみ適応するとして304(b)の規定をさらに修正，の4点である（S. Rep. No. 104-315［1996］, at 5-6）．
57) アメリカでは，上院でも下院でも，委員会での法案の握りつぶしや，議会での審議になった後の法案の棚上げはよく行われているようである．

第105議会（1997〜98年）

　著作権保護期間延長法案可決へ向けての 2 回目の挑戦は，第105議会の前半に始まった．まず上院では，1997年 3 月20日に Hatch 議員が発議を行い，上院司法委員会に付託された（105th CONG. REC. S2678-S2682［1997］)[58]．下院では，S. 505のコンパニオン・ビル[59] として， 5 月15日に Bono 議員が発議を行い，下院司法委員会に付託された（105th CONG. REC. H2783［1997］)[60]．

　下院ではその後， 5 月29日に裁判・インターネット・知的財産小委員会にさらに付託された．小委員会では， 6 月27日にヒアリングが行われている（H. R. Rep. No. 105-452［1998］)．証言を行ったのは，アメリカ映画協会代表の Flitz Attaway 氏，アメリカ作曲者組合代表の George David Weiss 氏，BMI 代表の Frances Preston 氏，バンダービルト法科大学院教授の Jerome Reichman 氏の 4 名である．

　一方で下院では，この H. R. 1621とはまた異なる法案，H. R. 2589を10月 1 日に紹介し，こちらも下院司法委員会に付託された（105th CONG. REC. H8299［1997］)．今後，H. R. 1621に関する記述が出てこないことから，H. R. 1621は棚上げされたと思われる[61]．

　上院では，10月31日に Hatch 議員が，翌年1998年 1 月29日に Leahy 議員が S. 505の重要性を訴えていえるが，この時期はほとんど動きがなかった（105th CONG. REC. S11301［1997］，S205［1998］)．

　年が明けて1998年，第 2 会期に入り，下院では下院司法委員会が 3 月 3 日から 4 日にかけて H. R. 2589のマークアップセッションを行った（105th CONG. REC. D161, D171［1998］)．そして， 3 月 4 日に修正案を含んだ法案が可決され，

---

58)　法案番号は S. 505である．
59)　コンパニオン・ビルとは，類似しているか全く同一の法案を上院・下院で発議するものである．これは，互いに修正の歩調を合わせながら同時に同じ内容の法案を可決できるという利点がある．
60)　法案番号は H. R. 1621である．
61)　H. R. 1621と H. R. 2589は，発議された段階では見た目にもほとんど内容が変わらないにもかかわらず異なる法案（related billではない）とされている．しかし，H. R. 1621の提出者（Sponsor）である Sonny Bono 議員が H. R.2589の共同提出者（Cosponsor）でもあることを考えると，あくまでも筆者の推測ではあるが，H. R. 1621は棚上げ状態となり，議会内での政治も加わって，新たに H. R. 2589という法案を出すことに決めたのだと思われる．また，日付が前後するが， 9 月30日には裁判・インターネット・知的財産小委員会においてオープンセッションが行われ，H. R. 2589を司法委員会にレポートするようにという結論が出ている（H. R. Rep. No. 105-452［1998］, at 5）.

3月18日に修正案と委員会報告書を伴い下院議会に報告された (H. R. Rep. No. 105-452 [1998]). そして, 3月25日にはついに H. R. 2589が下院で可決されるのである (105th CONG. REC. H1456-H1483 [1998]). まず決議案 H. Res. 390が可決され, この決議案に従って議会での審議が進んだ. 次に修正案の審議に入り, Coble 議員による法案のテクニカルな部分についての修正案[62]は可決された. 音楽ライセンスに関しては, Sensenbrenner 議員の修正案[63]と McCollum 議員の修正案[64]の2案が提出され, McCollum 議員の修正案は150対259で廃案となり, Sensenbrenner 議員の修正案が297対112で可決された. そして修正案を含んだ法案が下院で可決され, "Copyright Term Extension Act" の前に, 亡くなった "Sonny Bono" の名を冠しようと決まった. H. R. 2589は翌26日に上院議会へ送付され, 上院司法委員会に付託された.

しかし, 委員会では全く動きがないまま6カ月以上が過ぎた. 委員会が動かないことには議会での審議が始まらず, このような状況を打開するため, S. 505に関して10月7日に全会一致で委員会付託解除の動議が可決され, 上院議会での法案審議がなせる状況が整った. そして, 同日中に一気に両院での法案通過まで動くのである (105th CONG. REC. S11672-S11675 [1998]).

上院議会では, Lott 議員が修正案を提出し, 審議の結果, 修正案を含めた法案が全会一致で可決された[65]. そして, すぐに下院に送付された. 下院では, Sensenbrenner 議員が運営ルール見合わせと法案可決の動議を発し, 審議の上で2/3以上の賛成で可決された (105th CONG. REC. H9946-H9954 [1998]).

この法案は大統領に送られ, 10月27日の大統領の署名で正式な法律となった[66].

---

62) 相続者がいない状態で著作者が志望した場合の著作権者を誰にするかを記載する, などのテクニカルな部分についての修正案である.
63) 小企業が音楽を (集客目的でなく) 用いて商売をしたときのライセンス使用料を免除するという修正案である. 他にも, テレビを売っている業者などが音楽やテレビを流している場合なども含まれる.
64) レストランや飲食業者に対するライセンス使用料も免除しようという修正案である. また, 論争がおこった場合は最寄りの連邦地区裁判所が仲裁するという修正案も含む.
65) H. R. 2589で付与された音楽ライセンスに関する規定に修正を加え, S.505に盛り込んだ修正案である. 例えば, レストラン等の飲食業者に対するライセンス使用料を免除する規定が盛り込まれている.
66) 公法律番号105-298が付された. Sonny Bono Copyright Term Extension Act, Pub. L. No.105-298, tit.1, 112 Stat. 2827 (1998).

しかし，音楽ライセンスに関する規定について批判の声が相次いだ（105th CONG. REC. E1195, E2088, E2255 ［1998］）．

3.3 審議会での議論
　本項では，法案作成に際して連邦議会が検討した保護期間延長に賛成及び反対する主張を挙げる．

　保護期間延長に賛成の意見の中で最も多かったのは，国際的な保護期間延長の流れの存在とアメリカの貿易収支を挙げるものである．ヨーロッパ諸国はすでに著作者の死後70年の保護期間に延長しており，ここでアメリカも70年にして統一することで，著作物の自由な流通と著作権者の利益を確保することができる，と主張する（S. Rep. No. 104-315 ［1996］）[67]．また，先に70年に延長したヨーロッパでは相互主義を採用しているため，アメリカの貿易収支は（少なくとも著作権の分野では）大幅な黒字であるが，アメリカが50年のままだとヨーロッパの地でアメリカの作品がヨーロッパの作品よりも20年早くパブリック・ドメインに入ることになり，大いに不利益をこうむるとする意見も多かった（S. Rep. No. 104-315 ［1996］）．さらに，著作権を含む知的財産権の分野で，アメリカがリーダーとして他の国を牽引するために，まずは保護期間を70年として，さらなる発展を遂げるべきであるとする意見もあった（Hearings on H. R. 989, 104th Cong. ［1995］）[68]．

　この理由に対しては，確かに保護期間を EU と調和させるのは重要なことかもしれないが，安易に追従してよいのかはまだわかっていないと指摘するものがあった（Davies ［2002］）．また，特に法人著作の点に関して，アメリカは保護期間が公表後95年となるのに対し，ヨーロッパは公表後50年であり，調和が図られていないことを指摘するものもあった（Hearings on H. R. 989, 104th Cong. ［1995］）[69]．

---

67) その他，Subcomm. on Courts and Intellectual Property ［1995］でのMarybeth Peters氏，及びCharlene Barshefsky氏の証言．
68) Marybeth Peters氏の証言．
69) John Belton 教授の証言．

次に多かったと思われるのが，保護期間の延長は既存の作品の保存を促すというものである（S. Rep. No. 104-315 ［1996］, H. R. Rep. No. 105-452 ［1998］）．特に映画作品の関係者においてこの主張がなされており，在庫フィルムの入れ替えによって破棄されてしまうような古い映画作品の保存に投資するためには，投資に見合った見返りが必要であるため，保護期間の延長は重要である，とした（Field Hearing, 105th Cong. ［1997］）[70]．

これに対しては，著作権法は新たな著作物の創造を促すものであって既存の著作物の保存を促すものではないと反論するものがあった（S. Rep. No. 104-315 ［1996］）[71]．また既存の著作物に関する保護期間の延長は新たな著作物の創造を促すものではなく，むしろパブリック・ドメインという公共の財産が縮小することで派生作品の創造が妨げられるという指摘があった．現行の著作者の死後から50年でも十分長いのに，今回の延長で何の利益も伴わないままさらに20年保護期間が存続することになるのは，利用者にとっても不利益であるが，著作者にとっても不利益になるという指摘もあった．

第3に，著作権の保護期間は著作者とその子孫2代まで保護することを予定しているが，寿命が延びたことで，死後50年の保護期間では足りないとする主張である（H. R. Rep. No. 105-452 ［1998］, Field Hearing, 105th Cong. ［1997］）[72]．

この理由に対しては，著作者やその子孫が著作権を保有していることは少なく大半が企業に権利を移転しているため，保護期間の延長は大企業の権益を増やすだけであり，この主張は当てはまらないとする反論があった（Davies ［2002］）[73]．

連邦議会における議論を辿っていくと，確かに議論が進むほどに保護期間延長を是とする意見が多くなっていったように見受けられるが，必ずしもスムーズに議論が進んでいったわけではなかったということがわかる．第104議会において法案が成立せず，第105議会においてようやく成立したという事実については，議会の中での政治的な動きやロビイスト達の活動などの要因があった

---

70) Fritz Attaway 氏の証言．
71) Herb Kohl 議員による少数意見．
72) アメリカ作曲家協会会長 George David Weiss の証言．
73) その他，Field Hearing, 105th Cong. ［1997］ での Jurius Epstein の証言，S. Rep. No. 104-315 ［1996］ での Herb Kohl 議員による少数意見．

ことは間違いないが，パブリック・ドメインに対するアメリカ独自の考え方，並びに合衆国憲法にある著作権条項の文言の解釈[74]について，意見が割れたことも要因に挙げられると思われる．

3.4　その後の動向

　アメリカ合衆国では，著作権保護期間延長法（Sonny Bono Copyright Term Extension Act of 1998，以下CTEAと表記する）の成立後，この法律に対し訴訟が起こされた．それがエルドレット事件（Eldred v. Ashcroft, 123 S. Ct. 769 [2003]）である．「CTEAに対する法的挑戦」と呼ばれたこの事件は，原告側に法学者やインターネット擁護派の論者がつき[75]，法廷助言では経済学者からの著作権保護期間に関する経済分析が提出されるなど，大きな反響を呼んだ．事件の判決に関して，英語ではもちろん，日本語でもいくつもの判例評釈が書かれている[76]．詳しい事件の内容及び判決は参考文献を参照していただきたい．

　判決文や判例評釈から導き出されるのは，著作権保護期間延長に対し多様な意見が存在し，他の立法政策の選択肢もありえたということである．

4．おわりに

　ヨーロッパにおける著作権保護期間延長当時の議論をまとめると，ポイントは2点である．
　1点目は，ヨーロッパにおける著作権保護期間延長は，EU域内における単一市場の完成を少しでも早く，より複雑でない手段で実現させる目的で行われたということである．すなわち，できる限り域内市場を円滑に動かすためには，

---

74)　Const. Art. I§8, cl. 8.（著作権条項）には，「連邦議会は……著作者及び発明者に対し，それぞれの著作及び発見に対する排他的な権利を一定期間（for limited times）保障することにより，科学及び有用な芸術の進歩を推進する権限を有する」とある．この "for limited times" の解釈につき，意見が分かれた．
75)　ハーバード・ロースクールのBerkman Centerを中心とするグループが原告側の全面支持をしていた．また，上告人側弁論はLawrence Lessig教授によって行われている．彼の，今回の保護期間延長に関する立場は，Lessig［2000］に書かれている．
76)　日本語での主な判例評釈としては，尾島明［2003］，横山久芳［2004］，吉田仁美［2005］，山本隆司［2003］がある．

保護期間の設定は少しでも保護期間の実質的統一を早めるものにし，またできるだけ複雑にならないものにする，という理由において，その当時域内で最長の保護期間であった著作者の死後70年という保護期間が採用されたということである．

2点目は，少なくともEUという共同体の中では，域内単一市場完成の期限が迫るなか，最適な著作権の保護期間はあるのか，あるならばどのくらいの長さか，またどの程度の強さの著作権保護が適切なのか，という議論を詳細に検討する機会が与えられていなかったということである[77]．

また，アメリカ合衆国における著作権保護期間延長当時の議論をまとめるならば，保護期間を延長した理由は「EUが延長したから」というその1点に集約されるであろう．相互主義を採るEUに対して自国の産業と利益を守るためには，保護期間を延長しなければならなかったのである．

また，先に保護期間を延長しているヨーロッパやアメリカ合衆国において，延長によるデメリットも現れ始めている．例えば，「孤児の作品 orphan works」に関する議論や，EUデジタル図書館の困難な状況などである．また，保護期間の経済分析研究も活発になっており，それらの研究結果では，保護期間延長に否定的な結論のものも多い．

したがって，日本において保護期間延長問題を議論する際には，現在まで積み重なってきたEU及びアメリカ合衆国での議論を再検討したうえで，日本にとって一番良い道を選択するべきである．

最後に，同時期に同じ調査をしている方がいるとは知らず，フォーラムで私が一歩先んじて発表する形となってしまったが，筆者のワーキングペーパーにアドバイスを下さった国立国会図書館の南亮一氏に，心から感謝を申し上げたい．

---

77) ここでなぜ「少なくとも……」という言葉を使用したかといえば，一番初めに保護期間を70年に延長したドイツにおいて，このような議論を詳細に検討する機会があった可能性があるからである．ドイツでの議論を踏まえたうえで，EUでの議論が行われている可能性もある．筆者はこの点について調査することができなかったが，先日上野達弘先生とお話をする機会を頂いた際，ドイツにおける保護期間延長の経緯について論文を執筆し出版予定であると仰っていた．筆者はまだその論文を拝覧していないが，是非そちらも参照されたい．

参考文献

1. EU 公式機関関係

Commission of the European Communities [1988] "GREEN PAPER on Copyright and the Challenge of Technology-Copyright Issues Requiring Immediate Action," COM (88) 172 final, 7 June 1988.

Commission of the European Communities [1991] "FOLLOW-UP TO THE GREEN PAPER-Working Programme of the Commission in the field of Copyright and neighboring rights," COM (90) 584 final, 17 January 1991.

Commission of the European Communities [1992a] "Proposal for a COUNCIL DIRECTIVE-harmonizing the term of protection of copyright and certain related rights," COM (92) 33 final, 23 March 1992.

Commission of the European Communities [1992b] "Amendment proposal for a Council Directive Harmonizing the term of protection of copyright and certain related rights," COM (92) 602 final.

Commission of the European Communities [2004] "Commission Staff Working Paper on the review of the EC legal framework in the field of copyright and related rights," SEC (2004) 995.
http://ec.europa.eu/internal_market/copyright/docs/review/sec-2004-995_en.pdf

Commission of the European Communities [2005] "Communication from the Commission to the European Parliament, The Council, The European Economic and Social Committee and the Committee of the Regions i 2010: Digital Libraries," COM (2005) 465 final, 30 September 2005.

Commission of the European Communities [2006] "COMMISSION RECOMMENDATION of 24 August 2006 on the digitisation and online accessibility of cultural material and digital preservation," (2006/585/EC), 24 August 2006.

Committee on Legal Affairs and Citizens' Rights [1992] "REPORT on the Commission proposal for a Council directive harmonizing the term of protection of copyright and certain related rights," European Parliament session documents A3-0348/92, 5 November 1992.

Economic and Social Committee [1989] "Opinion on the GREEN PAPER on Copyright and the challenge of technology — Copyright issues requiring immediate action," OJ C 71, 20/3/1989, at 9-16.

Economic and Social Committee [1992] "OPINION on the Proposal for a Council Directive harmonizing the term of protection of copyright and certain related rights (Doc. COM (92) 33 final)," CES (92) 813, 1 July 1992.

OJ Debates of the European Parliament, No. 3-424, 17. 11. 1992.

OJ Debates of the European Parliament, No. 3-424, 19. 11. 1992.

OJ Debates of the European Parliament, No. 3-437, 27. 10. 1993.

2. アメリカ合衆国公式機関関係

The Register of Copyrights ［1994］ "97th Annual Report of the Register of Copyrights".

Subcomm. on Courts and Intellectual Property ［1995］ "Hearings Before the Subcomm. on Courts and Intellectual Property of the Comm. on the Judiciary House of Rep. 104th Cong. 1st session on H. R. 989, H. R. 1248, and H. R. 1734".

Hearings on H. R. 989, 104th Cong. ［1995］, at 157-160.

104th CONG. REC. D854 ［1995］（Daily Digest）.

104th CONG. REC. D473 ［1996］（Daily Digest）.

104th CONG. REC. D1121 ［1995］.

104th CONG. REC. E379 ［1995］.

104th CONG. REC. S3390-S3394 ［1995］（Extension of Remarks of Hon Carlos J. Moorhead）.

104th CONG. REC. S3390-S3394 ［1995］.

104th CONG. REC. S7670 ［1996］.

105th CONG. REC. D161, D171 ［1998］.

105th CONG. REC. D303 ［1998］.

105th CONG. REC. E1195（Extension of Remarks of Hon. John Conyers, JR）, E2070（Extension of Remarks of Hon. Bart Gordon）, E2088（Extension of Remarks of Hon. Joe Scarborough）, E2255（Extension of Remarks of Hon. John S. Tanner）, and so on ［1998］.

105th CONG. REC. H2783 ［1997］.

105th CONG. REC. H8299 ［1997］.

105th CONG. REC. H1456-H1483 ［1998］.

105th CONG. REC. H9946-H9954 ［1998］.

105th CONG. REC. S2678-S2682 ［1997］.

105th CONG. REC. S11301 ［1997］.

105th CONG. REC. S205 ［1998］.

105th CONG. REC. S11672-S11675 ［1998］.

H. R. Rep. No. 105-452 ［1998］.

S. Rep. No. 104-315 ［1996］.

S. HRG. No. 104-817 ［1995］.

http://web.lexis-nexis.com/congcomp/document?_m=a2d37b4821f651cd027b7fac6a15fa52&_docnum=1&wchp=dGLbVtb-zSkSA&_md5=64783fd7565d836b80bb73b07c51fba4

Field Hearing on the Effect of Pre-1978 Distribution of Recordings Containing Musical Compositions, Copyright Term Extension, and Copyright Per Program Licenses: Hearing Before the Subcomm. On the Judiciary, 105th Cong. [1997].

U.S. Government, "Annual Reform Recommendations from the Government of the United States to the Government of Japan under the U.S.-Japan Regulatory Reform and Competition Policy Initiative", 2002, 2003, 2004, 2005 and 2006.

3. 論文，その他

尾島明［2003］「著作権の保護期間延長と合衆国憲法」『知財研フォーラム』53巻.

山本隆司［2003］「米国ソニー・ボノ法意見訴訟の連邦最高裁判決」『コピライト』2003年5月号.

横山久芳［2004］「著作権の保護期間延長立法と表現の自由に関する一考察 ― アメリカのCTEA憲法訴訟を素材として―」『学習院大学法学会雑誌』39巻2号.

吉田仁美［2005］「著作権保護期間の延長と表現の自由」『ジュリスト』1294号.

Cornish, W. R. [1993] "Intellectual Property," *Yearbook of European Law 1993*.

Davies, Gillian [2002] *Copyright and the Public Interest,* 2nd ed., Thomson Sweet & Maxwell.

Department for Culture, Media and Sport [2007] "Government Response to the Culture, Media and Sport Select Committee Report into New Media and the Creative Industries". http://www.culture.gov.uk/NR/rdonlyres/3E8E36E8-3B56-4219-89B2-0623C0AA8AF3/0/375268_GovResponse.pdf

Feather, J. [1988] "Authors, Publishers and Politicians: The History of Copyright and the Book Trade," 12 EIPR.

IViR [2005] "The Recasting of Copyright & Related Rights for the Knowledge Economy Executive Summary of Final Report".

Lessig, Lawrence [2000] "Copyright's First Amendment," 48 *UCLA L. Rev.,* 1057.

Morey, Tim [1992] "Copyright Term Extension in the EC: Harmonization or Headache?" 24 Copyright World.

Puri, Kanwal [1991] "The Term of Copyright Protection – Is It Too Long in the Wake of New Technologies?" 1 EIPR.

Ricketson, S. [1992] "The Copyright Term," 23 IIC, no.6.

TSO [2006] "Gowers Review of Intellectual Property". http://www.hm-treasury.gov.uk/media/6/E/pbr06_gowers_report_755.pdf

von Lewinski, Silke [1992] "EC Proposal for a Council Directive harmonizing the Term of Protection of Copyright and Certain Related Rights," 23 IIC, no.6.

第8章　デジタルはベルヌを超える：
無方式から自己登録へ*

林　紘一郎

1. はじめに

　著作権は無方式主義であることがグローバル・スタンダードであり，方式主義そのものでなくても，それに近い方法を持ち込むことは禁じ手であると考えられている．しかし，無方式主義に転じたはずのアメリカは，依然として内国著作物について登録を訴訟要件としているし，わが国でも限定的ながら登録制度がある．

　著作物が有体物に固定されていた時代には，無方式主義はさほどの問題を生じなかったが，0と1のデジタル情報のまま著作権が成立するようになると，何らの存在証明なしに権利を主張することの不自然さが，露呈するようになっている．権利を自己登録する仕組みとして，自然発生的に各種のマークやDRMなどのソフトウェアが登場したのは，こうした実用的ニーズを背景にしている．

　本章は登録を切り口にしてデジタル著作物を見ると，どのような世界が開けてくるかについて思考実験したもので，登録が意外にも，現在課題になっている著作権存続期間のあり方についても，柔軟性を付与する可能性があることが示される[1]．

---

* 旧稿に対してコメントをいただいた中山一郎氏（信州大学法科大学院准教授）に感謝する．本章でもなお，コメントに対して十分な回答を用意できていないことを自覚しており，それらは今後の課題としたい．
[1]　本章は，林［2006］［2007］およびデジタルコンテンツ協会［2007］の林執筆分を再整理し，その後の検討結果を加味したものである．

2. 著作権と無方式主義，保護される情報

　著作権は創作と同時に権利が成立し，何らの要式行為を必要としない（無方式主義）．わが国著作権法17条2項は「著作者人格権および著作権の享有には，いかなる方式の履行をも要しない」としているが，それは「文学的及び美術的著作物の保護に関するベルヌ条約」5条2項に準拠しており[2]，グローバル・スタンダードである．

　著作権の源流ともいうべき「出版特許」は，15世紀のイタリアに始まり，16世紀以降ヨーロッパ諸国に広まったとされる．当時印刷機と活字という固定資産に相当額の投資をし，古典の複製などに労力をかけて事業を始めた印刷業者の思惑と，印刷を産業として振興したい国王との利害が一致し，国王が印刷業者に独占的出版権を付与したのが始まりである．その背景には，印刷が自由に行われると人々の政治意識が高まって，統治の基盤が危うくなることを恐れた国王の思惑が見え隠れする．したがって，独占的出版権と検閲とが同居していたことも，また特許料という国庫収入が期待されていたことも，想像に難くない．

　しかし，やがてブルジョア革命によって，市民が新しく政治の表舞台に登場すると，著作権に関する考え方は180度の転換をみせる．ここでは自立した個人が本来的に持つ「自然権」と，それを憲法上の権利として確定した「基本的人権」が最大限に尊重されることになった．「思想・信条の自由」「言論・出版の自由」は，その重要な一部であり，かくして著作権も「自然権」の側面から論じられた．つまり著作権は言論の自由の発露であり，著作権の成立に国家の検閲につながりやすい「方式主義」を持ち込むことは，禁忌であったと考えられる．

　その後，産業革命を経て工業が発展し，先進国では産業社会と呼ばれる時代になると，創作者の権利そのものよりも，創作者に何らかのインセンティブを与えることが，文化を発展させ社会全体のためになるという，「インセンティ

---

[2] 同項は次のように定める．「前(1)の権利の享有及び行使には，いかなる方式の履行をも要しない．」

ブ論」が通説になった．現行の著作権法は，ほぼこの時代の産物であり，後述するように片方で経済自由主義に依拠する「所有権の絶対性」のアナロジーを掲げながら，他方で「文化的側面」をも重視する制度となっている．

　いずれにせよ，同じ知的財産制度の中でも，出願―審査―登録という厳密な方式主義をとる特許権と対比した場合，著作権の無方式主義は権利の存在や第三者対抗要件等の点で，脆弱性を持っていることは否定できない．商標その他の産業財産権も総じて方式主義をとっており，不正競争防止法というやや違った保護法益として守られる営業秘密も，公的な方式は不要であるものの，企業としての秘密管理性を要件とする点で，一種の緩やかな方式主義であるともいえる[3]．このように著作権は，知的財産権の中で唯一ともいえる無方式主義であり，制定法にはないが判例で認められつつある「パブリシティ権」に近い．

　さてアメリカの法体系は，ヨーロッパ大陸諸国と異なることはもちろん，コモン・ローの先輩であるイギリスとも異なる場合がある．知的財産制度においては，アメリカ特有の特許における先発明主義と，著作権における方式主義が，世界の大勢から逸脱するものであった．

　しかし世界経済におけるアメリカの実力からして，アメリカ方式を孤立に追いやることはできないため，何らかのハーモナイゼーションが必要である．そこで著作権については，無方式主義のベルヌ条約とは別に，方式主義の万国著作権条約が締結され，前者の著作物もⒸのマークをつければ，後者のメンバー国間においても権利を尊重するとの妥協が成立した（万国著作権条約3条1項）．

　ところが，登録には手間隙がかかるばかりか，上述のとおり「著作物は言論の自由の発露」という見方からすれば，リスクの大きい仕組みである．そこで遂にアメリカも政策を転換し，1989年にはベルヌ条約に加盟した．これによって，無方式主義が真の意味でグローバル・スタンダードになったかの如く考えられた．

　しかし，これは登録をしてはいけないことを意味しない．著作権の登録なしでも権利が付与されるにもかかわらず，わが国でも「著作権が移転した場合の取引の安全を確保するとか，あるいは著作権関係の法律事実を公示するという

---

[3]　この点は後述するように，営業秘密を「知的財産」の一種と見るのではなく，「秘密」の一種と見る方が説明しやすいことを暗示している．

観点から」（加戸［2003］）登録が行われている．

　登録をすることにより，著作者，第一発行年月日，創作日の推定や権利変動における第三者対抗が得られるとされている．しかし，これらはいってみれば「著作権関連情報」（後述の著作権管理システムの視点ではメタ情報）の登録であり，著作物自体の登録を行わない制度であるため，実際の裁判では原告の著作権立証から始まるなど，事実関係の証明の負担が大きくなっているという（デジタルコンテンツ協会［2007］）．

　一方アメリカでは，無方式主義に移行した現在でも，内国著作物については著作権の登録が「訴訟要件」になっている（米国著作権法411条(a)）．加えて以下の措置により，登録にインセンティブが付与されている．第1に，著作物の発行後5年以内に著作権登録がなされれば，その著作権登録証に記載された事項および著作権の有効性について裁判上一応の証拠となり，これについて法律上の推定を受けることができる（410条(c)）．他方，著作権登録申請に虚偽の記載をすることには，刑事制裁が課されている（同506条(e)）．

　第2に，登録された著作権の侵害については，著作権者に法定賠償請求権と弁護士費用請求権が与えられる（同412条）．前者は現実損害額の証明なしで，一定額の損害賠償を求めることのできる権利であり（同504条(c)），後者は勝訴した場合に，その訴訟に要した弁護士費用を侵害者から取り立てることができる権利である（同505条）．アメリカにおいては，弁護士費用がすぐに億（円）の単位になるので，弁護士費用の賠償請求権は実務上重要であるという（山本［2004］）．

　ここで，その利用状況を見ると，日本では年間500件程度に対してアメリカは60万件と，その差は歴然としている．アメリカにはすでに3千万件以上の登録済み著作物があり，裁判などに活用されている．日本での裁判においても，アメリカの著作権登録証明書が著作権の保有に対して強い事実関係の証明力が認められる事例もあり，日本の著名なアニメ作品や映画作品については，わざわざアメリカの著作権登録証明書をとる例が，年間30件以上あるという（デジタルコンテンツ協会における山本隆司弁護士からのヒアリング調査結果による）．

　ところで著作権が保護しているのは，「著作物」すなわち「思想または感情を創作的に表現したもの」（著作権法2条）である．その際体現（法律用語では

「化体」）とりわけ固定はごく限られた著作物について要件とされているだけで，一般的な要件ではない[4]．例えば即興演奏のように瞬時に消え去るものでも，創作性があれば音楽の著作物としての保護が及ぶ（斎藤［2000］）．しかも一般には誤解されやすいが，固定された「モノ」の「所有権」と，そこに体現されている「情報財」の「著作権」とは別である．例えば私が，さる高名な書家の書を購入したとしても，契約前に写真による出版がすでに第三者に許されていれば，私が自分で書を鑑賞したり他人に見せることは自由だが，出版を差し止めることはできない（顔真卿自書建中告身帖事件）[5]．

このように知的財産制度（著作権もその一部）は，見たり触ったりすることのできない無形財を保護するものであるが，一般的な法律は有体物に焦点を合わせている．近代法の基本原理とされる「所有権の優越性」「契約自由（私的自治）の原則」「過失責任の原則」などは，工業（産業）社会を前提にしたもので，その後の社会の変化につれて微調整されてきたが，有体物を中心とする民事法体系の根幹は，ほとんど変化していない．民法85条において「本法において物とは有体物をいう」とあるのが象徴的である．

そしてそれには，法的にも十分な理由がある．「有体物」の場合には，「自己のためにする目的をもって物を所持する」ことが可能で，法的にはこの「占有」（民法180条）を前提に，権利者の絶対的排他権を認めたものが「所有権」（同206条）であり，これを（第三者を含む）社会一般に担保する仕組みが，登記や引き渡しなどの「対抗要件」である（同177条，178条）．ところが「情報財」は，本人でさえ触って確認することができない実体のないものだから，他人の使用を排除することはきわめて難しい（非排除性）．また誰かに「情報財」を引き渡したつもりでも，私の手元には同じものが残っている（非競合性）．つまり法的には「占有」状態が不明確だし，明確な移転も起こらないのである[6]．

---

[4] ベルヌ条約（パリ改正条約）では，著作物の保護に固定要件を課さず，同盟国が立法で課すことは自由としている．わが国では映画の著作物（著作権法2条3項）など，ごく限られた範囲で固定を要件としている．
[5] 最二小判1984年1月20日，民集38巻1号1頁．阿部［1994］．ただし本件事案は相当入り組んでいるので，本文では簡素化してある．詳しくは，終章第3節参照．
[6] これは経済学では「公共財」に近いことを意味する．なお他にも，一旦引き渡した情報は取り戻すことができない（取引の不可逆性）とか，一物一価が成り立たないなどの特徴もある．

第8章　デジタルはベルヌを超える：無方式から自己登録へ　　　　193

　このことは次の例を考えてみれば，理解しやすい．今私がここに書いている原稿は，著作権についての私の思想を述べたもので，他の人とは違った意見を含んでいるので，「著作物」に該当するだろう．良く書けているとすれば，この原稿を読んで下さる方には，私の思想は容易に伝達されるだろう．しかし，そのことによって私自身の思想は減って失くなってしまうことはない．むしろ逆で，賛同者や批判者が増えれば増えるほど，私の思想は補強され補足されて，豊かになっていく．

　このような特質を持つ無形の財貨を保護し育てていくことは，文化の発展にとって望ましいことであろう．それでは，どのような保護のあり方が望ましいだろうか．一方で，ある思想を生み出した人に何の権利もなく，他人は勝手に使ってよいことにすれば，創作をしようというインセンティブに欠けることになろう．また，有体物（財物）を盗めば窃盗罪（刑法235条）に問われることに比べて，著しく正義にもとる感は否めない．しかし他方で，創作者に与えられる権利が絶大で，有体物の所有権と同程度だとしたら，どうだろうか．文化の発展は，まず先人の業績に学び，それを模倣することによって発展してきたという歴史に鑑みれば（例えば山田［2002］），最初の創作を強く保護することは，次の創作を困難にし独創性を窒息させてしまうかもしれない．

　自然科学や学術の分野も含めて，偉大な著作といわれているものでさえ，天才が突然ひらめいて創作したものではなく，先人の業績の上にプラス α を加えたものがほとんどである．コペルニクス的転回を成し遂げたコペルニクスでも，物理学を書き換えてしまったアインシュタインでも，現代でも上演される戯曲を多数創作したシェイクスピアでも，ゼロからスタートしたならば，あの高みに達することは不可能であったろう[7]．

　したがって現在の著作権制度が，著作者にインセンティブを与えるために，所有権に近似した排他権を与えつつ，利用者の側の自由度とのバランスをとろうとしていることは，賢明な解決策というべきであろう．われわれの日常生活との関連で見ても，①「アイディア」を保護する特許法と違って，著作権で保

7）　ニュートンが言ったとされる「私が遠くを見ることができたのは，巨人の肩の上に立つことによってである」という言葉はあまりに有名であるが，その言葉自体が多くの先人の発言に基いている（例えば名和［2002］参照）．

護されるのは「表現」であること，②事実やありふれた表現などは保護の対象にならないこと，③自己のためにする「使用」や公益的な「利用」は禁止されていないこと（本屋での「立ち読み」をしても，本屋に叱られることはともかく，著作権法違反になることはない），④物に体現した場合は，その物を最初に売った時点で，以後の著作権は「消滅」すると考えられていること（消尽理論あるいは First Sale Doctrine）などは[8]，こうしたバランス論の具体例と考えることができる．

3. 情報資産の保護方式と登録制度

ところで，この世に遍く存在する情報の中から，知的財産という情報を特定して保護することは，一種の情報セキュリティである．ここで情報セキュリティの基本とは，主として企業における情報資産を，管理者の欲するレベルの安全度で維持することであり，その際必要な要素は「機密性」(Confidentiality)，「完全性」(Integrity)，「可用性」(Availability)，略称 CIA であるといわれてきた[9]．しかし，企業の有する情報資産には多種多様のものがあるにもかかわらず，その分類と CIA との対応関係，特に法的な対応関係については，ほとんど触れられていない[10]．

そこで私たちなりの分類を試みてみよう．まず企業の保有する情報は，大きく2つに分かれる．1つは自社や他社の情報，すなわち法人その他の団体に関する情報と，団体が法的権利を有する情報である（以下「法人の情報」という）．そしてもう1つは，自己や他人の情報，すなわち個人（顧客・従業者等）に関する情報，及び個人が法的権利を有する情報（以下「個人の情報」）である[11]．他方，これらの情報を守る手段としては，「秘匿して守る」「公開して守る」の2種類がある．前者は「防衛秘密」「通信の秘密」などの「秘密」であり，後

---

8) 中古ゲームソフト事件．最一小判2002年4月25日，民集56巻4号808頁．
9) 1992年に OECD が採択した「情報システムセキュリティ・ガイドラインに関する理事会による勧告及び付属文書」が最初であるとされる．
10) 岡村［2007］は，情報セキュリティ関連法を体系化した先駆的・画期的著作であるが，主として CIA 分類によっており，情報資産の区分への配慮は希薄である．
11) これらの分類に含まれない第3の類型も観念できるだろうが，ここでは簡素化のため2大別する．

者は特許権・著作権などの「知的財産」である[12]．ここで，縦軸の1つである「秘匿して守る」の欄は，前述のCに該当すると考えてよいだろう．また，「公開して守る」は概ねIの要素が強いと思われる．

以上の関係を図示すれば，図8.1のようになる．この図は法人と個人に分けて描いてあるが，本章のテーマである著作権についてはこの区別は無視してよく，CかIかの方が重要である．

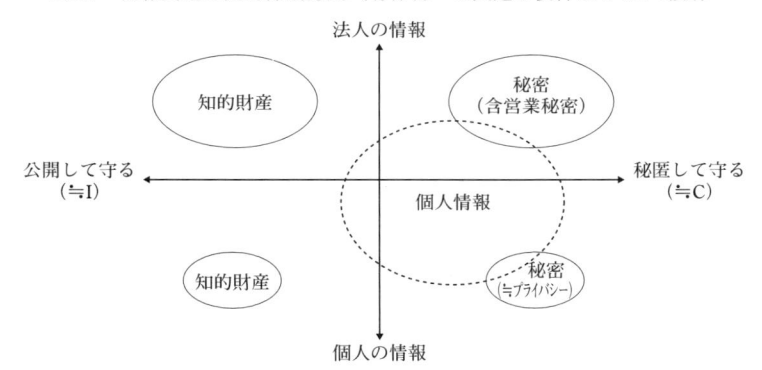

図8.1 情報資産の法的保護方式（有体物への固定を要件としない場合）

```
              法人の情報
                 ↑
    知的財産          秘密
                   （含営業秘密）

公開して守る ←――――――――――→ 秘匿して守る
 （≒I）        個人情報         （≒C）

    知的財産          秘密
                   （≒プライバシー）
                 ↓
              個人の情報
```

注1：営業秘密は知的財産の一部として扱われることが多いが，その実秘密の一種である．
注2：不法行為や債務不履行による事後救済は有体物に同じ．

ここで情報資産を法的に保護するうえでは，有体物を保護する場合とは全く違った困難が待ち受けている．つまり前述の通り占有（独り占め）することが難しいし，情報を他者に伝えても，私がその情報を失うわけではないので「占有の移転」も明確でないし，一旦漏洩した情報は取り戻せない（取引の不可逆性）からである（林［2001a］［2003a］）．したがって法は，こうした摑みどころのない客体である情報に対して，種々の工夫をして，何とか有体物の法体系並みの保護をしようとしてきた．

その代表例が「公開して守る」方式である知的財産に，端的に現れる．なぜ

---

[12] ここで「公開して守る」というのは論理矛盾と思われるかもしれないが，実は知的財産の大部分はこの方式によっており，営業秘密はむしろ例外ということができる．

ならここでは，もともと公開情報であるビット列に排他権を付与しようとするものであるから，その範囲を特定しなければならない．そこで狭義の知的財産（田村［2006］の分類では，インセンティブ創設型法制）である特許法・実用新案法・意匠法・半導体集積回路法・種苗法においては，いずれも登録を権利成立要件としており，著作権の無方式主義はむしろ例外である（表8.1参照）．

表8.1 狭義の知的財産制度：インセンティブ創設型

	保護の態様	禁じられる行為	対応する法律	保護される客体としての情報の公知性等	登録の必要性
インセンティブ創設型	自然法則を利用した技術的思想の創作	発明の不正使用	特許法	認定の登録により公開される（公知のものは登録不可）．それ以前に出願公開もある	あり
		考案の不正使用	実用新案法	同上（公知のものは登録不可）	あり
	物品等の形状で視覚的に美感を起こさせるもの	意匠の不正使用	意匠法	同上（公知のものは登録不可）	あり
	半導体集積回路の配置利用	半導体集積回路配置の不正使用	半導体集積回路法	利用権設定の登録により公開される	あり（利用権を設定）
	植物の新品種	植物新品種の不正使用	種苗法	品種登録により公開される	あり
	思想または感情の創作的な表現	著作物の不正使用	著作権法	通常公表により周知されるが，非周知のものにも権利成立	なし（無方式主義）

注：インセンティブ支援型・創設型や保護法益の分類は，田村［2003］によるが，一部修正．特に私の分類では，営業秘密は知的財産としてではなく，秘密の一種として保護される．

一方これを広義の知的財産（田村［2006］の分類では，インセンティブ支援型）に広げて考えた場合には，いささか様相が異なって見える．しかしこれは一重に「営業秘密」という異分子が入り込んだから，そう見えるだけである．これを「秘密」の保護方式の1つだとして表8.2から除外すれば，すべて公知の情報に排他権を付与する制度だということになる．ここで商標権だけが登録を要件とし，他は無方式であるが，それは当該情報の使用状態や違法性が比較的感得しやすいから，登録を求められていないにすぎない．

換言すれば，情報に排他権を与え，これを法的に守ることはそれだけ難しいことを意味する．具体例として，情報が窃盗罪の対象になるか否かを考えてみ

表8.2 広義の知的財産制度：インセンティブ支援型

保護の態様		禁じられる行為	対応する法律	保護される客体としての情報の公知性等	登録の必要性
インセンティブ支援型	市場先行の利益	商品形態のデッドコピー	不正競争防止法	公知	なし
	(秘密管理体制)	営業秘密の不正利用	同上	非公知	なし，代わりに「秘密管理性」が必要)
	技術的管理体制	技術的制限手段の迂回	同上，著作権法	通常は非公知．ただし公知であっても保護される．	なし
	信用　商品等の表示	商品等主体の混同	不正競争防止法	公知（周知性が要件）	なし（先使用等の特例あり）
	同上	著名表示の不正使用	同上	公知（著名性が要件）	なし（先使用等の特例あり）
	ドメイン名	ドメイン名の不正取得（図利加害目的の場合）	同上	公知	なし（ただし商標と同じであれば，次項へ）
	商標	商標の不正使用	商標法	認定の登録により公開される（公知のものからの創作が容易であれば登録できない）	あり（不正使用の場合の対策あり）

注：インセンティブ支援型・創設型や保護法益の分類は，田村 [2003] によるが，一部修正．特に私の分類では，営業秘密は知的財産としてではなく，秘密の一種として保護される．

よう．窃盗罪は「他人の財物の窃取」が要件である（刑法235条）が，ここで財物とは有形のものであった．しかしすでに戦前において，裁判所は「電気」の盗用に窃盗罪を適用し[13]，戦後はこれを明確にするため，「窃盗および強盗の罪」の章においては「電気は財物とみなす」旨の規定（同245条）がおかれている．しかし「みなす」ということは，「実際はそうでないのに法的には同じものとして扱う」という意味だから，反対解釈をすれば刑法は「有体物に体現された情報」を保護しており，電気はその唯一の例外である．したがって，財物ではない情報を盗んでも，窃盗の構成要件に該当しないと見るしかない．

世間では情報の価値が次第に高まっていることや，有体物を窃取すれば罪に問われることに比して，著しく均衡を欠くとの視点から「情報窃盗」を法定化すべしという論議がある．しかし顧客情報の流失や盗用を秘密侵害罪として処罰する先進国が見られるものの，わが国の秘密漏示罪は犯罪行為の主体を限定している（身分犯）．また仮に「情報窃盗」罪を作っても，「実質秘」性を具備

---

13) 大審判1904年5月21日刑録9巻874ページ．

しない電気信号の集積や公開情報を編集したプログラムやデータベースが，広く同罪における「秘密」に含まれることはないものと思われる[14]．

またコンピュータ化の推進につれて，これを利用した犯罪が多発したため，1987年の刑法改正において「電磁的記録不正作出」（刑法161条の2）「電子計算機使用詐欺」（同246条の2）「電子計算機損壊等業務妨害」（同234条の2）などの罪が，2001年には「支払用カード電磁的記録に関する罪」の章（同18章の2）が新設・追加された．これらの場合の保護対象は「電磁的記録」（同7条の2）であるが，これまたデータそのものではなく，有体物に体現されたものと位置付けられていることに注意すべきである[15]．

したがって総じていえば，刑事法は「秘密」のような無形のものを直接保護するような態度はとっておらず[16]，その役割は「防衛秘密」「通信の秘密」などを保護する特別法（前者につき，秘密保護法[17]や自衛隊法，後者につき電気通信事業法など）に委ねられている（林［2005］）．

このような刑事法の対応と比較して，民事法の対応はどうだろうか．実は，有体物を中心とする民事法体系の根幹は，時代の変化にもかかわらず，ほとんど変化していない．民法85条において「本法において物とは有体物をいう」とあるのが象徴的である．そしてそれには十分な理由があることは，先に「占有」という概念が不明確であることを説明した件から明らかだろう．

もっとも「情報の保護」と真正面から銘打たなくても，実行上これに近い効果を与えてくれる規定は存在する．例えば民法の「不法行為」（民法709条以下）においては「他人の身体，自由若しくは名誉を侵害した場合」に「財産以外の損害に対しても」損害賠償の責任を課している（同710条）から，名誉など「非

---

[14] 逆に「有体物」でなくても安易に窃盗の対象とされるようであれば，カンニングや本屋での立ち読み，あるいは観光ツアー・ガイドの説明を盗み聞きすることも，形式的には窃盗罪になってしまう．
[15] ただし「支払用カード不正作出準備罪」（同163条の4）は，電磁的記録の「情報」を取得しただけで罪になるので，「情報そのもの」を保護しているといえる．
[16] これに対して，財産上の価値のある情報（財貨としての情報）については，いわゆる2項犯罪（強盗罪・詐欺罪・恐喝罪の各2項）として「財産上の利益」が客体とされている．通常は，債権の取得や債務の免脱，債務履行期限の延長などであるが，情報を欺網・暴行・脅迫などの方法で取得した場合には，情報それ自体が2項犯罪の保護対象となりうる．
[17] 正式には「日米相互防衛援助協定等に伴う秘密保護法」（1954年法律第166号）．

表8.3 知的財産の保護の3方式

方式	内容	現行法	効力
排他権付与	創作者に他者の利用を排除する権利を付与する	特許法 著作権法など	妨害排除，損害賠償請求，譲渡，相続，実施許諾，第三者への対抗，担保権の設定など
差止権付事後救済	不正競争により知的財産等営業上の利益を害する行為を禁止する	不正競争防止法	差止請求，損害賠償請求（損害額の推定の規定あり）
事後救済	故意または過失により，創作者等の利益を害する行為を禁止する	民法	損害賠償請求のみ

財産的損害」も保護されていることになる．

しかし不法行為によって事後的に救護される場合（事後救済法制，英米法ではLiability Rule）よりも，事前に排他権が与えられていて他人の利用や妨害を排除できる場合（排他権付与法制 Property Rule）の方が保護の程度が強いことは明らかである．知的財産制度はこの後者の代表例といえる（Calabresi and Memaled [1972]）．この中間に特定の行為に限り差し止めを認める方法（差止権付事後救済）があるが，この三者を比較して見ると，排他権付与＞差止権付事後救済＞事後救済，と権利の強弱が異なることがわかる．

このように考えてくると，改めて「占有権」（民法180条）に基礎を置く「所有権」（同206条）が，きわめて強い排他権であることが確認できよう．所有権は表8.3の保護の3方式の「効力」欄に掲げるすべての機能を有している．また所有権に代表される財産権（＝物権）は民法等の法律で特定されている（同175条＝物権法定主義）．知的財産制度は，このような有体物の法体系を念頭におきつつ，それに準ずる形で特定の情報に対して権利を付与したものである．

このような所有権の特徴を知ってか知らずか，知的所有権という用語が使われることがあるが，知的財産たる情報が所有の対象になりえないことは，繰り返すまでもないだろう．この問題は一見言葉の問題のように見えるが，実は権利の強弱をどう捉えるかに関係している．そしてこの立場の違いは，公的機関による審査や登録を要件とする特許権の場合より，何らの手続きを必要としない著作権（無方式主義）の場合に，より先鋭な形を取る．デジタル化の影響を

受けて，著作権の侵害が広汎に行われたのは，意外なことではない[18].

4. デジタル化による脆弱性の露呈

　本の出版から始まったコピーライトあるいは著作権は，新しいメディアである蓄音機・映画やテレビ，コピー機やコンピュータ・システムの誕生に合わせて適用領域を拡大して，数世紀を経た今日もなお生き続けている．しかし，1990年代に入ってからのデジタル技術とインターネットの急速な進展は，長い歴史を持つ著作権制度を，根本から揺さぶっているようだ．

　近代著作権制度は，①「著作物」という言葉に表されるように創作の結果は「モノ」に体現される，②オリジナルは特定できる，③複製にはコストや時間がかかり品質は必ず劣化する，④伝送による複製は品質の劣化で不可能か，極度に高くついたり時間がかかりすぎる，⑤改変についても事情は同じ，という暗黙の前提の上に成り立っていた．これはアナログ技術の制約と言い換えてもよいが，その制約が逆に制度の安定をもたらしていたともいえよう．なぜなら，「モノ」に体現されたオリジナルが存在するということは，本物と偽物（コピー）を見分けることを可能にするし，複製すれば品質が劣化することは，違法コピーの蔓延にも技術的な上限があることを，意味することになるからである（牧野［2002］）．

　ところがデジタル技術においては，①創作物を「モノ」に体現させずデジタル的素材のまま交換することができ，②複製することは瞬時にほぼ無料ででき，かつ品質も劣化せず，③これを伝送しても条件は同じ，④改変もまた同じ，ということになってしまう．例えば作曲をパソコンで行って，そのまま電子ファイルで保存しているとしよう．ある日気が変わって，一部を手直しして上書き保存したとすると，修正済みのものが新しい創作物になって，前のものはなくなってしまう．もちろんバージョンの管理を厳密に行っていれば，新作・旧作ともに自分の著作物だと主張することは可能だが，通常は絶えず更新を続けることが多く，どれがオリジナルかは本人もわからない場合がある．

---

[18]　ウイニーによる情報漏洩の最大の懸念は，個人情報の漏洩とともに著作権侵害情報の流通である．

またこの楽曲を誰かに送信する場合を考えてみよう．親しい友人がいて，彼もまた作曲の才がある場合には，お互いに無償で交換するかもしれない．しかし中には互恵主義を守らない者がいて，第三者に送信してしまうかもしれない．かつてのアナログ時代には，このようなコピーや伝送を繰り返せば必ず品質は劣化するから，オリジナルとは価値が違った別商品に転化してしまったとして，違法コピーを目こぼししても問題は少なかった．しかし，デジタルではオリジナルと同じ品質のものが再生され，世界中に拡散されるので，創作者の被害は甚大になる．

またアナログの時代には，著作物（情報）は有体物に体現されていたので，侵害を回復するには有体物を差止めれば良かったし，損害賠償も有効な救済手段だった．しかし，デジタル情報によって著作物が表現されれば，それは0か1かのビット列に他ならないから，瞬時にしかもコスト・ゼロで複製され，伝送され，改変される危険に晒されている（林編著［2004］）．

しかし創作物の種類によって，その度合いに差があることにも留意しておこう．先の3つの困難性のうち「伝送」と「改変」は，「体現」または「固定」のそれと連動する面が強いので，今後の制度設計にあたっては，体現の困難度と複製の困難度を両軸に，著作権の対象になる創作物を分類してみることが有効であろう（図8.2）．

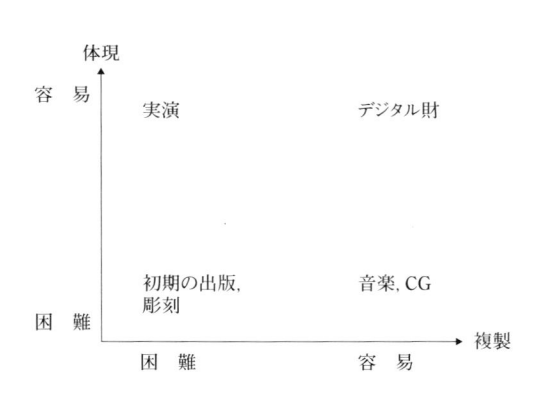

図8.2 体現と複製の難易度による著作物の分類

	複製困難	複製容易
体現容易	実演	デジタル財
体現困難	初期の出版，彫刻	音楽，CG

この図の原点に近い「体現困難・複製困難」の代表例が，かつての出版や，古くからある彫刻である．この対極にあるのが，「デジタル財」とでも呼ぶべきもので，「体現も複製も容易」であることから，従来の著作権の概念だけでは律せられない問題を提起している．その両者の間に「体現は容易だが複製が困難」な例として，実演（パフォーマンス）などがある．かつて実演は体現するのも困難であったが，デジタル録画装置などの発達によって，体現そのものは容易になった．しかし，そのような方法で体現されたものが，実演そのものと同等の価値を伝えているかとなると，いささか疑問である．ベンヤミンのいう「アウラ」が伝わらないからである（Benjamin [1936]）．同様の意味で，絵画にも本物と複製の差がありそうである．

　もう1つの中間的存在は，「体現は困難だが複製は容易」のパターンで，CG (Computer Graphics) が代表例である．CGの作業は，コンピュータへの入力に時間・労力と創造力が必要だが，一旦制作されたものを複製するのは，いとも簡単である．したがって著作権侵害に最も弱いメディアと考えられ，作者は学者寄りの道を歩むかアーティストに徹するか迷うことになる（河口 [2002]）．

　加えて，権利侵害に対して裁判による救済を求めようにも，デジタル財には次のような特性があって，うまく機能しないことがわかってきた（表8.4参照）．

表8.4　著作権とアナログ技術・デジタル技術

	区分	アナログ技術	デジタル技術
実体面	オリジナルの特定	特定できる	特定できない場合がある
	オリジナルの体化	通常体化される	体化されない場合がある
	複製コストと時間	ある程度かかる	ほとんどタダで短時間
	複製品質	オリジナルに比べて劣化	劣化しない
	伝達の場合	上の2欄の限界が更に強くなる	上の2欄に同じ
	改変の場合	同上	同上
手続面	侵害の特定	特定しやすい	特定しにくい
	侵害の範囲	オリジナルにアクセスできる範囲から遠からぬ範囲	グローバルにどこまでも
	侵害者の数	限定的	特定できないほど多数
	仲介者の責任	あまり考えなくて良い	侵害者に近い責任を問いたくなる
	訴訟の困難性	比較的容易	準拠法，裁判管轄などの複雑性

①オリジナルがどれかも判然としないので，複製がオリジナルに「依拠」[19]したものかどうか判断が難しい．
②ネットワークを介して複製が行われると，被害は世界規模になり，加害者を特定し難い（林［2001c］）．
③被害額が膨大であり，短期間に発生するので差し止めの効果がない．
④そこで勢い，情報の仲介者の責任を問うことになりがちである．
⑤国境を越えた紛争になりやすく，準拠法・裁判管轄などの問題が発生する．

このような状況のもとでは，従来通り著作者や著作権者の権利を守ることは，きわめて難しい．実効担保のコストがきわめて高くなったわけだから，知的財産権という権利付与がそれを上回る効用を社会にもたらしているのか，が改めて問われているわけである．

一方，デジタル化の影響は流通段階にも及ぶ[20]．著作物がアナログ技術に支えられ，「モノ」に体現されることが一般的であった時代には，著作物の流通について格別の注意を払う必要はなかった．なぜなら，それは一般的な財貨の流通と異なるものではなかったからである．ところが，著作物がデジタル情報として生産され流通・消費される場合には，3つの大きな変化が生ずる．

1つは流通機能の変容で，うかうかしていると流通業者は中抜きされて不要になってしまう．なぜなら，アナログ時代には有体物の流通無くして著作物が流通することは不可能なので，最低でも物流業者としての仲介業者が必要であった．デジタルになると，この部分が要らないからである．しかし逆に，仲介業者が存在しなくなると，代金の回収を誰に頼ったらよいか，という問題が発生する．eコマースがゆっくり立ち上がろうという間に，携帯電話を使った情報サービスが急速に成長したのは，（他の要因もあろうが）電話会社の料金回収代行力が有効だったからだと思われる．つまり流通機能は，全く新しい視点のものに変化していくであろう．

大きな変化の第2は，流通業者の機能変化の陰で，生産者と消費者が直結す

---

19) 著作権侵害の要件として，類似性と依拠が挙げられるのが通例である（田村［2001］）．
20) 米欧の学者の協同作業として進められている「著作権リフォーム」（Samuelson［2007］）の動きを調査した椙山敬士弁護士も，「デジタル化の変化を一番多く受けるのは無形的な流通であろう」とする（2008年2月29日，デジタルコンテンツ協会主催の「著作権リフォーム」講演会資料から）．

る動きが出てくることである．しかもトフラーの指摘するように，消費者は時として生産者にも変化しうる（プロシューマー）ので，この変化は一方的ではなく，相互依存的になる．その例として，著作権管理は強化に向かうのか，緩和に向かうのかを考えてみよう．

　世間では，いわゆる DRM（Digital Rights Management）技術の登場によって，著作権管理は徹底的に細分化され，どこまでも追跡可能になるから，著作者（＝生産者）の権利が強化され，いわゆる違法コピーは撲滅されるし，されるべきだとする向きがある．Lessig のようなコモンズ派は，反対にそのような管理社会の到来を危惧している（Lessig [1999] [2001]）．しかし本当にそうだろうか．DRM の完徹は，比喩的にいえば本の立ち読みにしても，その量に応じて課金するということだが，それでは立ち読みをする人が減少するだけでなく，本屋に入る人の数自体も減ってしまうことにならないだろうか．「禁酒法」のたとえはまさにそのような状況を暗示している（林 [2001a]）[21]．

　しかも，著作者の権利を強化することは，次の著作者の権利を制限することに他ならないが，第1の著作者＝第2の著作者というケースもあれば，第1の消費者＝第2の著作者というケースもあり，利害関係は従来以上に錯綜してくる．ここで著しく一方だけを利する法改正は難しく，結局のところはバランス論への回帰，つまり現行の保護レベルの微調整にとどまらざるをえないのである．

　このような状況のもとでは，従来通り著作者や著作権者の権利を守ることは，きわめて難しい．問題がいち早く顕在化した音楽の分野では，デビッド・ボウイが自分自身を証券化して売り出し，保有者にライブ・チケットを優先的に割り当てることで価格を上げ，逸失利益の回収を図っている．デジタル・マルチメディアの環境のもとでは，1つの出力フォーマットを著作権で守ることに腐心するより，若干の違法コピーには目をつぶり，そこで得たポピュラリティを利用して，他のメディアで稼ぐことを工夫した方が賢い（林 [2001b]）．つまりワン・ソース・マルチ・ユースの発想でいくべきであり，またそれ以外のビジネス・モデルは考え難い．

---

21) なお法律的にいえば，本のあらゆる小部分に著作権を表示する ID を付与することは，創作性がない非著作物にも権利を付与することになり，現行著作権法に違反する（名和 [2000]）．

そこで第3の変化として，無方式主義の著作権制度の中に「登録」という機能を入れ込むことが考えられる．無方式主義は著作（権）者が誰であるかの探索コストを，利用者が負担する制度である．しかし，もともと拡散しやすく排除しにくい財貨である情報に，強い排他権を付与するのであれば，権利成立後の探索コストを権利者に課す方法，すなわち登録を何らかの形で義務づける方が合理的と考えられる．

その理由は，第1に負担の公平である．他の知的財産がすべて登録料を要する制度である点からも，著作権の登録コストを権利者負担とすることが妥当であろう．そして第2は，それが最少のコストだからである．権利者が登録をするコストは微々たるものであるのに対して[22]，後刻多数の利用者がそれぞれに探索コストをかければ膨大になるからである．

第3の理由は，登録なら技術進化に整合的なことである．前述の通りベルヌ条約は権利の成立に「固定」の要件を課すことを加盟国の自由に委ねており，これを要件としているアメリカのような例もある．わが国でもこの方式を採用すれば，デジタル化によって生じた脆弱性を克服することは可能である．しかしそれでは，せっかくのデジタル技術の良さを一部封印してアナログの世界に回帰することになるのではないかと懸念される．それに対して登録制度は，デジタル技術を活用する仕組みであり，時代の流れに沿っている．

5. ⓓマークと自己登録制度

ところで私は，ウェブ上で発表する著作物については，現行著作権法をベースにしながらも，全く新しい発想を採り入れるべきだと考え，1999年春以降「デジタル創作権」（ⓓマーク）という大胆な私案を提案中である（林［1999a］［1999b］）．私の考えも時間とともに少しずつ変化しているが，現在の案は図8.3のとおりである（レッシグほか［2005］）．

---

[22] 読者は登録が巨大なデータベースを要するものと，誤解しないで欲しい．私の分類では自己登録もDRMも登録の一種で，前者についても分散型データベースを想定している．

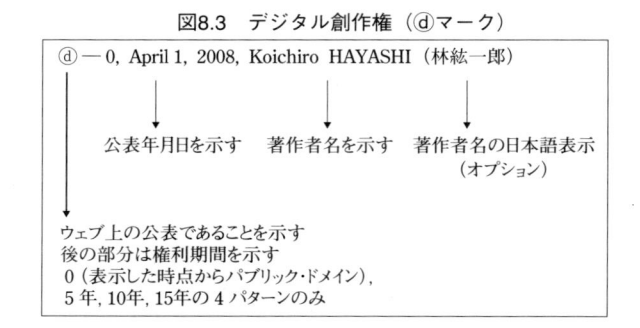

図8.3 デジタル創作権（ⓓマーク）

ⓓ — 0, April 1, 2008, Koichiro HAYASHI（林紘一郎）

公表年月日を示す　著作者名を示す　著作者名の日本語表示
　　　　　　　　　　　　　　　　　　　　（オプション）

ウェブ上の公表であることを示す
後の部分は権利期間を示す
0（表示した時点からパブリック・ドメイン），
5年，10年，15年の4パターンのみ

　これは「私はこの作品をウェブ上で公開しました」と宣言する，自己登録付きの著作物の公表制度である．やや具体的な補足説明をしておこう．

　①デジタル創作物の作者は，自らまたは代理人を通じて世間に公表し，ⓓマークを付すことにより，「デジタル創作権」を設定することができる．「デジタル創作権」は，原著作物がウェブサイトにしか存在しない「デジタル創作物」について，現行著作権制度を基礎としながらも，著作者の意思で以下に述べるような変更を加えたものである．

　②公表は，自らあるいは他人のウェブサイトによる．ただし，公表時点において広範囲に利用されているブラウザ・ソフトで読解可能な方法で行い，かつ広範囲に利用されている検索エンジンで検索可能にしなければならない[23]．

　③「デジタル創作権」には，一身専属的な「デジタル創作者人格権」と，「デジタル創作物財産権」の両者を含むが，両者を法技術上可能な限り「分離」（アンバンドル）する[24]．

---

23) デジタル創作権の存続期間中は，創作者はその利用可能性を保証しなければならない．仮に最初に掲出したウェブサイトが閉鎖等により利用不可能になった場合，創作者は他のウェブサイトに継続して掲出し，かつその旨を広く周知しなければ，権利を喪失する．

24) 本論において「アンバンドル」という用語を，いわば自明のこととしてしまったが，これはもともとコンピュータや通信の分野の競争政策として，会社分割を伴わない，いわゆる非構造分離の手段として考えられたものである（林［1998］）．その後アンバンドリングは，コンピュータや通信分野以外にも広く適用可能な手段として認められつつある．コンピュータ本来の分野では，マイクロソフトの独禁法違反訴訟において，ウインドウズというドミナントなOSとエクスプローラというブラウザ・ソフトをバンドルして販売することが認められるか否かが，主たる論点になった．

④「デジタル創作者人格権」には,「氏名表示権」と「同一性保持権」の両支分権を含む[25]が,「公表権」は既に行使済みであるので含まれない.
⑤「デジタル創作物財産権」は,著作権法上認められていると同一のあらゆる支分権を含むが,権利の保護期間は,公表後直ちに財産権を放棄するもの,5年間の権利を主張するもの,10年間のもの,15年間のものの4種類とし,ⓓの後ろに0年,5年,10年,15年の4パターンのいずれかを記入する[26].

日本の現行著作権法には,著者または著作権者による著作権の放棄(すなわちパブリック・ドメインにする)の明文の規定がない.実際上は権利を行使しなければ,自由に利用することができるので,権利の放棄と同じことになると説く人もいる.しかし,権利不行使の場合には,権利者がいつ翻意するかもしれないので,法的安定性の点で問題がある.ⓓ-0はその部分を明確化しようとするものである.

また併せて,権利保護期間を最長でも公表後15年として,ドッグ・イヤーに対応させる.15年は特許権の存続期間(申請後20年)を念頭においたものである.そして,公表の年月日を記入する.今までの著作権管理では通常,年単位でしか管理していないが,そろそろ年月日単位の管理が必要ではないかと考えた.著作者名をわざわざ英語で書いたのは,国際デファクト・スタンダートにしたいという野心からであった.

私の提案は,a)ウェブ上の公表という分散型の緩やかな登録システムであり,b)権利保護期間を最長15年までの4パターンに制限する,c)氏名表示権を重視する,という点に特徴がある.著作権のあり方自体を論じる視点からはb)が最もシリアスな問題提起であるが,ここではa)とc)を中心に若干のコメントを加えておこう.

---

[25] このうち氏名表示権は,後述するようにこの権利の中心を成すが,同一性保持権については,それを貫徹した方がよいか,それとも緩和して後の創作者の創意を刺激した方がよいか,なお逡巡している.この点に関する中山一郎氏の指摘に感謝する.
[26] 従来はもう1つの条件として,一旦「デジタル創作権」を主張した同じ著作物については,その後(アナログ)著作権を主張することはできないとしていた.しかしこの制限条件を守るのは意外に難しい.私自身も,一旦ウェブ上で公開した著作物は書籍の出版の際極力利用しないように努めているが,この制限に決して触れていないかどうかは自信がない.もっともこれは前注の同一性保持権の考え方とも関連している.

① 「デジタル創作権」は公表し，かつ財産権に関する部分については，権利の存続期間を自ら宣言し，ウェブサイトに自己登録することによって発生するものである．
② 公表は，現提案ではインターネットのウェブサイトによるものに限られている．ただし将来にわたってウェブサイトが唯一かつ最も効率的な公表手段とは限らないので，今後追加・補正が必要となろう．
③ デジタル的な公表の場合の問題点は，それが将来とも利用可能であるという保証が乏しいことである．将来的にはネルソンの「ザナドゥ」のような電子図書館方式が望まれる（Nelson [1991]）が，さしむき創作者の側に一定の義務を課すのも，やむをえないであろう．
④ 権利の内容としては，財産権よりも人格権を重視している．かつて公文俊平が指摘した，「プライオリティ権」[27]すなわち「氏名表示権」こそ，最も尊重されなければならない権利だと考えているからである[28]．
⑤ これに対して財産権，すなわち「デジタル創作物財産権」は，限りなく債権化してよいものであり，現著作権による「死後50年」という長期・一律の保護は，「スピードの経済」の時代には，ふさわしくないと考える．債権であるとすれば，どのような権利（特に権利保護期間）設定も可能であるが，取引の安全性と取引費用の節減の観点から，ある程度の標準化が望ましいと考え，5年毎の4種類のパターンを考えた．
⑥ 「デジタル創作権」はアナログの「著作権」と理念が相当に異なるもので，両者は両立しない．権利を主張するものは，創作あるいは公表の際に，そのどちらを選ぶかを明確にしなければならず，一旦「デジタル創作権」を選んだ場合は，後刻変更することはできない．ただし途中まで，アナログの著作権を主張してきた者が，後刻何らかの事情で「デジタル創作権」に乗り換えることは可能とする．
⑦ そのためもあり，また権利の保護期間に差があるため，万国著作権条約で

---

[27] 公文は「情報権」として「プライバシー権」と「プライオリティ権」の2つを考え，後者が特に重要だとしている．公文 [1986] 参照．
[28] 従来の人格権重視説は，主として同一性保持権侵害に対して強い規制を求めるものであったが，私の説は氏名表示権重視である（名和 [2000]）．

考案された©マークにならって⒟マークにより識別を容易にし，取引の安全を高めようとするものである．

⒟マークに類似のものとして，すでにいくつかの提案がある．いずれも電子的手段を使って何らかの管理を行うもの，すなわち ECMS（Electric Copyright Management System）という点では似かよっており，一種の登録制度といえよう（レッシグほか［2005］）．

これらは，①現行法に忠実（L＝Loyal 型）か独立志向（I＝Independent 型）か，②原著作物に関する権利情報（メタ情報）をデータベースとして蓄積するか（D＝Data Base），それともウェブサイトによるリンク形式のようなものを用いるか（この中がさらに狭義のハイパー・リンク H＝Hyperlink と，現在のウェブ型＝Wに分かれる），ID を埋め込み型にして追跡していく型をとるか（T＝Traceable），さらには媒体組込型か（M＝Media）という２つの軸で分類可能である（表8.5）．個々の例を挙げれば[29]：

① 北川善太郎の"copymart"は，コンピュータによる現行著作権の保護，つまりL型でしかもD型 <http://www.copymart.jp/index_j.html>．
② Ted Nelson の"transcopyright"は，ハイパー・リンクの創始者らしく，I＝H型 <http://xanadu.com>．
③ Free Software Foundationの GPL（General Public License）は I＝W 型の典型で，私に⒟マークについてのいくつかのアイディアを与えてくれた．<http://www.opensource.jp/gpl/gpl.ja.html>．
④ Harvard Law School の Berkman Center の提案した cc マークは，同じく I＝W 型である．元の http://cyber.law.harvard.edu/cc/cc.html は，現在 http://www.creativecommons.org/ へ移転された．
⑤ 私の⒟マークは，基本は I＝W 型ではあるが，工夫をすれば L＝W 型にも使える点に特徴がある．
⑥ 森亮一の"super-distribution"は，典型的な I＝T 型 <http://sda.k.tsukuba-tech.ac.jp/SdA/>．
⑦ Content ID Forum（cIDF）は，L＝T 型にも I＝T 型にも使える普遍的なシ

---

29) 以下の URL については，2008年２月29日にアクセスして確認ずみである．

ステムを目指したものであるが,現在は活動を休止している.

なお,オンライン上の利用を想定したものではないが,文化庁自身も「コピーOK」「学校教育ならOK」「障害者の利用OK」などの,「自由利用マーク」を推奨している<http://www.bunka.go.jp/jiyuriyo>.また純粋に民間ベースのものとして,eye-love-eye マークなどもある<http://eyemark.net/>.

表8.5 ECMS の提案比較

現行法との関係 処理方法	忠実(L)	独立(I)
ディレクトリ型(D)	コピーマート	
狭義のハイパーリンク型(H)		Transcopyright
ウェブ式リンク型(W)	(ⓓマーク)	GPL ccマーク ⓓマーク
IDによる追跡型(T)	cIDf	超流通 cIDf
媒体組込型(M)	DRM	DRM

注:他にアナログを主体にしたマーク(文化庁のもの,eye-love-eye など).

ところで2002年以降,上記の分類にも「融合現象」が生じてきた.2000年ごろから cc マークを始めた Lawrence Lessig は,ハーバードからスタンフォードに移ると同時に,cc = counter copyright という否定的な活動から転じて cc = creative commons と捉え直したプロジェクトを開始した.そして pro bono という弁護士のボランティア活動にも支えられて,マークだけでなく添付の契約書はもとより,それをプログラム化するところまで進んできた<http://www.creativecommons.org/>[30].

そこで提案されているマークは,Attribution(氏名表示権重視),Noncommercial(非商業利用),No Derivative Works(完全同一性保持),Share Alike(相互主義)の4つが中心である[31].このうち第1のものは,私のアイディアに近いばか

---

30) 日本語訳も整備されている<http://www.creativecommons.jp/>.
31) 当初は,これら4種のマークを組み合わせることによって,11通りの利用方法が可能であるとしていたが,その後 Attribution は必須であるとの考えに転じたので,現在は6通りの組み合わせが利用できる.

りか，さらにそれを実現するソフトウェアも実装しようという意欲的な試みで，これを活用する向きが増えつつある（レッシグほか [2005]）．

また，アメリカでは，これらの使用許諾契約を中心にした工夫のほか，古い歴史を持つ登録制度を活用して，実行上のパブリック・ドメインの範囲を明確にしていこうという主張もある．Landes and Posner [2003] の著者たちは，一定期間の著作権付与と登録料支払いを前提にした，永久に更新可能な制度が望ましいとしている．しかしこの期間や登録料・更新回数の設定如何で，制度の機能はかなり変化すると思われ[32]，著作権を言論の自由の発露であるとする私の立場からは支持できない（詳しくは，終章第4節を参照のこと）．

以上のような展開を踏まえて，私はⓓマークの第2世代版，すなわち Mark II を提案中である（レッシグほか [2005]）．その基本的発想は，

① クリエイティブ・コモンズで可能な部分は，できるだけ譲って重複を避けたい[33]．
② 著作者の意思による権利保護期間の設定は，ⓓマークのみで可能な仕組みであり，これを利用したいというユーザの声に応えたい[34]．
③ 第1世代案で提案したバージョン管理や使用許諾条件の設定は，ソフトウェアを対象にする場合には不可欠だが，一般には煩雑な感を与えかねないので，他のシステム（特に FSF など）に譲ることにしたい．

という現状認識に立っている．前出の図8.3には，これらの要素を織り込み済みで，実は Mark II の表示法であった．

6. 新しい任意登録制度と検討課題

アナログの時代には，アメリカ型の登録制度は，いかにも不都合に思えた．国土が広く，隣の州が世界の遠い国のように見える国においてしか，登録制度

---

[32] 例えば14年の著作権付与と1回限りで14年の更新期間（合計28年まで）というのが，1790年に制定された最初のアメリカの著作権法の規定であった．
[33] 現在の最大の問題点は，ⓓ-0と attribution の調整である．両者は近似的な概念であり，利用者に無用の混乱を与えないためにも，何らかの整理が望ましいが未調整である．
[34] creative commons でも検討したが，理事会で当面採択しないこととなった由 = Lessig 教授からの聴き取り．

は意味がないようであった．しかし，デジタル財のつかみどころのない欠点が露わになった現在では，従来の任意登録制度を超える仕組みを，検討すべき時期ではないかと思われる（林［2006］）．

効果として期待される最大のものは，裁判において真正な著作者であり，真正な著作物であると認定されることであろう．それに最も近い方式は，著作者や著作物の登録を権利発生要件とすることであるが，それではベルヌ条約（その一部はWTOの仕組みに組み込まれて，WTO条約で追認されている）に定めた無方式主義を否定することになってしまう．これに準ずる方式は，現在のアメリカがそうであるように，内国著作物については登録を訴訟要件とすることであろうか．これでもなお，ベルヌ条約違反の疑いは消し去れない．

より現実的で国際的調和を乱さない方法は，登録に裁判上の証拠能力を付与すること，すなわち「登録された著作者または著作物は，真正の著作者または著作物と推定する」との効果を付与することであろう．これは裁判実務の積み重ねでも可能であろうが，立法化する方が即効性があり，法的安定性の面でも優れていると考えられる[35]．

さて，このような発想に基づく新しい登録制度では，登録機関は唯一の公的機関だろうか．「公的なものが1つあるのが望ましいが，民間機関が複数あることも排除しない」という制度設計が望ましいと考えるが，その理由は以下の通りである．

まず第1に，データベース・ビジネスは「規模の経済性」あるいは「ネットワーク外部性」がきわめて強いことから，登録機関は寡占にならざるをえないので，何らかの形での公的関与は望ましい．ただし第2節で述べた無方式主義の意義に鑑みれば，行政機関が自ら登録機関になることは回避すべきである．アメリカの登録機関である著作権局が，議会図書館の付属機関であるあたりに，工夫の跡が見られる．

第2に，登録業務と電子認証業務はきわめて近い関係にあるから，電子認証

---

[35] ベルヌ条約の定めを超える部分（いわゆるベルヌ・プラスで，権利存続期間を「著者の存命中及び死後50年」というベルヌ条約を越えて，例えば「死後70年まで」とした場合に，51年以降70年までの期間）をどう定めるかは国内法に委ねられているとして，この部分に登録制度を義務付ける（方式主義とする）案も主張されている．しかし，保護期間の延長そのものに問題点が多いのだから，それを所与として制度を検討すべきではあるまい．

制度が民間主体で運用されていることと整合性を保つことが望ましい．そして第3に，本業務は著作権管理業務とも重複する部分があることに配慮しなければならない．著作者（あるいは著作権者）から見れば，著者と著作物の真正性を確保するための「登録」と，その権利処理を「信託」するための情報入力に，2度手間を要するのはわずらわしい．またこの2つの業務を分離すれば（極端な例として，両業務の兼業を禁止すれば）上の第1で述べた「規模の経済性」を生かせないことになる．

しかしこのことは，著作権登録データベースと，著作権管理データベースが混在して分離不可能であってよいことを意味しない．前者は権利の存在確認が主目的であり，後者は許諾業務の円滑化が主目的であるから，前者はより公開に適し，後者はより秘匿に適している．そこでこの両データベースをアンバンドルし，前者にのみ開示義務を課す制度が望ましいだろう．

なおここで，自己登録も認められるべきであることも，忘れてはならない．前述のクリエイティブ・コモンズや⒟マークなども，文化庁自身が推奨しているマークも，最も緩やかな意味での（自己）登録制度だといえる．これらは従来，著作権を弱める動きと捉えられがちであったが，レッシグの標語（Some Rights Reserved）が示すように，一定範囲での著作権保護を強める機能も持つのである（林［2006］）．

このような柔らかな発想に立てば DRM（Digital Rights Management）などのソフトウェアも，著作権登録の機能を果たしていることになる．DRM を含めた著作権管理システム(C)が，本報告で提案する著作権登録システム(R)とどのような関連性を持つのか（R⊂C，R≒C，R⊃C，）は，技術の進化を踏まえて，今後検討を深めるべきテーマであろう．

それ以外にも，この提案には課題が多い．以下にそれらを列挙しておこう．

(1) デジタルとアナログ

登録の緊急性は，デジタル著作物に関して顕著である．しかし，デジタル著作物が一度も媒体に体現されないとの保証もないし，現に存在する著作物の大半はアナログをベースにしている．したがって制度設計はデジタル技術を前提にするのは当然としても，登録の対象はデジタル・アナログ両方を含むものとして検討すべきであろう（規模の経済性を生かすためにも）．

(2) 登録の単位

　アナログの場合には，著作物を公表する媒体別に「著作物の1単位は何か」について一種の慣習が成り立っていた．本1冊，映画1巻，レコード1つ，というように．しかしデジタル情報については，著作物の単位をどう設定するかについての慣習がない．実はDRMが限りなく権利強化につながるのではないかとの懸念も，この点から生じている（小単位の情報にもDRMをつければ，そこに創作性がなくても，1つの著作物として扱われる）．この点も今後の課題であろう．

(3) 商用が主か，パブリック・ドメインの明確化が主か？

　前節で述べたように，ⓓマークなどの仕組みも登録の一種だと考えれば，これまでの提案は，どちらかといえば「パブリック・ドメインの明確化」が主であったと思われる．現行著作権法には「著作権の放棄」に関する明文の規定がないので，マークでその旨宣言することは，利用促進の効果があろう．著作権の保護期間が不明確であったり，権利者の行方知れずのため，著作物の利用が限定されている点を考えれば，これだけでも登録の効果はある．

　しかし，著作物利用の本命は許諾による商用の利用であるから，新しい登録制度を考えるなら，こちらを主に設計すべきである．先に著作権管理事業者が登録事業を兼営することは妨げないが，両データベースをアンバンドルせよとも主張したのは，このような発想に基づいている．

(4) 著作者情報と著作物の紐付け

　登録によって「本章は，私が書いたものである」ということを証明できるだろうか．いま本章をお読みの方は，冊子としてのまとまり，表紙・目次・奥付などから，私が本章の執筆者であることに疑いを持たれないであろう．しかし著作権登録データベースに，私の権利がメタ情報として収録されているだけでは，その情報の信頼性はおぼつかない．

　この状態を無視して，登録情報に第三者対抗力を付与したり，ましてや権利成立要件とすることは，冒頭に述べた無方式主義との関連性を別にしても，無謀な案だと思われる．なおこの状況はすべてがデジタル化されたケースでは，電子署名・電子認証技術によって緩和される部分もあるが，本人確認というアナログ的な部分は依然として残る．

(5) 著作物情報と原本の紐付け

登録するのはメタ情報であるから，それが著作物と1対1で対応しているかどうかは，何らかの方法で検証しないとわからない．デジタルの場合には電子認証がその役割を担うが，アナログの場合には「原本あるいはそのコピー」を提示してもらい，それを長期間保存する仕組みを考えないと，情報と原物との関係を証明できない．またコピーの場合には，それが原本のコピーであることを，別途の方法で確かめなければならない．

アメリカ著作権局の場合は，郵送も含めて原本またはコピーを提出してもらい，突合・保管の作業をしており，作業量が膨大になっている（デジタルコンテンツ協会［2007］）．これらのコストは取引費用として市場から回収できるか，あるいは税金で支出して文化の発展に資するべきか，突合を不要または極端に低コストにする方法はないか，など総合的な考察が必要である．

(6) 登録拒否はありうるか

原本（またはコピー）との突合を行うケースの場合，登録業務を行う側が登録を拒否できるか否かが問題になる．わいせつ物が持ち込まれた場合を考えてみればよい．一切拒否できないこととすれば，憲法でも保護されない表現物について，著作権の登録が可能になり，釈然としない．しかし一方で，事業者がみだりに拒否権を行使すれば，表現の自由が妨げられるおそれもある．この問題は，プロバイダー責任制限法における情報の削除と似ており，ケース・バイ・ケースで判断せざるをえないが，登録システムの設計の際に，避けて通れない課題である．

(7) 登録の3形態

以上の諸要素を勘案しつつ，私が委員長を仰せつかっているデジタルコンテンツ協会の研究会では，A．原本保証モデル，B．証書発行モデル，C．自己登録モデルの3つのモデルを提示している（デジタルコンテンツ協会［2007］）．この3方式をコスト面から比較すると表8.6のようになり，Aに比してBとCの方式が圧倒的に安い．これは1つの組織に集中して処理するよりも，極端に分散して処理した方が安上がりという「分散処理の優位性」を示している．

ここで，3モデルの鼎立を認めるべきだと考える理由は以下の3点である．
①無方式主義が原則の中で例外的に方式主義に近い制度を導入しようというの

表8.6　3方式によるコスト試算

方式	A. 原本保証モデル (アメリカ著作権局の場合)	B. 証書発行モデル	C. 自己登録モデル
創設 コスト	不明であるが，次項より1桁以上多いと思われる	不要(次項に吸収)	ⓓマークの検討過程では数百万円程度と試算
運用 コスト	4,700万ドル 　利用者　2,700万ドル 　税金　　2,000万ドル	大部分は認証(電子署名・時刻証明)のコスト	同上の検討過程では百万円程度と試算
利用 料金	利用者　1件当たり　45ドル 　(特別処理　685ドル)	1件当たり数十円～数百円	自己負担であるため発生しない
備考	年間登録件数:50万～60万件 (累計では3,000万件以上) 年間証書発行件数:約5,000件 虚偽の登録に対する罰金: 2,500ドル以下 (なお著作権関係の裁判件数は年間約6,000件)	電子署名や時刻証明の普及につれて，コストは急激に下がってくるものと思われる	クリエイティブ・コモンズに見られるようにボランティア活動が主体で，商用コストの試算になじまない面がある

であるから，緩やかな制度設計が望ましい．②言論の自由の発露である著作物については，検閲あるいは自主規制の危険を最小化すべきである．③従来の著作権制度は全部一律（one-size-fit-all）の発想ができたが，多様性が増大している現代では，オプション（選択肢）がある方が望ましい．④データベースの構築には膨大なコストがかかる場合があるので，その最少化を追求するべきである．

(8)　「なりすまし」対策

このようなシステムを最大限に活用するためには，暗号（認証）技術と組み合わせることが望ましい．つまり本人確認のためにも，著作物の真正性の証明のためにも，さらにはそうした証明を行った時刻の証明に関しても，こうした技術を使うのである．ここで特に，著作物そのものとそのメタ情報との「紐付け」が重要である．表8.5に掲げた各種のシステムは，cIDfを除けばマークやIDを付した著作物が，メタ情報と同一のものであるか否かがわからない．つまり，「著作物のなりすまし」に弱いのである．

そこで認証の際，著作物のデータ量が多い場合には，ハッシュ関数による情報圧縮を行う[36]．図8.4は，ハッシュ値による真正性の証明手順を示している．

---

[36]　ハッシュ関数とは与えられた原文から固定長の疑似乱数を生成する演算手法で，生成した値は「ハッシュ値」と呼ばれる．通信回線を通じてデータを送受信する際に，経路の両端でデータのハ

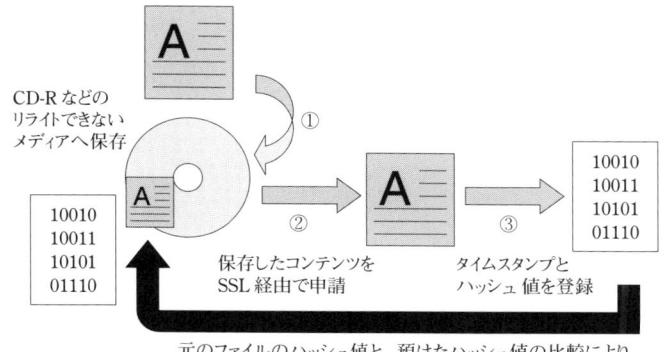

第8章 デジタルはベルヌを超える:無方式から自己登録へ　　217

図8.4　ハッシュ値による真正性の証明

出典:デジタルコンテンツ協会[2006].

まず著作物として保護したい情報を CD-R などのリライトできないメディアに固定する．そのうえで当該情報（コンテンツ）をネットワークを介して SSL (Secure Socket Layer) と呼ぶソフトウェアで暗号化して送信する．受け取った相手（認証局 Certification Authority = CA）では，このコンテンツのハッシュ値と登録時間（タイムスタンプ）を保管する．

後刻紛争が生じた場合には，元のコンテンツのハッシュ値と預けたハッシュ値を比較することにより，真正性の証明を行うことができる．なおここでは概念を明確にするため，登録主体を CA とは別人として説明したが，理論的にはこの両者を兼ねることができる．ただし，この場合にも第三者（一般的には Trusted third Party = TTP）は必要で，登録者は用心深く TTP と情報をやりとりして，自己の情報が第三者の証明を受けたものであることを明確にしておかなければならない．

以上で述べてきた自己登録制度は，アメリカ著作権局における登録とは似て非なるものである．その要点は次の2点に集約される．

ッシュ値を求めて両者を比較すれば，データが通信途中で改ざんされていないか調べることができる．不可逆な一方向関数を含むため，ハッシュ値から原文を再現することはできず，また同じハッシュ値を持つ異なるデータを作成することはきわめて困難である．

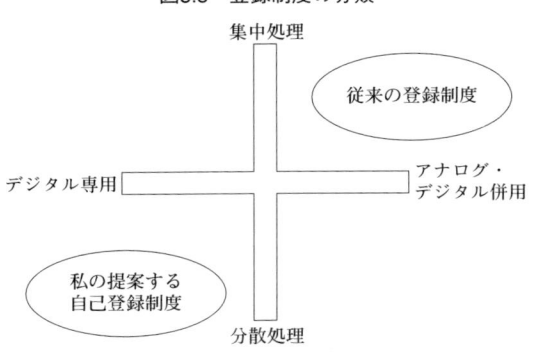

図8.5　登録制度の分類

```
              集中処理
                │
      ┌─────────┼─── 従来の登録制度
                │
 デジタル専用 ──┼────── アナログ・
                │        デジタル併用
   私の提案する │
   自己登録制度 │
                │
              分散処理
```

① アメリカのものが1つの機関における集中処理を念頭においているのに対して，自己登録制度は，著作者等が自分のウェブサイトに分散型で登録するものである．

② アメリカでは電子式登録の試行も始まっているが，登録可能な著作物にはアナログのものも含まれる．これに対して自己登録制度は当面デジタル情報としての著作物に特化したものである（図8.5参照）．

このような観点からは，前節で述べた電子認証制度と組み合わせて実施することが望ましい．しかし，著作物の自己登録制度だけのために，認証局を開設することは，コスト的に成り立たない[37]．認証・署名・タイムスタンプなどは，電子商取引が一般化すれば不可欠の基盤であるから，著作物の登録だけに目的を絞って検討するより，汎用的な用途に対応できる仕組みを検討すべきであろう．電子商取引の必要から，認証が一般化していけば，1件当たりのコストもリーズナブルな水準に下がり，著作物登録の際に利用することが可能になろう．

このような状況では，直ちに理想的な自己登録を推進することはできない．表8.5において，当初から電子認証などのシステムとの組み合わせを想定していたのはcIDfであるが，実行上は行き詰っている．むしろ逆に，このような厳密さを放棄して，マークだけを使った簡便な権利表示システムであるccマークの方が，ある程度の利用層を確保している．

---

[37]　かつて私も「デジタル創作権」を提唱した責任感から「ⓓマークセンター」のような認証局を検討したが，ビジネス・モデルとして成り立たなかった．

この場合，権利の正当性はまったく保証されないし，マークはメタデータを示すにとどまるから，当該メタデータと著作物との対応関係（紐付け）も保証されていない．しかし，ある著作物にあるマークが貼ってあれば，その著作者が一定の取引条件を表示しているから，取引の促進材料にはなろう．訴訟が頻発するアメリカで，多勢の弁護士がサポートして作った標準契約書が，法的にはこのようなプリミティブな水準であること自体が，自己登録制度の困難性あるいは限界を示していることになるのだろうか．

7. 登録と権利保護期間の関係

登録システムは現行著作権法の枠内で，任意の制度として機能するものであるから，著作権の保護期間のあり方とは独立の事柄である．しかし立法論として考えれば，登録制度が新しい可能性を開く余地はある．登録の3方式を活用すれば，著作権の保護期間のあり方等について，どのような弾力化が可能であるかを考えてみたのが表8.7である．ここで表の上段は，すでに述べた3方式を要約したものであり，下段がそれを活用した方法である[38]．

表8.7 登録を利用した著作権制度の弾力化

タイプ		略称	具体的内容
基本型	1	認証なし自己登録	クリエイティブ・コモンズや©マークのように権利を表示するのみで認証なし．
	2	認証付き自己登録	電子署名・電子認証・時刻認証を利用して，上記1を補強．
	3	推定効付き第三者登録	アメリカ著作権局のような第三者機関により，本人確認，著作物確認などを実施．真正性の証明について推定効を法的に付与．
基本型	4	法人登録	国内著作物であって，法人が著作権者の場合のみ，上記3を適用．
	5	相続登録	自然人も権利を相続する場合には，上記3を適用．
	6	裁定の円滑化	上記1〜3のいずれの登録もない場合，著作権法67条の文化庁長官の裁定が自動的に出るものとする．
	7	訴訟要件	アメリカと同様，内国著作物については「推定効付き第三者登録」を訴訟要件とする．

---

38) この表に，前述の Landes and Posner [2003] の案を入れなかったのは，情報という財貨の特性（本章第2〜3節）に反する提案だからである．詳しくは，終章第4節を参照されたい．

4の法人登録とは，法人が著作者（または著作権者）の場合には，自然人と違って権利の所在を明確にすることに権利者も意義があると感じるはずだし，法人は登録に慣れているので，登録を義務化（なお，法的に強制するだけでなく，登録することに経済的インセンティブを付与することを含む．以下同じ）してはどうかというアイディアである．5はこれとは逆に，自然人である著作者が死亡した後に，誰が著作権を相続したかがわからなくなることが多いので，相続の場合に登録を義務化してはどうかとする案である．
　そしてこの4と5は，6の裁定制度の円滑化と結びついている．現行著作権法には，公表された著作物などで利用の許諾を受けようにも，著作権者が不明などの場合には，「相当な努力」を払っても連絡できないときは，文化庁長官の裁定を受け，通常使用料相当の額を補償金として供託すれば，裁定による利用方法で利用することができる旨の定めがある（著作権法67条1項）．
　現にこの条文を利用して，国会図書館が古くなった書物をデジタル化する際に裁定を受けているようだが，一般の利用者にその道が開かれているか否かは定かでない．また「相当な努力」がどの程度であるかを推測することも難しい．このような場合に，権利者側の努力により4または5の方法による登録がなされていれば，まず裁定の必要度がぐっと下がるだろう．逆に登録がなされていない場合には，利用者側の「相当な努力」のレベルをよほど下げて，裁定をほぼ自動的に発出できるようにすれば，著作物の利用は旧来より大幅に円滑になるに違いない．
　その他の7は，現にアメリカで実施されている制度であるが，ベルヌ条約違反の疑いは残る．すでに何度も述べたようにデジタルはベルヌ条約を超えるものであるから，ベルヌに代わる新条約（例えば東京条約）の合意がなされれば別だが，現条約下では将来の課題とせざるをえないだろう．
　デジタル社会は，アナログ社会とは非連続の要素を持っており，それを有効に活用すれば，活用した側に比較優位をもたらすに違いない．名和［2004］は，今後の著作権は，①標準型，②より強い（財産権志向）型，③より弱い（人格権志向）型に分裂するだろうと予測しているが，今後デジタル技術を最大限に活用すれば，3方式が鼎立しつつ，緩やかに結合することも考えられる．これこそ「柔らかな著作権制度」に他ならないであろう（林［2003］［2004］）．

参考文献

阿部浩二［1994］「顔真郷自書建中告身帖事件」斎藤博・半田正夫編『著作権判例百選（第二版）』有斐閣.
岡村久道［2007］『情報セキュリティの法律』商事法務.
加戸守行［2003］『著作権法逐条講義（四訂新版）』著作権情報センター.
河口洋一郎［2002］「あるべき創造の世界～魅力的なサイバースペースを求めて～」デジタル著作権を考える会『デジタル著作権』ソフトバンク・パブリッシング.
公文俊平［1986］「ネットワーキング—第3社会システムへ」『日本経済新聞』経済教室欄，12月27日.
田村善之［2001］『著作権法概説（第2版）』有斐閣.
田村善之［2006］『知的財産法（第4版）』有斐閣.
デジタルコンテンツ協会［2007］『デジタルコンテンツの真正性に関する調査研究報告書』同協会.
名和小太郎［2000］『変わりゆく情報基盤—走る技術・追う制度』関西大学出版部.
名和小太郎［2002］『学術情報と知的財産権』東京大学出版会.
林紘一郎［1998］『ネットワーキング：情報社会の経済学』NTT出版.
林紘一郎［1999a］「デジタル創作権の構想・序説：著作権をアンバンドルし，限りなく債権化する」『メディア・コミュニケーション』No. 49，慶應義塾大学メディア・コミュニケーション研究所.
林紘一郎［1999b］「ⓓマークの提唱——著作権に代わるデジタル創作権の構想」『Glocom Review』Vol.4, No.4, 国際大学グローバル・コミュニケーション・センター.
林紘一郎［2001a］「著作権は禁酒法と同じ運命をたどるか？」『Economic Review』富士通総研Vol.15, No.1.
林紘一郎［2001b］「情報財の取引と権利保護」奥野正寛・池田信夫編『情報化と経済システムの転換』東洋経済新報社.
林紘一郎［2001c］「ナップスター，グヌーテラの潜在力」Net Law Forum No.5, 第一法規出版.
林紘一郎［2003］「デジタル社会の法と経済」林敏彦編『情報経済システム』NTT出版.
林紘一郎編著［2004］『著作権の法と経済学』勁草書房.
林紘一郎［2005］「「秘密」の法的保護と管理義務：情報セキュリティ法を考える第一歩として」『富士通総研研究レポート』富士通総研経済研究所 No.243.

林紘一郎［2006］「著作権，自己登録制度，研究者コミュニティ」『日本知財学会誌』Vol.3, No.1.
林紘一郎［2007］「無方式主義下の著作権登録制度」日本知財学会『第五回年次学術研究発表会 講演要旨集』.
牧野二郎［2002］「デジタル著作権とは何か？」デジタル著作権を考える会『デジタル著作権』ソフトバンク・パブリッシング.
山田奨治［2002］『日本文化の模倣と創造 — オリジナリティとは何か』角川書店.
山本隆司［2004］『アメリカ著作権法の基礎知識』太田出版.
レッシグ，ローレンス・林紘一郎・椙山敬士・若槻絵美・上村圭介・土屋大洋［2005］『クリエイティブ・コモンズ』NTT出版.
Benjamin, Walter［1936］*Werke Band 2*, Suhrkamp Verlag. 佐々木基一編・解説［1970］『複製技術時代の芸術』昌文社.
Calabresi, Guido and Douglas Melamed［1972］"Property Rules, Liability Rules and Inalienability: One View of the Cathedral," *Harvard Law Review,* Vol.85.
Landes, William M., and Richard A. Posner［2003］*The Economic Structure of Intellectual Property Law,* Harvard University Press.
Lessig, Lawrence［1999］*Code and other Laws of Cyberspace,* Basic Books.
Lessig, Lawrence［2001］*The Future of Ideas,* Random House.
Nelson, Theodor Holm［1991］*Literary Machine,* Mindful Press. 竹内郁雄・斉藤康巳訳［1994］『リテラリーマシン』アスキー.
Samuelson, Pamela［2007］"Preliminary Thoughts on Copyright Reform," *Utah Law Review,* Vol.3.

終　章　保護期間延長問題の経緯と本質

林紘一郎・福井健策

1. はじめに

　本章は，著作権の保護期間が有限である主旨や，著者の死後も権利が保護される理由といった「そもそも論」から始め，保護期間を設計するために「法と経済学」がどこまで貢献できるかを考察する．残念ながら著作物の実寿命分布と現在の研究レベルから，保護期間の最適化について唯一の解を導くことはできないが，設計の際に考慮しなければならないいくつかの留意事項を抽出できる．翻って，文化審議会著作権分科会や「著作権保護期間の延長問題を考えるフォーラム」が主催した公開討論で，延長の理由として挙げられたものは，理性よりも感性に訴えるものが多く，しばしば慎重意見との間の建設的な議論を阻んでいる．本章では，これまでの議論で挙がった論点を整理したうえ，読者に客観的な判断ができるような視点を提供し，本書全体のまとめとする．

2. 保護期間が有限である理由

　著作権の保護期間が有限であること，しかし著者の死後まで続くことは，どのように説明したらよいのだろうか？　本節では，まず前段の「有限性の根拠」から始める．
　最初に確認のために，現行法の規定から見ておこう．わが国の現行著作権法51条は，以下のように定めている．

(保護期間の原則)
第51条　著作権の存続期間は著作物の創作の時に始まる．
　2　著作権は，この節に別段の定めがある場合を除き，著作者の死後（共同著作物にあっては，最終に死亡した著作者の死後．以下略）50年を経過するまでの間，存続する．

　この規定を説明する著作権法の解説書は，著作権法あるいはベルヌ条約[1]等を所与として，「そもそも何のために保護期間が存在するのか」という議論に深入りするのを避けたいように見える．概説書として評価が定まっている書物でも，実務家が書いたものにはその傾向がある．例えば三山［2007］は7版を重ねたものだが，保護期間の原則について以下のように素っ気無い記述をしている[2]．

　「著作者の存命中及び死亡した日の属する年の翌年の1月1日から起算して50年間保護される（51条，57条）．共同著作物については，最後に死亡した著作者の死亡時を基準に算定する．」(p.111)

　しかし，保護期間について説明する場合，何らかの形でその合理性について触れる文献も少なからずある．ここでは代表例として，加戸［2004］を取り上げてみよう．この書物は，1970年の現行著作権法の制定作業に携わった人々が，その説明のために準備した草稿を基にしていることもあって，現在でもなお「準公式見解」を述べたものと評価されているからである．その51条に関する説明を見ると，次のようになっている．

　「財産的な利益をあげる著作権は，著作者に自然発生的に認められた権利ではなく，法律上与えられた権利でありまして，その権利の内容・制約・有効期間等についても法律でこれを定めることができるのであります．いわゆる文化的な所産としての著作物は，先人の遺産である著作物を利用す

---

1) 正式名称は「文学的及び美術的著作物の保護に関するベルヌ条約」(1975年条約4号)．
2) 加えて，保護期間という節の注に，以下のように記述されていることが，この書物の性格をよく表している．「著作権の保護期間につきアメリカ，EUが最近その保護期間を70年に延長したことから，わが国でも国際的動向との調和を図るため，現行の50年を70年に延長すべきか否かが現在検討されている．」後述のように，現在の延長論の論拠で論理めいたものは，おおむねこの「国際的動向」しかないのだが，この書物もそうした立場に立っているかのようである．

ることによってまた新たに創造されるものであるという観点からみましたときに，無期限に著作権の保護を認めるということは妥当とは言い難く，一定年限で保護を打ち切る必要があります．それが保護期間の発想でございます．」(p.324)

ここでは，著作権は個人が生れつき持っている自然権であるとする説（自然権論）を明示的に否定し，著作権が立法によって初めて認められる権利であるとしている．同時に，創作行為には先行著作物の利用が伴うので，権利付与が創作のインセンティブになり文化の発展に寄与するとする説（インセンティブ論）からは，権利の有限性が帰結されると述べているように見える．

これが学者の書物になると，事実の説明だけではなく学問的な考察を加味しなければならないので，何らかの形で保護期間の理由付けを行っている．最近の著作権法学者の書物は，より鮮明な形で「インセンティブ論」に立脚しているものが多い．標準的教科書の代表例として，中山［2007］は次のように説明している．

「『物』の所有権は物が滅失しない限り永久に存続するのに対し，著作権や特許権等の知的財産権は存続期間が有限とされている．人の創作活動は先人の業績の上に成り立っており，その成果の全てを永久に自分のものとすることは妥当ではない．その上，著作物は広く利用されることが文化の発展に裨益するのであり，そのためには創作へのインセンティヴを与えるに足る独占期間が経過した後は公共財（パブリック・ドメイン）とすることが法の目的に合致する．そのために存続期間を設けることが必要となる．（中略）著作権法は一定期間の独占的利用を認め，その後はパブリック・ドメインとすることにより，創作者の利益と社会一般の利益とのバランスを保っているという点を忘れてはならない．」(p.342)

一方，もっと踏み込んで保護期間の考え方を論じた書物もある．古くは半田［1971］に，一定の期間経過後は，恩恵を受けた文化の発展のために貢献すべきであるという発想が見られる．インセンティブ論が通説になった現在では，より直截に「そもそも著作権が必要なのは何故か」という問題設定をしたうえで，有限性を説明することができる．例えば田村［2001］は，以下のような説明をしている[3]．

著作権がなければ「原稿を買い取った出版社がひとたび小説を出版すると，他の出版社は小説の文面を知ることになり，小説を出版することが事実としてできるようになる．しかも，著作権がないのであるから，法的にもこの小説を出版するのに支障はない．この場合，最初に小説を出版する出版社は，作家の原稿を入手するために対価を支払った分，他の出版社よりも競争上，不利となるから，作家に支払う対価を買い叩くこととなる．」

これに対して，著作権法があれば「複製行為を禁止することができることから，買叩きの問題は生じない．(中略) これらの制度が設けられている趣旨は，より容易に対価を還流する手段を著作者に与えて，創作活動のインセンティヴをさらに増大させるところにあると理解することができる．」(pp. 5–6. オリジナル作品の出版社のビジネスモデルという視点から同様な説明を行うものに，福井 [2005] pp. 111–115)

これは情報という財貨が持つ「非排他性」「非競合性」という特質から，何らかの権利付与が必要であることを法的に説明したものである[4]．この考え方をさらに進めると，著作権は憲法に定められた「言論の自由」の発露である「表現」を，法的に保護すると同時に制約するものであるという視点から，より単純化した説明が可能ではないかと思われる（林 [2005]）．つまり，ある時点でAという人の表現を保護すれば，その限りでAの利益は保護されるが，必然的に後発のBという人の表現を制約する場合が生ずる（翻案・転載しようとする場合など）．このバランスをとるためには，権利が有限であることは，いわば内在的な制約ではないかと考えるものである．

基本的人権の一種である「言論の自由」と著作権との関連について，わが国ではごく最近にいたって論文が出てきた程度である．その契機になったのは，アメリカにおいてパブリック・ドメインに入った書物をボランティアで電子化して提供していた，エルドレッドが提起した憲法裁判であった．彼は，保護期

---

3) しかしインセンティブ論は，職業的な表現者という，いわばエリートを対象にした理由付けである．インターネットの普及もあって，今や「一億総クリエーター時代」が到来している以上，表現者が表現する機会が均等に得られると同時に，表現物もまた広く流通する機会を保障されるべきだ，という見方が必要ではなかろうか．このような観点から林は，インセンティブ論に加えて，「情報の自由な流通論」を提起している（林編著 [2004]）．
4) 法と経済学あるいは純粋経済学的な説明としては，林 [2004a] 参照．

間を20年間延長する法律（CTEA：Copyright Term Extension Act）によって，パブリック・ドメインに入るはずであった著作物の利用が困難になり，憲法の保障する「言論の自由」が侵害されたと主張したが，最高裁は7対2の多数で訴えを斥けた（この間の事情と論点については，城所［2004］参照）．

アメリカでは，著作権法の権威であるニマーが早くも1970年に「著作権と言論の自由のパラドクス」を指摘していたが[5]，それは ①表現は保護されるがアイディアは保護されない（アイディア・表現の二分法），②フェア・ユースの法理，③保護期間の有限性，という3つの「定義づけ衡量論」(definitional balancing) によって，一義的には解決可能であるとされていた（Nimmer［1970］）[6]．今日では，以上のほか主として判例法上の概念として，④他に依拠することなく創作されたものは類似性があっても侵害とされないこと，⑤最低限の創作性が必要で「額に汗」しただけでは保護されないこと，⑥有体物に体現された場合，その有体物の利用は自由であること，⑦その有体物を譲渡した場合には著作権も消滅すること（消尽理論）なども，著作権の範囲を制限し，言論の自由を保障する仕組みと考えられる．

その結果著作権法学者は，著作権に関する紛争が裁判で言論の自由との調和を保たれることに自己満足してしまい，一方「憲法修正第1条（アメリカ憲法において言論の自由を保障した条文）法学者は，ごく最近まで，著作権が自由な言論と自由な表現の法理に対して持つ意味について，事実上無視してきた」と酷評されている（Samuelson［2003］．以上について，より詳細には山口［2005］参照）．

わが国でも，エルドレッド事件の判例評釈等をきっかけに，著作権と言論の自由の関係についての議論が急展開した．横山［2004］の次のような言明は，この分野の到達点を示しているといっても過言ではないであろう[7]．

---

5) わが国でこの種の問題に真正面から取り組んだ最初の論文は，佐藤［1990］であると思われる．
6) もっともニマーも「フェア・ユースの法理」では「経済的損失」が甚大であるような利用は禁じられるが，「言論の自由の法理」ではそれも許容される余地があるとして，両法理に差があることを認めている．
7) なお，福井［2005］pp. 115-118も参照．もっとも，こう言ったからといって，横山説のすべてに賛成しているわけではない．特に林は「二重の基準論」や「国家による自由」論には賛成しがたいが，この論点については紙幅の制約から別の機会に譲らざるをえない．

「我々人類は，先人の文化的遺産を模倣し，これを批判・継承することにより発展を遂げてきたのであり，著作物の自由な利用は，表現の自由，学問の自由等の憲法上の基本的な価値に深く根ざしたものである．著作権制度は，かかる私人の自由権を制約することと引き替えに『文化の発展』という公共的価値を実現する制度であるが，著作権保護が過剰になればその分，私人の自由権が大きく侵食されることとなり，『文化の発展』を目的とする著作権制度が，かえって文化の発展の阻害要因となりかねない．（中略）著作権保護において肝要なことは，著作者の利益と表現の自由等の憲法的価値とのバランスを実現することであり，このバランスこそが著作権制度の本質をなすものである．そこで，現代の著作権法にはこのバランスを実現するための様々な制度が設けられている．その中でもとりわけ重要な制度の一つが，本稿のメイン・テーマである"著作権の保護期間"である．」(pp. 21-22)

3. 所有権と著作権の関係，デジタル化の影響

著作権が有限であることの意味は，権利の対象が滅失しない限り永久に存続しうる所有権と対比した場合，より鮮明になる．その点が裁判で争われた格好の事例として，「顔真卿自書建中告身帖事件」[8]がある．事件の概要は，以下の通りである．

Xは博物館であり，中国唐代の著名な書家である顔真卿真蹟の「顔真卿自書建中告身帖」を所有している（なお当然のことながら，顔真卿の著作権は消滅している）．一方Yは，書道関係の出版社であり，和漢墨宝選集24巻「顔真卿楷書と王樹臨書」を出版したが，その中には，Xの所有する「自書告身帖」の複製物が含まれていた．これはYが，告身帖の元の所有者の許諾を得て写真撮影した者の承継人から，写真乾板を譲り受けて複製したものである．Xは，Yの行為がXの所有権を侵害するものであると主張して，出版物の販売の中止と廃棄を請求したが，第1審・控訴審ともに，Xの請求を棄却したので，Xが上告．

---

[8] 最二小判1984年1月20日，民集38巻1号1頁．判例時報1107号127頁，判例タイムズ519号129頁．

終　章　保護期間延長問題の経緯と本質

ここで原告Xの主張は，以下の通りであった．

「物の所有者は，原則としてその所有物を如何なる手段・方法によっても使用収益することができ，第三者は他人の所有物を利用することによって所有者の使用収益を害してはならない関係にあり，したがって，ある物について，その所有者の許諾なしにその複製及び影像の製作・販売等を行えば，所有者がその物について有する使用収益権能を侵害することになる．
又，博物館の確立した慣行として，その所蔵品の撮影出版には博物館の許可を必要としかつ有料が原則である．」

ここで述べられている「所有権と著作権の関係」を理解するためには，図1が便利だろう．

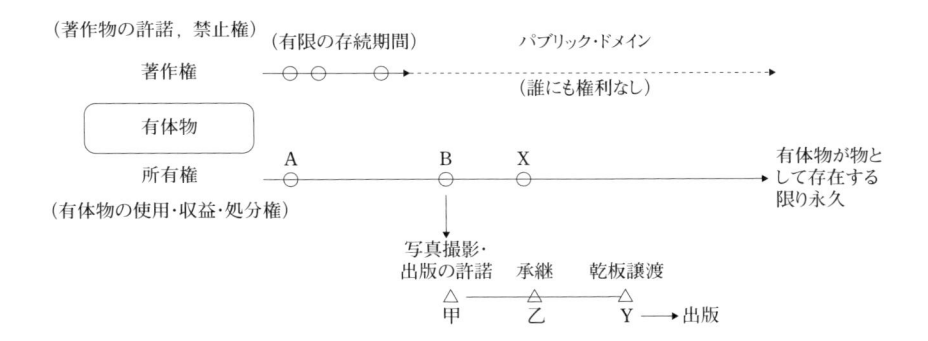

図1　所有権と著作権の関係

```
(著作物の許諾, 禁止権)    (有限の存続期間)      パブリック・ドメイン
  著作権         ─○─○─○─▶ - - - - - - - - - - - - - - - - - -
                                        (誰にも権利なし)
  ┌──────┐
  │ 有体物 │
  └──────┘
  所有権         A      B       X            有体物が物と
                ─○─────○──────○─────────────▶ して存在する
(有体物の使用・収益・処分権)                    限り永久
                       │
                       ▼
                   写真撮影・        承継      乾板譲渡
                   出版の許諾
                       △─────────△─────────△ ──▶ 出版
                       甲         乙         Y
```

本件に関して，最高裁は以下のような判決を下した．

「美術の著作物の原作品は，それ自体有体物であるが，同時に無体物である美術の著作物を体現しているものというべきところ，所有権は有体物をその客体とする権利であるから，美術の著作物の原作品に対する所有権は，その有体物の面に対する排他的支配権能であるにとどまり，無体物である美術の著作物自体を直接排他的に支配する権能ではないと解するのが相当である．そして，美術の著作物に対する排他的支配権能は，著作物の保護期間内に限り，ひとり著作権者がこれを専有するのである．」

「著作権の消滅後は，所論のように著作権者の有していた著作物の複製権等が所有権者に復帰するのではなく，著作物は公有（パブリック・ドメイン）に帰し，何人も，著作者の人格的利益を害しない限り，自由にこれを利用しうることになるのである．したがって，著作権が消滅しても，そのことにより，所有権者が，無体物としての面に対する排他的支配権能までも手中に収め，所有権の一内容として著作権と同様の保護を与えられることになると解することはできないのであって，著作権の消滅後に第三者が有体物としての美術の著作物の原作品に対する排他的支配権能をおかすことなく原作品の著作物の面を利用したとしても，右行為は，原作品の所有権を侵害するものではない」

「（中略）第三者の複製物の出版が有体物としての原作品に対する排他的支配をおかすことなく行われたものであるときには，右複製物の出版は単に公有に帰した著作物の面を利用するにすぎないのであるから，たとえ原作品の所有権者に（右のような）経済上の不利益が生じたとしても，それは，第三者が著作物を自由に利用することができることによる事実上の結果であるにすぎず，第三者が所有権者の原作品に対する使用収益権能を違法におかしたことによるものではない．」

この判決は当たり前のことを述べたように思われる．そして判例評釈としてこの問題を取り上げた論稿の多くは，本判決を支持している[9]．この判決前には，これと全く反対の考え方をとるものもあったというが，現在では（現場での受容や浸透には課題を残すものの，少なくとも法学者・法実務家の間では）「有体物の影像の利用等が物の所有権を侵害しない」という理解がほぼ定着している（大渕ほか[2005]）．さらに物に顧客吸引力があり，パブリシティ的価値がある場合であっても，所有者の無形的な価値への支配機能（この場合はパブリシティ権）を否定する最高裁判決[10]がある．

ところで，Xの主張の最後になされている，博物館の所蔵品には著作権が切れていても，許諾なしでは鑑賞することができないし，有料の場合が多いこと

---

[9] 著作権判例百選（第3版）1事件（阿部浩二筆），重要判例解説昭58・244頁（斉藤博筆），最高裁判例解説（民事編）昭59・1頁（清水利亮筆），法学協会雑誌102巻5号213頁（中山信弘筆）．
[10] 最二小判2004年2月13日，民集58巻2号311頁．

に触れておかねばならない．このような慣行はかつては所有権に基づくものと説明されることもあったが，判例評釈のうち法協102巻5号のもの（中山信弘執筆）にあるごとく，所有権ではなく「合法的にアクセスできないことによる結果にすぎない」と考えられる．これは後述する「アクセス制御」の是非につながる重要な論点である．確かに，例えばディズニーランドでシンデレラ城を見るためには，入場料を払わねばならないが，近隣の高いビルから無料で見ることはできる．仮にビルが展望台を設置して有料化を図ったとしても，それはシンデレラ城に対する所有権とは無関係である（この例は田村［2001］による）．

このように，所有権と著作権とは全く別の権利であるが，往々にして両者は同一視されてきた[11]．アナログの時代には著作権は物に体現されることが多かったので，誤認されてもさしたる障害にはならなかったのであろう．それではデジタル化がさらに進み，仮にほとんどのパッケージ系の著作物がデジタルのまま流通して，有体物に体現されることがない状態になると，所有権と著作権の関係はどうなるのだろうか？　ここで生じている現象は，実に「デジタル的」であり，その特徴は2つの面で顕著である．

第1の局面は主として実態面で，著作物が有体物として体現されることが必要条件ではなくなるので，先の図による所有権としての適用場面が少ないか，極端な場合にはゼロになる．ゼロの場合，著作権法が長らく前提としてきた「オリジナルと複製」という概念すら存在しない[12]．

しかもデジタルによる複製は，いとも安価にできるばかりか，品質が劣化せず何度でもコピーできるので，不正が行われた場合の損害はアナログ時代の比ではない．そのような行為がインターネットを通じてグローバルに行われた場合，準拠法や裁判管轄の問題もあって，法の期待するサンクションが今までほどに機能するとも思えない．多かれ少なかれ，デジタル時代には，それにふさわしい新しい法制度を検討せざるをえないと思われる（林［2004b］）．前章のテーマである登録制度などは，そのような工夫の1つである．

---

11) 知的所有権とか工業所有権という言葉が長期間にわたって通用してきたのは，このような誤認による要素が大きかったと思われる．
12) 念のため，ここでいう「オリジナル」とは原作品・原物を指しており，独創的という意味ではない．

第2の局面は主として手続き面で，0と1しかないデジタルの世界は，アナログの場合のような曖昧さを取り除いてしまう．代表例はDRM（Digital Rights Management）で，アクセスできるかできないか，1度だけは複製できるが2度目以降は禁止，特定国内ではアクセスできるが他国では禁止など，権利者があらかじめルールを定めて，それを強制することができる．つまり先に述べた当事者による時に一方的な「アクセス制御」が，法の執行を代行することになる．
　ここで，ある行為を許諾したり禁止したりすることが可能なのは，原初的には著作権に基づくことが多いと思われる．しかし，その発展型が著作権とは無縁であっても，技術の力で強制可能である．例えば，DRMで1度しか複製できない（コピー・ワンス）とすれば，それは「私的複製」（著作権法30条）を一部制限する可能性があるが，その制限は発信者やメーカー側が一方的に決める技術的な「事実上の制限」によっているわけで，著作権法の精神に反している場合も生じうる．
　しかもここで問題なのは，たとえ法的には根拠が無くても，あるいは極端な場合は違法であっても，デジタル技術で強制することができることである．実は地上デジタル放送の録画に関して，放送局はデジタル画像が勝手に流通することを懸念するあまり，録画機器についてコピー・ワンスを強制していた．これを利用者の何らかの権利侵害とする裁判は筆者らの知る限り起きなかったが[13]，不便さがネックとなって消費者の反感を買ったため，放送局もメーカーもコピー・ワンスを緩和せざるをえなくなった（10回までは良いこととなった）．
　このように「技術が法を無効にし，法に代替する」現象は，インターネットの商用化に伴って生じたことで，アメリカの憲法学者であるLessig［1999］が強い懸念を表明している．わが国でも名和［2004］は，デジタル化によって著作権制度はベルヌ条約に代表される「標準型著作権像」を離れ，「より強い著作権像」と「より弱い著作権像」に分断されていくと予測していたが，それは当たっていたようである．前述のDRMのように権利を強める動きがある一方で，フリー・ソフトやクリエイティブ・コモンズのような「一部の権利を留保するが，他の権利を放棄する」動きもまた活発化しているからである．

---

[13]　ここには，私的複製は著作権による禁止の一部解除であるのか，あるいは「私的複製権」ともいえる利用者側の法的利益を観念できるか，という問題が横たわる．

4. 保護期間が著者の死後も続く理由

さて前2節の議論で，有限である必要性はわかったとして，それでは「具体的にどの程度の期間が妥当なのか」という第2の問題に移ろう．最初に，著者の死後まで保護期間が及ぶことは，どう考えたらよいのだろうか？

近代著作権法の始まりとされる「アン法」(Statute of Ann, 1710年) においては，新たに出版される著作物の保護期間は14年で，その期間満了時に著者が生存していれば「印刷の独占的権利は著作者に帰還し，さらに14年間の保護が与えられ」た (白田 [1998])．その第1条には「著者の同意なく印刷業者等の出版が行われると，著者に損害が生じる以上に本人と家族を破滅に導くことになるので」という件が見られるが，著者の死後にまで権利を及ぼすことを，直接の狙いとするものではなかった．

その後も出版業者の期間延長の働きかけは強く，訴訟にも発展していった．1769年のミラー事件[14]では「コモン・ロー・コピーライト[15]による永久の保護」という考えが一旦肯定されたが，5年後のドナルドソン事件[16]で否定されたことによって，「コピーライトは永久に続く」という考えは棄却された(山田 [2007])[17]．その後，1842年法でアン法は廃止され，保護期間は，①本人の生存期間及びその死後7年，または②発行後42年のいずれか長い期間とされた(作花 [2004])．

他方，大陸法系著作権制度の原点ともいえるフランスにあっては，フランス革命直後に制定された1791年法と1793年法において，上演権（または演奏権）と出版権（または複製権）が認められたが，保護期間は生存期間に加え死後5年と10年であった．その後1866年法において「著者の存命中と死後50年」と定

---

[14] Millar v. Taylor (1769) 4 Burr. 2303, 98 Eng. Rep. 201.
[15] 白田 [1998] では，現在の著作権制度はイギリスで発生したコピーライトとは違うものであるという発想から，あえてコピーライトの語を使っている．
[16] Donaldson v. Becket and Others (1774), 4 Burr. 2408, 98 Eng. Rep. 257.
[17] その一方で，立法によって保護期間を延長する試みは継続的になされていた．廃案にはなったものの，1736年法案では，著作者とその譲受人は著作者の生存中のコピーライトに加えて，①本人が出版のときから10年以上生存していた場合には死後7年間，②10年未満で死亡した場合には死後21年間，の保護を与えることにしていた (白田 [1998])．

められ，1878年のパリ万国博覧会を機に，フランス政府の提唱によって「国際文芸協会」が設立され，著作権に関する多国間条約への動きが生まれた．それが次第に国際的な合意へと収斂していったという（宮沢［1998］）．

現行の国際条約である「ベルヌ条約」(1886年) は，1948年のブラッセル改正条約において，原則として「著者の存命中と死後50年」という保護期間を加盟国に義務づけた（同条約7条）が，それは「単なる偶然によるものではない．著作者とその直系の子孫の平均的な生存期間即ち3世代が含まれるのが公正かつ正当であると，考えた国が多かった」ためだという（黒川［1979］p.51）．

仮に，上記が孫の代の生活の安定と著作権を結びつける発想を指すのだとすれば，近代法においては，こうした配慮は著作権法の目的を越えるもので，社会保障法という領域に移されるべきであるともいえよう．実際，こうした長期の保護期間の恩恵を受けるのがどれほどの人数であるかを考えてみると，想像以上に例外的な少数者であることに気づく．例えば，アメリカではかつて，著作権は登録の上更新しなければ短期で消滅したため，権利を主張したい人はほとんどすべて登録・更新を行っていた．この膨大なデータ・ベースから，著作権の実寿命をある程度は推定することができる[18]．

このような視点からデータを分析した Landes and Posner［2003］には，「1883年から1964年に登録された著作物のうち，28年経過後更新されたものの比率は11％未満であった」「1930年に出版された10,027冊の書籍のうち，2001年になお出版されているものは174冊（1.7％）である」といった指摘が見られる．この2点のデータから，著作物の実寿命に関する曲線を推定すると，図に示すようなものが描かれる．（現実には最初から登録されない作品もあるため，実寿命はおそらくこれより短くなる．）

この図の横軸は権利取得からの経過年数であるため，「死後何年か」を示したものではない．しかし仮に権利取得後著者が30年生きたとして，死後50年

---

[18] 登録・更新しなくなれば，著作者や著作権者自身が市場価値が無くなったと判断した可能性が相当程度高いから．ただし現実には，市場価値はほぼないのにプライドや改変防止，そして何よりルーティンワークとして更新していた人がいるという短縮要因が考えられ，他方，市場価値があってもミスや確信的に登録更新しない例（フランク・キャプラ監督の代表作「素晴らしき哉，人生！」など）という加算要因もある．

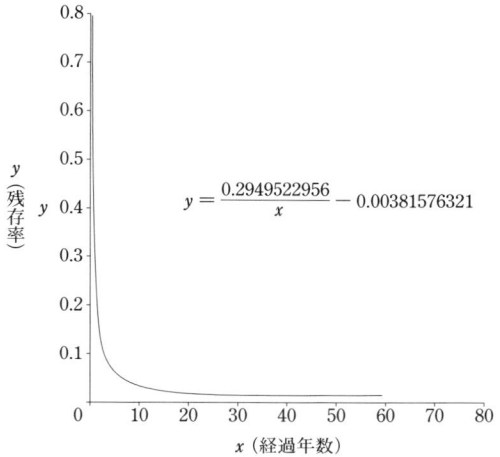

図2 著作物の実寿命の推計（アメリカの場合）

$$y = \frac{0.2949522956}{x} - 0.00381576321$$

（図では80年）と死後70年（同100年）を比較することに，どれほどの意義があるかは，一見して明らかだろう．「死後0年」，すなわち「著者の存命中だけ権利を保護する」ことにしても，前2者と有意な差があるとは思えない．

　このように保護期間を論議することは，多くの著作物の保護を論じているようでいて，インセンティブ論の拠って立つ「経済的利得」に注目する限りは，実はごく例外的な，一部少数の著作物の保護を扱っているにすぎないのである．（なお，本章では主として，著作権のもたらす金銭的インセンティブに注目して論を進めている．これは，著作者の人格的利益の保護は第一義的には著作者人格権を通じてはかられている，と現行制度を理解するためである．）この点が理解できれば，「これでは平均値管理は無理で，ケース・バイ・ケースで対応するしかない」[19]と考えることだろう．実は平均値管理というのは，対象物が一定の分布をしている場合にのみ，有効な手段なのである．

　例えば，固定資産の耐用年数を何年に設定すべきかを，税法の改正を審議す

---

[19] 図2の関数は一般的に「ベキ関数」と呼ばれ，図3などの関数と全く違った特性，すなわち「スケール・フリー性」（横軸にとったスケールに無関係）を持つことで知られる．「ベキ関数」がネットワークにもたらす種々の特性については，現在最先端の研究テーマになっている（林ほか [2006]）．

る委員会で検討しているとしよう．対象となる機械の実寿命は，おおよそ図に示すような分布をしているものと想定される．機械の品質は（特に日本製のものは）比較的安定しているが，それでも早期に壊れるものがある一方で，メンテナンスさえ良ければ十分長持ちするものもある．このような中で耐用年数としては，平均値に近い値に設定することになりそうである．

というのも，仮に平均値を大幅に上回る期間を設定したとすれば，かなりの機械が償却前に除却されることになって，企業は一時的な損失を覚悟せざるをえない．他方，平均値を大幅に下回る期間を設定した場合には，早期償却が可能となって財政的に豊かな企業は喜ぶかもしれないが，償却の負担に耐え切れない企業には赤字転落の危険が生ずる．いずれの場合も，制度が実態を歪めることになって，経済活動に悪影響を及ぼすことが懸念される．

しかし減価償却の場合は，こうした歪みを是正する手段が用意されている．定率法の総合償却を採用すれば，ある部分で償却不足になれば，その分残存価格が大きくなるので次年度以降に次第に償却され，逆の場合には残存価格が小さくなるので次年度以降の償却額が少なくなる．このようにして誤差が自動的に修正されていく（これを自動調整機能という）[20]．

著作権の場合も，同様の誤差が生じうるが，これを自動的に調整する機能はない．とすれば，市場原理を優先して考える経済学者は，一般の商品の場合と

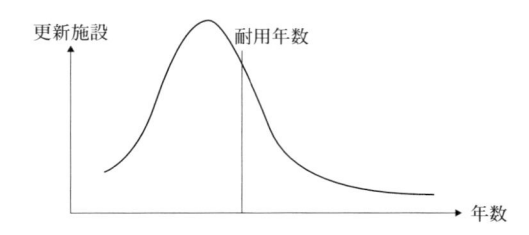

図3 通常の法体系は平均値管理

---

[20] 償却方法には定率法と定額法があるが，定率法の場合の毎年の償却額（D）は，D＝未償却額×一定率 で示されるため，本文のように自動調整が働く．

同様商品価値が続く限りにおいて市場に供給され，価値がなくなれば市場から姿を消すような仕組みが望ましい，と考えがちである．

具体例として Landes and Posner［2003］は，IRS（Indefinite Renewal System）という概念を提案している．（最初の）権利存続期間を比較的短く定める代わりに（例えばアメリカの最初の著作権法のように14年など）何度でも更新登録が可能にし，登録料を逓増的にすれば，それだけの手数料を払っても登録したいという著作物だけが長生きし，他は早めにパブリック・ドメインに入るので，創作インセンティブと利活用のバランスが保たれるとの主張である[21]．

彼らのアイディアは，現行の保護期間を短縮することを前提にはしているが，実際問題としてそれは実現困難であろう．政治的には現行の著作権を存置（あるいは若干短縮）したままで，それを上回る保護期間の部分だけに IRS が適用される可能性がある（わが国の総務省の研究会でも，そのような提案があった）．とすると，保護期間終了前に寿命が尽きる著作物（これが圧倒的に多い）が死蔵される社会的コストを無視することになる．

これが，保護期間を全く撤廃して最初から市場原理のみに依拠して登録を続けよという主張なら，上で述べた経済学の発想に最も近い姿である．しかし法学的にいえば，この考え方も，第2節以降強調してきた「著作権は言論の自由を制約する場合があるので，保護期間は有限でなければならない」という，内在的制約を無視するものである．加えて経済学の言葉でいえば，著作権は本来排他性を欠いている「情報」という財貨に国家が排他権を付与し，しかも独占禁止法の適用を除外する制度であるから，（市場価値が高い作品であっても）保護長期化には謙抑的であるべきだ，という要請を考慮していない．

また「法定保護期間なし」「方式主義」というベルヌ条約とは相容れない新しい制度を設計しなければならないほか，登録料をいくらに設定したらよいかという難問が残る．そこで，あえて一律の保護期間を人為的に設定するのであれば，どのような制度が望ましいかを思考実験してみよう．図4Aと4Bにおいて，A案は著作権の保護期間をなるべく長くし，著作物のほとんどがカバーで

---

[21] 世の中には，著者の死後に発掘されたり需要が急増する著作物もあり，これらは登録制度では救えないのではないか，との批判がありえよう．しかし，そうした現象は特許等ではよくあることであり，著作（財産）権に関する制度ではなく，人格権的な救済を考えるしかあるまい．

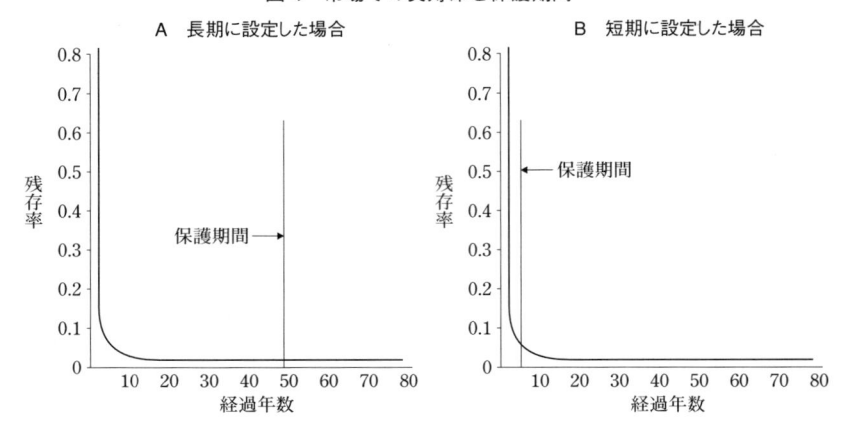

図4　市場での実寿命と保護期間

A　長期に設定した場合　　　**B　短期に設定した場合**

(残存率 vs 経過年数のグラフ。A案では保護期間が50年付近に設定、B案では保護期間が10年付近に設定)

きるように設定する場合で，B案は逆に保護期間をなるべく短くしようという案である．

　この両案には，ともに欠陥がある．A案の場合は保護期間が長すぎるため，その間に市場での寿命が切れる大多数の作品にとっては，権利が残存しても金銭インセンティブとは無関係である．一方B案の場合は，早めに保護期間が終わるためインセンティブとして不足するおそれが強い．ただしここでA案B案ともに，原点に向かって凸型のグラフの最先端の点（図2からは7年程度か）よりも長いか短いかを論じていることに注意が必要である．現行の「著作者の存命中＋死後50年」の規定は，はるかにこの点を超えており，実態上はすでにA案になっているとさえいえるのではなかろうか．

　しかもここで，A案には2つの制約事項があることにも，注意を喚起しておこう．第1には前述の通り，著作権は一定の期間を限って創作者に著作物の排他的権利を付与する制度であるが，それは自由な取引が原則である市場ルールに対して，独占を認めるという「例外的な取扱い」をしているという事実である．例外であるからには，原則を変えてしまうほど大きな影響力を持ってはならないのであり，A案に対しては慎重でなければならない．

　第2は，保護期間が短すぎる場合は，権利者から苦情が出るので，その弊害

終　章　保護期間延長問題の経緯と本質

はわかりやすいのに対して，保護期間が長すぎることによる弊害は，被害が間接的で申告も限られるので，なかなか意識されることがないことである．被害の例としては，すでに市場からは姿を消しているが，著作権は残っている創作物を考えてみればよい．許諾を得ようにも権利者が誰であるかが判明しないため，活用をあきらめるケースが多いのは，探索コストや交渉コストが高すぎるからである．しかしより根本的な原因は，ごく例外的な著作物のために，著作物全体の保護期間を延長した点にあり，制度設計の失敗というべきである．

こうした論点に関して，法解釈学を中心とするわが国の法学界の風土からは，積極的なコメントがなされないのが通例である．確かに制定された法の解釈を重視するのであれば，立法政策に立ち入らないことは，立場をわきまえた節度ある態度ともいえる．しかし，前節で述べたようにデジタル化の波に洗われている現在の著作権制度に関して，「それは立法政策の問題である」として，「われ関せず」という態度を貫くことは許されないのではなかろうか．

そのような中で，標準的な著作権法に関する書籍の著者のうち，田村［2001］は以下のように大胆な私見を述べている[22]．

「立法論としては，著作者の死後50年という存続期間は，いかにも長すぎるように思われる．自分の死後の著作権の存続期間が30年であろうが，50年であろうが，創作活動のインセンティブにさしたる差異はないであろう．対して，著作権フリーとなる期間が10年，20年と遅くなることによる公衆の不利益の増大には，無視し得ないものがある．（中略）他方で，さすがに自分の存命中に著作権フリーとなるのでは，やる気が失せる可能性がないとは言えない．また，著作者の死後短期間で著作権が消滅してしまうとすれば，著作権の譲渡や排他的ライセンスに支障が生じかねない（特に著作者が高齢等の場合）．どうやら存続期間は，著作者の死後10年位というのが穏当な線のようである．」

---

22)　本文ではなく注記ではあるが，横山［2004］も死後10年説を支持している．また「著作権リフォーム」を提唱するサムエルソンは「短縮するか，少なくとも一定期間経過後に権利を主張する者は，更新手続きをとれ」と主張している（Samuelson［2007］）．

5. 保護期間の最適設計

それでは具体的に，どの程度の保護期間が最適であるといえるのだろうか．あるいは最適点を理論的に導き出すことは不可能なのだろうか．すでに序章で述べたように，社会的余剰が最大となる点は権利0から∞のどこかに存在するはずである．

もう一度序章の図1を見よう（下に図5として再掲した）．創作者の利益 $C(z)$ は，保護の強化 ―― この場合は保護期間の延長 ―― によって，傾向としては増加し，一方，利用者の便益 $U(z)$ は傾向としては低下する．社会的最適点は両者の和が最大となる点 A_3 であり，これはどこかにあるはずである．理論的には，この図の最適点を目指して著作権の保護水準を定めればよい．理屈としてはこれで話は通っている．

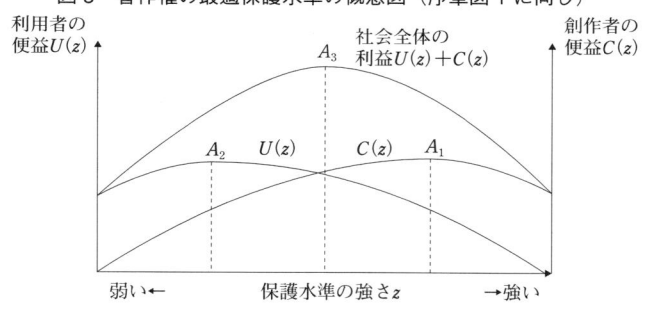

図5 著作権の最適保護水準の概念図（序章図1に同じ）

しかしこの課題を別の言葉でいえば，事前と事後の最適化のバランス問題といってもよい．創作者にインセンティブを与えることが有効なのは，いうまでもなく創作以前においてであり，これを経済学では「事前の最適化」と呼んでいる．他方，利用者の便益は創作以後にしか発生しない（事後の最適化）．そして Arrow [1962] が，研究開発とその報酬である特許との関係に見出したように，「事前と事後の最適化は両立しない」のが普通である．なぜなら，質の高い著作物を多く制作するためには，制作費用を十分上回る報酬が制作者に行

き届くようにすることが必要であるが，その代わりに成果物の価格が上昇することを甘受しなければならない．しかし，著作を普及させるという事後的な観点からは，著作物の価格をできるだけ安くする方が望ましいが，それでは創作者へのインセンティブは低下する[23]．

図5でいえば，A_1とA_2の間の領域では，創作者の便益と利用者の便益の曲線の傾きが逆になっていることで，この矛盾が表されている．保護を強めれば創作のインセンティブが強まり事前の最適化は計られるが，利用制限が強まるので事後の最適化は阻害される．社会的には両者をバランスさせた最適点を探さなければならない．それは図5では点A_3であり，繰り返し述べるように理屈としてはA_3を目指せということで話は終わっている．

しかしながら，理屈はそうであっても，その実際の適用は容易ではない．著作権保護期間問題に関しては，少なくとも2つの課題を解決しなければならない．

第1に，著作物の長期的な価値の測定が難しい．図5では創作者の便益$C(z)$の曲線が簡単にわかるかのように描いたが，この曲線の形状の測定は実は容易ではない．問題がファイル共有など私的コピー問題であれば，創作者の便益は現時点の売上で代替でき，実際，私的コピー問題ではこの売上への悪影響の大きさを測定する実証研究により，建設的な議論がなされてきている．しかし，著作権保護期間の場合，著作者の死後数十年という長い期間にわかる便益であり，著作者の便益測定が難しい．しかも，著作物によるばらつきは大きく，すぐに商業的価値を失う著作物もあれば，長期にわたって価値を保つものもあり，格差が大きい．例えば現時点で最も長期にわたって読者を得ている作家は芥川龍之介であるが，同時代に同じ程度に売れていた作家は他にもおり，その中で誰が50年以上あとにも読まれるかを予想できた人はいなかったはずである．

したがって，「権利保護期間の最適化」という意欲的なタイトルを掲げた中泉 [2004] が次のような一見平凡な結論を述べて結んでいるのは，意外ではない．

---

[23] もっとも，インセンティブ効果は所得水準によって変化するので，ここでは一般論を述べたものと理解して欲しい．例えばすでに富裕な作家の場合，その後の収入の増減が明確に創作インセンティブに結びつくかについては疑問もある．

「結論として，1)需要者の便益が時間とともに逓減していく速度が十分大きい下で，著作物の権利保護期間は，著作者が設定する価格で需要がなくなった時点から一定期間の後に設定したとしても，著作者の利益は最大限に保証出来る．加えて，その場合潜在的な需要はなくなっていないため，権利保護期間後の低い価格によって利用者も増加するため社会的に望ましい．2)このような最適な権利保護期間は，著作物によって千差万別である，といったことがあげられる．」

要するに保護期間は，理論的には，著作物の将来の商業価値，言い換えれば寿命によって変えることが望ましいが，寿命自体があまりに千差万別であり，これに合わせると保護期間も千差万別になってしまうということである．そのような千差万別の保護期間に対応する制度を設計するのは，現在の法体系の中では難しい．

千差万別に対応できないなら，実践的な方策としては平均的なところにあわせて制度設計するという案が考えられる．しかし，著作物の寿命は平均値管理になじみにくい「ベキ分布」をしている．ベキ関数は平均値管理になじまず，実寿命などのスケールと無関係（スケール・フリー）である一方で，それにふさわしいルール設定は，自然科学の法則としても解明されていない以上，保護期間の最適解が得られないこともやむをえないかもしれない．

現在の著作権法で定められている権利保護期間は，書物や CD，映画など多種多様なものを一律に扱っている（one-size-fit-all）．しかし，需要関数の異なる多種多様な財を一括して一律何年といった規定を適用するのには，どこかで限界があるようにも思われる．一律規制を行おうとすれば，そして実寿命の分布がスケール・フリーであるとすれば，総体的に市場での寿命の長いものに注目せざるをえないからである．現に，保護期間の延長は後述のように何度も行われたが，これを短縮した例は知る限りでは1つしかないので，この2つの効果を比較することは困難である[24]．

図5の適用にあたっての第2の課題は，もう1つの曲線，利用者の便益 $U(z)$ の測定がまた難しいことである．保護期間問題での利用者の便益とは，保護期

---

24) EU 延長時に死後80年だったスペインが短縮したようである．

間終了後のパブリック・ドメイン化した作品が多くの人々に利用され，新しい利用方法が考案され，そして再創造の基礎となって文化に貢献していくことの利益を指している．しかし，これを定量的に測定して，図5の U のような曲線を描くのは簡単ではない．

　まず，たび重なる保護期間の延長で，パブリック・ドメイン化された作品自体が少なくて，実証がやりにくい．日本の場合でいえば，多くの音楽と映画はまだパブリック・ドメイン化しておらず，まとまった調査が可能なのは書籍だけである．また，パブリック・ドメイン化された著作物は市場で売買されるわけではないので，売上のような形での便益の測定が難しい．無料で利用することで発生する便益を金額換算するためには，一定の手続きでの調査を経なければならないし，それ以前に利用者の数自体がわからないことが多い．最後に，再創造に関しては本書のシャーロック・ホームズの調査が示すようにどれくらい再創造があるかの測定が難しく，定量評価の方法は定まっていない．再創造は裾野が広く，またどこまでを再創造の範囲に含むのかも定まっていないという問題もある．

　以上のように理屈としては図5の最適点を考えることができるが，実際の適用は簡単ではない．保護期間延長の場合，創作者の便益 $C(z)$ と利用者の便益 $U(z)$ はいずれも通常の私的コピーの影響などの場合より測定しにくい面があるのである．

　しかし，この問題は全く解決不可能というわけでもない．実際，本書の中の実証論文は，すべてこの問題に答えようとした試みである．その知見をまとめると以下のようになる．まず，第1章，第2章は日本の書籍の場合について，保護期間延長でどれくらい創作者の収益が伸びるかを定量的に把握しようとした研究であった．物故者人名録と国会図書館データベースを使った研究の結果，死後50年以上にわたって読まれ続ける書籍は全体のごくごくわずかであり，保護期間を延長した場合の収益の増加は1～2％程度であることが示された．

　これは図5でいえば，曲線 $C(z)$ の右上がりの傾きが極めて小さいということ，すなわち保護期間を延ばして右側に移動しても収益がほんの少ししか増加しないということを意味する．この1～2％程度の収益増では創作の誘因にはなりそうもないというのが，調査者の解釈である．ただし，わずかな収益増加であ

っても，それが創作を刺激することはあるかもしれない．これを映画について検討したのが第6章であった．映画については保護期間延長によって創作が刺激されたという研究があり，これを同じデータを使って再度検討した．その結果，保護期間延長による創作刺激効果は頑健ではなく，むしろ不安定であり，創作刺激効果は確認できないというのが結論である．以上は，すべて曲線 $C(z)$ の形状の実証と位置づけることができる．

一方，利用者の利益 $U(z)$ は，パブリック・ドメインの利益として第3章と第5章で分析された．第3章は，シャーロック・ホームズを事例として，どれくらいの再創造がなされているかを調査したものであり，その作品数が世界的に見ても多大であり，かつ時系列的に増加していることが示されている．第5章ではアメリカの書籍について，パブリック・ドメイン化することで人々はより安価に作品の利用が可能になっており，国民的利益は増加したと結論付けている．両論文はパブリック・ドメイン化の価値はそれなりにあることを示している．

このような経済分析の結果に関して，まだ不十分であるという不満をもたれる読者もおられるかもしれない．そのような批判は甘受し，さらなる調査研究で答えたい．しかし，保護期間延長の是非についてこのような実証調査の方法は存在しており，それによって答えを出すことのできる領域があることは，理解してもらえるのではないだろうか．少なくともこのような経済学的調査を踏まえて制度設計をすべきであるし，著作権制度のように経済問題の色彩が強く，かつ過去に制度変更が何度も行われた問題については，そのような調査の果たすべき役割は大きいはずである．

この点に関して，法と経済学の分野の先駆的研究者の1人である柳川 [2007] が次のようにいうのは，冷静な評価だと思われる．

「わが国では，多くの場合，法律改正の際にはその影響や問題点について活発な議論が行われる．しかし法改正がなされたあとでは，それがどのような実質的効果を持ったのか，そもそも改正の際の意図がどの程度実現したのかしなかったのか，あるいは意図とどの程度違ったのかなどについての議論はあまり行われない．しかし，立法問題を考えていく際には，本来はこのような議論は避けて通れないはずである．事後的検証は，その法律

の評価だけではなく，将来の法改正を適切に行うためにも不可欠である．
したがって，法律の影響を厳密に考えていくためには，実証分析に基づいた事後的な検証を積み重ねていくことが重要である．」

実際，著作権の保護期間は延長につぐ延長の歴史を繰り返してきた．わが国においては，旧著作権法下において，著作権の保護期間を原則として著作者の生存中と死後30年としていたが，1962年の暫定措置で死後33年に延ばし，1965年に死後35年に，1967年に死後37年にし，1969年に死後38年に暫定延長したところで，やっと法律の全面改正が行われて，死後50年に切り替わったという歴史がある．

この歴史から得られる教訓は，保護期間には延長の歴史しかなく，短縮はほぼ全く行われたことがない，という事実であろう．そして柳川が嘆いている通り，延長の効果がどうであったのかの検証のないまま，関係者の要望に応える形で，延長が一方的に続けられてきたといわざるをえない．消費者は一般的には声を出さないから，それが制度に反映されることはなかった．

この事実の制度論的含意は，保護期間の延長は不可逆的な意思決定であるから，慎重の上にも慎重な検討が必要である，ということになろう．そこで次節以降では，果たして慎重な議論が展開されているか否かを検証してみよう．

6. 日本における保護期間延長問題の経過

EU及びアメリカにおける保護期間延長，その後のアメリカにおけるCTEA違憲訴訟の経緯は，すでに述べた．ちなみに，日本でインターネット利用人口率がはじめて10％を超えたのはCTEAと同じ1998年のことなので，EU及びアメリカにおける保護期間延長は「ネットワーク社会到来前の決定」であるとの指摘は，おおむね公平といえるだろう．

当のアメリカは，2002年，日米年次改革要望書で日本にも期間延長を要求し，以後この要求は毎年続く[25]．2005年1月，文化審議会の「著作権法に関する今後の検討課題」に「保護期間の見直し」が挙がり，2005年11月，日米両首脳へ

---

25) 日米間の規制改革及び競争政策イニシアティブに基づく要望書；http://www.mofa.go.jp/mofaj/area/usa/keizai/index_taiwa_g.htmlほか参照．

の報告書には,「日本国政府は,2007年度までに保護期間について結論を得る」「米国政府の懸念を認識する」との表現が盛られる.同年9月,(社)日本文藝家協会などの権利者団体16団体(現17団体)からなる「著作権問題を考える創作者団体協議会」(三田誠広議長)も保護期間の20年延長などを要望する声明を出した[26].この時点で,保護期間延長を半ば既定路線であると感じた関係者はおそらく多かったであろう.

しかし,延長の動きに対する慎重派の反応は比較的早かった.2006年11月には,さまざまなジャンルの創作者,研究者,法律家などからなる「著作権保護期間の延長問題を考える国民会議」(現・同フォーラム(think C).世話人:福井健策・津田大介)が結成され,文化庁に慎重な検討を申し入れる[27]とともに,次項で述べる,インターネット中継を伴う公開討論の手法により延長の問題点を社会各層に訴える展開を開始した.

同12月には日本弁護士連合会(日弁連)が延長に反対する意見書を文化庁に提出し[28],2007年1月からは電子図書館「青空文庫」も延長に反対する請願署名運動を開始した[29].他方,前述の「創作者団体協議会」も新聞全面広告で保護期間延長を訴えるなど,活発な広告活動を展開した[30].これを受けて新聞や各メディアも意欲的な特集記事を多数組み[31],延長問題をめぐる論争はネット上を中心に異例といってよい広汎な関心を集めた.

---

26) http://www.bungeicenter.jp/NPO007.pdfより.
27) http://thinkcopyright.org/より.
28) http://www.nichibenren.or.jp/ja/opinion/report/061222_2.htmlより.
29) http://www.aozora.gr.jp/shomei/より.青空文庫ではその後も,作家と翻訳家407名分の同文庫収録作品約6,500点をDVD-ROMに収め全国約8,000の図書館に寄贈するなど,パブリック・ドメインの文化的成果を実証的に示す活動を続けている.
30) 意見広告「日本文化は,なぜブームで終わるのか」2007年3月(全国紙各紙).
31) 先駆け的な記事として,丹治吉順「保護期間延長で,埋もれる作品激増? 著作権は何を守るのか」『朝日新聞 Be』2005年7月16日に続き,目立ったものだけでも,赤田康和「著作権のふしぎ・上・70年の保護 必要なの?」『朝日新聞』2006年9月12日朝刊,岡本薫・津田大介・三田誠広「「著作権の保護期間延長」を問う」『毎日新聞』2006年9月23日朝刊,鈴木嘉一・福井健策・三田誠広「論陣論客/著作権の保護期間延長」『読売新聞』2006年10月31日朝刊,「知はうごく 文化の衝突第1部/著作権攻防(3)誰のための延長なのか」『産経新聞』2007年1月29日朝刊,川村敏久「死後『50年』か『70年』か『著作権保護期間』で文化人が大論争」『読売ウィークリー』2007年3月5日発売号,「著作権保護期間の延長は是か非か」『週刊東洋経済』2007年3月5日発売号,丹治吉順「誰のための著作権延長か」『朝日新聞 Be』同6月2日,TBS番組「報道の魂:文化は誰のもの? 著作権"70年"論争」2007年7月15日放送,三柳英樹「著作権保護期間,「死後70年」への延

終 章 保護期間延長問題の経緯と本質　　　　　　　　　　　　247

　2007年3月，文化審議会に「過去の著作物等の保護と利用に関する小委員会」（保護利用小委）が設置され，延長問題など審議を開始する（2007年末までに10回開催．設立時委員は上野達弘，大渕哲也，大村敦志，梶原均，金正勲，久保田裕，佐々木正峰，佐々木隆一，里中満智子，椎名和夫，渋谷達紀，瀬尾太一，津田大介，常世田良，都倉俊一，中山信弘，野原佐和子，生野秀年，平田オリザ，松尾武昌，三田誠広の各氏）[32]．委員会設置に先がけ，前記フォーラムは委員構成の公正さを文化庁に申し入れていたが，立ち上がった保護利用小委の構成は延長賛成派・慎重派のバランスをはかったものとなった．また，同年4月から5月にかけては，権利者団体にとどまらず幅広いジャンルから合計32名の参考人を招き，大規模な公開ヒアリングを実施するなど，従前の著作権政策審議の限界から大きく踏み込んだ．

　　（過去の著作物等の保護と利用に関する小委員会におけるヒアリング対象者）
文芸　　　　　　坂上　弘：社団法人　日本文藝家協会理事長
　　　　　　　　寺島　アキ子：協同組合　日本脚本家連盟常務理事
　　　　　　　　西岡　琢也：協同組合　日本シナリオ作家協会理事長
音楽　　　　　　川口　真：作曲家，日本音楽作家団体協議会
　　　　　　　　朝妻　一郎：社団法人　音楽出版社協会会長
漫画　　　　　　松本　零士：漫画家，社団法人　日本漫画家協会常務理事，著作権部部長
実演　　　　　　椎名　和夫：社団法人　日本芸能実演家団体協議会実演家著作隣接権センター運営委員
放送　　　　　　池田　朋之：社団法人　日本民間放送連盟・知的所有権対策委員会IPR専門部会，コンテンツ制度部会主査
　　　　　　　　梶原　均：日本放送協会ライツ・アーカイブスセンター（著作

長論議を巡る動向(1)(2)(3)」，http://internet.watch.impress.co.jp/cda/special/2007/09/19/16928.html ほか，鈴木嘉一「著作権保護『70年に延長』　権利者と有識者対立　実証的検討の段階に」『読売新聞』同11月2日朝刊，赤田康和・新谷祐一「著作権延長　綱引き　死後70年か50年か／遺族，使用料減を心配／『公共財独占』利用者反発／米からは『延長圧力』も」『朝日新聞』同12月28日朝刊，千葉淳一・瀬川奈都子ほか「著作権攻防・新ルールを探して（下）・保護延長　是か非か／損得の実証議論始まる」『日本経済新聞』同11月29日朝刊など．その他，2006年以降，後述のものを含めて，延長問題を巡る文化審議会や民間での議論は有力ネットメディアの頻出記事となっている．http://thinkcopyright.org/reference.htmlほか参照．
32) http://www.mext.go.jp/b_menu/shingi/bunka/kaisai/07031508.htm

	権・契約）副部長
書籍	金原　優：社団法人　日本書籍出版協会副理事長
音楽配信	戸叶　司武郎：社団法人　音楽電子事業協会著作権委員会副委員長
国立国会図書館	田中　久徳：国立国会図書館総務部企画課電子情報企画室長
民間アーカイブス	富田　倫生：青空文庫呼びかけ人
クリエイティブコモンズ	野口　祐子：弁護士，クリエイティブ・コモンズ・ジャパン専務理事
エンドユーザー	津田　大介：IT・音楽ジャーナリスト
教育	金　正勲：慶応義塾大学准教授
	酒井　滓：NPO法人著作権利用等に係る教育NPO理事長
	佐藤　公作：全国高等学校長協会管理運営研究委員会委員
障害者	井上　芳郎：障害者放送協議会著作権委員会委員長
公立図書館	糸賀　雅児：慶應義塾大学教授
博物館	井上　透：独立行政法人　国立科学博物館情報・サービス課長
延長に慎重な創作者	平田　オリザ：劇作家，演出家
	別役　実：劇作家
	椿　昇：現代美術家，京都造形芸術大学教授
	寮　美千子：作家，詩人
実務家	福井　健策：弁護士
演奏団体	岡山　尚幹：社団法人　日本オーケストラ連盟常務理事
写真	松本　徳彦：有限責任中間法人日本写真著作権協会専務理事，社団法人　日本写真家協会専務理事
美術	福王寺　一彦：日本画家，社団法人　日本美術家連盟常任理事
レコード	生野　秀年：社団法人　日本レコード協会専務理事
ソフトウェア	久保田　裕：社団法人　コンピュータソフトウェア著作権協会専務理事・事務局長
学識者	田中　辰雄：慶應義塾大学准教授

　ヒアリングの内容は同小委員会の議事録に詳しく，延長問題を検討するうえで数多くの知見を与えるものである[33]．特に，過去の作品を利用する際の権利

---

[33] http://www.mext.go.jp/b_menu/shingi/bunka/gijiroku/021/07050102.htm，及び
http://www.mext.go.jp/b_menu/shingi/bunka/gijiroku/021/07051627.htm

処理の困難さを実際の数値を基に示した，日本放送協会ライツアーカイブスセンター及び国立国会図書館の報告は貴重である．また，延長問題への賛否を会員にアンケート調査などで問うたのかという平田委員の質問に対して，延長を求めている有限責任中間法人日本写真著作権協会（瀬尾委員）が「会員一人ずつに賛否を聞く問題ではない」旨回答し，他方，社団法人コンピュータソフトウェア著作権協会（久保田委員）は「会員にアンケートを行ったところ，賛否は拮抗し保留がもっとも多かった」と報告したうえで，（権利者団体でありながら）慎重な対応が必要との認識を示した点は，示唆に富む．結果としては，延長に積極的賛成を表明したヒアリング対象者はほぼ権利者団体に限られ，延長に反対または何らかの懸念を表明した対象者がこれを大きく上回ることとなった．

同年5月，政府は「知財推進計画2007」を公表し，この中で保護期間延長について，「保護と利用のバランスに留意して検討」と明記するなど，ゼロベースでの議論を改めて確認した．

2007年7月，イギリス政府は前年度のいわゆる「ガワーズ報告」を受けて，ECにレコード著作権（著作隣接権）の保護期間延長を働きかけない旨を決定した（本書第7章参照）．他方，韓国政府は2007年12月，アメリカの要請を受けたFTA合意に基づき，保護期間を死後70年に延長する閣議決定を行い，出版業界の反発に対して1600億ウォンの公的援助方針を決定したと報じられるなど[34]，保護期間をめぐる国際潮流は必ずしも長期化一辺倒では推移していない．

前述の保護利用小委でも，延長賛成派とこれに反対・慎重な意見との対立は平行線をたどり，2007年10月，文化審議会著作権分科会では，延長問題などについて「中間まとめができる段階ではない」（野村分科会長）として中間まとめが見送られた．本章執筆時点での同小委員会での議論の経過は，配布資料とともに文化庁HP上に議事録として公表されているほか[35]，前記分科会で提出された「本小委員会における検討状況」に詳しくまとまっている．本書の巻末に主要な部分を添付しておいたので，参考にされたい．

---

34) 庵美粧「韓国：著作権法改正案を閣議決定，保護期間を50年から70年に延長」．
http://www.lait.jp/index.php? itemid＝379
35) http://www.mext.go.jp/b_menu/shingi/bunka/index.htm#gijiroku 17番．

なお，保護利用小委の第 1 回会合での金委員による，「著作権制度が目指すべきは，創造性をいかに最大化して成果を社会に広く流通・利用させるかであり，それを促進するための手段として，適正な保護水準・保護範囲または保護期間がある．保護期間自体が目的になってはならない」旨の指摘は，正鵠を得ている．さらに敷衍して，「著作権自体が目的化してはならない」ことは，あらゆる著作権の問題を考えるうえで，常に念頭に置くべき視点といえよう．

7.「延長問題を考えるフォーラム」における議論

前述の通り，think Cでは過去 6 回にわたり，保護期間延長問題を軸に，従来の議論とは異なるアプローチのできる論客を，各ジャンルから招いて公開討論を開催している．討論の模様は，本章の執筆時点で，第 3 回公開トークを除いて同フォーラムの HP 上でストリーミング配信を閲覧することができる[36]．登壇者は延べ40名を超えた（重複を含む）．そこでの議論について詳細に紹介することは難しいが，ここでは報道も参考に印象に残った要点のみを振り返ってみよう．

think C 設立シンポジウム（2006年12月．出演：上野達弘，三田誠広，福井健策，田中辰雄，富田倫生，平田オリザ，松本零士，山形浩生，中村伊知哉*．すべて敬称略．*印はパネル司会）では，保護期間延長派と慎重派が正面から議論を戦わせた[37]．

・ヨーロッパが70年であると一度聞いてしまうと，同じようなものを作っているのに，なぜ日本だけ50年なのかと思い，意欲をなくす．芸術家は金のために創作しているわけではないが，著作権が切れ，自分の作品がフリーで出回ったり100円ショップで売られたりするのは嬉しくない．創作者が早世して

---

36) http://thinkcopyright.org/resume_talk05.html.
37) 工藤ひろえ「ネット時代の著作権保護期間延長問題～公開シンポジウム開催」．
http://internet.watch.impress.co.jp/cda/event/2006/12/11/14206.html，同「著作権保護期間，死後50年から70年への延長を巡って賛成・反対両派が議論」．http://internet.watch.impress.co.jp/cda/event/2006/12/12/14210.html，岡田有花「著作権保護期間は延長すべきか　賛否めぐり議論白熱」．
http://www.itmedia.co.jp/news/articles/0612/12/news063.html　ほか参照．

終　章　保護期間延長問題の経緯と本質　　251

妻が長命だった場合を考えると，死後50年では妻の存命中に切れてしまうおそれがある．個人の問題を平均値で語るべきではない．個人の権利を国全体の利益のために犠牲にしてはならない．死後に著作物が利用しにくくなる問題は自分も体験しているが，著作者から許諾を取りやすくするシステムを構築すればよい．（三田・基調意見①）

・「あと数年で主人の著作権が切れるんです」と涙ながらに訴えられたときにどう思うか．作家の全生命をかけた作品の保護期間は死後70年ですら短い．作家は「できるだけ長く世に伝えられるものを書きたい」と思っているので，20年の延長が長く残る作品を作ろうという意欲につながる．頑張った成果はせめて子孫の代まで残したい．何も無ければ自動的に70年だが，短くていい人はそう選択できるような法制にすべき．（松本）

・死後50年から70年に期間が延びても，創作意欲が高まる人は少ないはず．現行法では死後は相続人全員から利用の許諾をとらなければならず，1人でも反対したら作品を使えなくなる．古い作品は新しい創作の源泉であり，延長をくり返せば新たな創作やさまざまな文化活動は困難になる．海外のコンテンツも含めた一括許諾のシステムを構築するのは大変な作業で，「いつか作るからいま保護期間を延長しよう」というのは賛同できない．欧米のように死後70年に延長した国は数の上では少数派．期間の国際調和についても，現時点で目立った実害はない．保護期間はいったん延長したらもう元には戻せないので，拙速な対応こそ慎むべき．（福井・基調意見②）

・保護期間の延長で自分の遺族が収入を得ることが，創作の動機につながるとは全く思えない．作品が将来にわたって残り，誰かの目と心に触れることこそが作家にとって重要なはずだ．保護期間が延長され「青空文庫」の公開作品が失われれば，それは社会が失うということ．（富田）

・作品の経過年数と売上の関係から，期間を20年延長した場合の利益と不利益の推定，コンテンツの輸出入の比較による国際貿易上の得失のシミュレーションなどができるが，現状の議論においては，こうした十分なデータが揃っていない．（田中）

・遺族の生活保障のために延長するというのは根拠が薄い議論．作品が後世にせっかく陽の目を見たとき，見ず知らずの親戚1人の反対で利用できなくな

っていいのか．延長よりもむしろ，作家が生きている間に保護・育成をすべき．また，多くの途上国にとって保護期間は短い方がいいことにも配慮を．（平田）
- 昔の遺産で食べている国は，保護期間を延ばせば得になる．だが日本は文化の輸入超過．また，自分の作品がタダで使われることが本当に不名誉だろうか．今は多くの人が情報発信者となり，過去の作品も使いながら新しく物を作っていく．こうした状況の中で，保護期間を延長することは前向きか．（山形）
- 保護期間延長問題は，延長が創作意欲の増進につながるのか，平均余命の伸長をどう評価するか，保護期間とあわせて（権利の）制限規定をどう設計するか，の3つの視点で検討すべき．（上野・基調講演）

次いで，同第1回公開トーク「なぜ，いま期間延長なのか——作品が広まるしくみを問う」(2007年3月．出演：佐野眞一，瀬尾太一，林紘一郎，三田誠広，津田大介*．以下，すべて慶應義塾大学DMC機構，コンテンツ政策研究会との共催)では，再び保護期間延長派と慎重派が直接的に意見交換を行った[38]．
- 欧米諸国が死後70年であることを考えれば，世界標準として日本もそれにならうべき．許諾のとりにくさに対しては，権利者を網羅するデータベースを構築し，簡便に許諾が取れるシステムを構築したり，権利者を特定しにくいコンテンツについては，簡便な裁定制度を新設することで対応できる．（三田）
- 延長問題は，日本が世界と同じように創作者を守るつもりがあるかという，誇りの問題だ．許諾のシステム構築は困難な作業だが，利用のあり方を権利者から伝えるシステムを作るべき．（瀬尾）
- 死後50年が70年になれば創作意欲が高まるなど俗論中の俗論で，著作権についての議論は上滑りしている．自由な資料閲覧や引用ができなくなる結果，著作権が創作活動の妨げになる可能性がある．（佐野）

---

38) 岡田有花「著作権保護期間，作家が選べるシステムを」——延長めぐる議論再び」．http://www.itmedia.co.jp/news/articles/0703/13/news057.html，高瀬徹朗「著作権保護期間は延長すべきか——賛成派，慎重派それぞれの意見とは」 http://japan.cnet.com/news/biz/story/0,2000056020,20345051,00.htm ほか参照．

- アメリカでの実証データによれば，死後70年以上経過した段階で守るべき著作物が残るのはレアケースであり，例外は一般化せず例外として処理すべき．作者自身が著作物を登録し，2次利用の形態や保護期間を決定できる仕組みを併せて提案する．（林）

続く同第2回公開トーク「『知の創造と共有』からみた著作権保護期間延長問題」（2007年4月．出演：三遊亭圓窓，楠正憲，境真良，椿昇，金正勲*）では，目を個々の表現ジャンルに向けて，異なる現場ごとの著作権との関わりが報告された．
- 落語界では一般的に著作権を強く主張しない．創作落語のモチーフとして文学作品などを参考にすることもあり，知の共有を考えると保護期間はむしろ短縮すべき．（圓窓）
- ソフトウェアの世界では，コンテンツは5年以内に入手すら困難になるケースが多い．期間延長を論ずるより期間内の流通を活発化することが先決であり，利用許諾のあり方は業界ごとに考えるべき．（楠）
- 現代美術の現場では，（狭義の）著作権収入は大きなウェイトを占めていない．著作権の存在が若いアーティストを萎縮させ育成を阻害する例が見られる．（椿）
- 著作権を強く行使するとコミケなどのパロディ作品は制約されうるが，社会常識によりある程度は許容する法的なセーフハーバーを作るべき．（境）

同第3回公開トーク「コミケ，2ちゃんねる，はてなセリフと作家と著作権」（2007年6月．出演：伊藤剛，神田敏晶，久保雅一，白田秀彰，鈴木謙介*）では，同人誌やYouTubeなど，注目を集める新たな表現手法・流通手段と著作権との関わりを論じた[39]．
- 2次創作ではクリアカットな制度だけでなく，グレーゾーンに積極的な意味

---

[39] 髙瀬徹朗「YouTubeやコミケはコンテンツ業界の発展に有効か―著作権のあり方をめぐる議論」http://japan.cnet.com/news/media/story/0,2000056023,20351001,00.htm，岡田有花「著作権問題はカネ次第？ YouTubeや2次創作を考える」http://www.itmedia.co.jp/news/articles/0706/18/news057.html ほか参照．

を見出すべき．（伊藤）
- コンテンツは（YouTubeなどで）共有することで価値を創造する時代に入った．（神田）
- YouTube などによる正規商品の売上減少は現に見られるが，作品の利用に個々の創作者の意思が反映される仕組みを構築すれば，活用は可能になる．（久保）
- 二次創作でも適法・違法の境界を明確にしないと，創作活動が委縮し自由な言論が制約される．商業作品は登録などを通して強い保護を与え，そうでない作品はベルヌ条約の最低基準で守るべき．（白田）

同第 4 回公開トーク「日本は『世界』とどう向き合うべきか？—アメリカ年次改革要望書，保護期間延長論，非親告罪化を手がかりに—」（2007 年 8 月．出演：久保田裕，ドミニク・チェン，中山信弘，福井健策*）では，著作権の国際調和やいわゆる「グローバル化」と，保護期間延長論などの関わりが論じられた[40]．
- 権利者が自分の見識を持って権利を行使するのが筋であり，非親告罪化で誰がメリットを受けるのかわからない．保護期間延長論ではACCS会員のアンケートでも意見は2つに割れた．個人的には，保護期間の延長よりも，契約で保護と利用の範囲を明示することや，エンフォースメントを十全化することが重要．（久保田）
- 世界的な著作権強化の動きの中で，クリエーターは怯えざるをえない状況にある．文化は人々に共有・継承されていかなければ死に細っていく．非親告罪化すれば，黙認を前提にしたコミケのような2次創作文化が成り立たなくなる．（チェン）
- 保護期間延長論を含めて，アメリカは国益を考えて他国に要求している．何が日本の国益になり，文化の発展につながるか考えて結論を出すべき．ヨーロッパはEU統合の過程で，まだインターネットも普及していない時代に保護期間が一番長い国に揃えたのみ．追随しなくても恥ずかしくはない．保護

---

40) 三柳英樹「著作権問題，外圧ではなく「日本モデル」の模索を」http://internet.watch.impress.co.jp/cda/event/2007/08/24/16689.html，岡田有花「著作権の"日本モデル"は可能か — 保護期間延長問題」http://www.itmedia.co.jp/news/articles/0708/24/news037.html ほか参照．

期間は独占的利益を享受できる期間であり，リスペクトとは無関係．期間の国際調和は必要だが，すでにベルヌ条約という形で調和はとれていた．今後の課題として，強固な人格権が2次創作の障害にならないか．（中山）

同第5回公開トーク「シンポジウム：著作権保護期間延長の経済効果 ― 事実が語るもの」（2007年10月．太下義之，酒井麻千子，田中辰雄，丹治吉順，中泉拓也，中裕樹，林紘一郎＜以上発表者＞，安念潤司，津田大介，長岡貞男，中山一郎，野口祐子，矢崎敬人，生越由美*）では，保護期間延長とパブリック・ドメイン化の利害得失について，客観的な資料に基づく検証がはかられた[41]．発表者がそのまま本書執筆陣であることからわかる通り，ここでの議論はそのまま本書の各章に結実しているので，要点の記載は省略する．各章を参照されたい．

8. 今後の課題と若干の提言

本章においては，第2～3節において「現行法において保護期間が有限であるのはなぜか」という問いに対して，一応の回答を整理した．しかし第4節の「死後の保護期間の理由」については一応の回答すらなく，「論理不在のまま，権利者のロビイングで延長されてきた」というのが実態のようであった[42]．このような中であえて第5節では，保護期間の最適設計が可能であるか否かを検証してみた．

その結論は，著作権の実寿命がベキ分布を示していることや，保護期間の経済分析が始まったばかりであることなどから，唯一の解を導くことはできない，ということであった．しかし制度を設計するにあたっては，一律規制（one-size-fit-all）には限界があるため，複数のサブシステムが併存することも検討されていいが，期間延長が事実上不可逆的であるとすれば，延長は慎重の上にも

---

[41] 岡田有花「著作権保護期間の延長，経済学的には「損」「毒入りのケーキ」が再創造を阻む」http://www.itmedia.co.jp/news/articles/0710/15/news010.html，高瀬徹朗「著作権保護期間の延長は「毒入りケーキ」か」http://japan.cnet.com/news/media/story/0,2000056023,20358711,00.htm ほか．

[42] 考えてみれば，有形の資産に対する支配権は永遠であるとされつつも，相続税を課せられるため著しく減滅するので，孫の代まで価値が続くのは稀である．これに対して，著作権による収入が孫の生活をも保障すべきだという根拠を示すことは難しいだろう．

慎重に議論されなければならない，などの教訓が得られた．

そこで延長問題の議論が慎重になされているかどうかを検証するために，第6・第7節において，文化審議会著作権分科会・保護利用小委と「著作権保護期間延長問題を考えるフォーラム」での議論を中心に紹介した．その結果，現在までの延長賛成派の主張は大部分，次の8点に要約できるように思われる．

①作品が死後50年経って自由に利用されると，創作者の意図や尊厳が害される．
②欧米が死後70年である以上，世界標準として日本もならうべき．
③世界共通のルールがないとコンテンツの流通が害される．相手国の作品に日本では価値を認めていないことになり，相手国の作家とつきあいづらい．
④創作者は生涯保障のない環境で創作をしており，家族に財産を残したいのは当然．早世する創作者もいる．出産年齢が高齢化しており死後50年では孫までカバーできない．
⑤将来的に日本が知財立国として海外に進出するため，保護期間を延長すれば収入を得るチャンスが広がる．世界の先進国・リーダー国として発言するために延長すべき．
⑥保護期間が延びると，死後に評価される可能性が高まるため創作者へのインセンティブとなる．また，企業が作品制作に投資するインセンティブとなる．
⑦横山大観記念館のように，著作権収入で文化財保護が図られる場合もある．著作権収入が出版社やレコード会社によって新たな創作に投資されることもある．
⑧延長によって利用許諾がとりづらくなる問題は，簡易に許諾をとれるシステムの開発で解消できる．

しかし，上記①については，第1には著作（財産）権ではなく著作者人格権で対応すべき問題である．それ以前に，創作者の尊厳は作品の質によって確保されるものであり，著作権によりなぜ尊厳が高まるのかは不明である．死後50年を経た後でも，創作者の意図を最善に体現できるのが相続人なのかも疑問なしとしない．

②については，仮に欧米の文化が世界の市場を席巻しているのは事実だとし

ても，そのことと著作権の制度まで一致させるべきという議論が混同されている．

③については，世界共通のルールが死後70年でなければならないことの説明がない．また，「流通が害される」「コンテンツの空洞化が起きる」というのは印象論であって，さしたる実害は生じていないという指摘に答えていない．後段は，著作権と敬意を混同しており①と同様に感情論の域を出ない．

④については，仮に創作者の現状が他の職業より厳しいのが事実だとしても，それは一義的には創作環境の改善で対処すべき問題であろう．遺族の生活保障のために，著作物利用の決定権を長期間与えるのは制度設計として疑問が残る．また，保障範囲がなぜ孫の生涯となるのかも不明である．

⑤は将来の問題と現在の問題を混同している．海外進出が現実に進んで，保護期間が切れそうな作品が増えたうえですべき議論であろう．

⑥について，死後70年への延長が創作インセンティブになるという説明はいかにも苦しい．企業の投資についても，制作段階でそこまで遠い未来を考えて投資インセンティブが高まるかは疑問である[43]．作品がパブリック・ドメイン化することによる，新たな創作やビジネスのインセンティブも考慮すべきである．

⑦については，現実に古い作品の著作権収入がどの程度文化財保護や新たな創作に投資されているのか，検証したうえでされるべき議論である．文化財保護について言えば，遺族の生活保障と同様，それが私権である著作権の果たすべき役割なのかという疑問もある．

⑧については，再三指摘される通り，網羅的で実効的な許諾システムの開発には莫大な労力とコストがかかることが予想されるので，システムが現に実現してから議論すべき問題である．

以上を総括すれば，延長の理由として挙げられるものには理性よりも感性に訴えるものが多く，それが時に建設的な議論を阻んでいるという印象が否めな

---

43) 制作後長期間を経た作品の流通利用については，残余の保護期間が延びることで企業の投資インセンティブが高まる可能性はある．しかし，すでに創作された後の作品について独占権を理由に投資インセンティブが高まったとして，それは価値の創出と評価できるのだろうか．

い．このように，フォーラムが慎重な検討を促した際の疑念は，議論を通じてむしろ強まった．そこで本書全体の締めとなる本節では，今後の課題を5つの提言の形でまとめてみよう．

提言1：「声なき声」を反映させる政策立案過程を工夫する．
　従来の政策立案は，官僚が発想し業界や政治家に根回しをしつつ，審議会を経て法案化するというものが多かった．ところが今回 think C が提起したアプローチは，議論の中身そのもの（コンテンツ）も新鮮であったが，ボランティアで立ち上がった人々が世論を反映させる政策形成過程（プロセス）を目指し，一部実現させたという点に，より多くの意義があったのではないかと自負している．

　経済が成熟し，高い成長率を目指すよりも，安全で健康で住みやすい社会を目指すことがより重視されるようになれば，消費者の声を政策に反映させることがますます重要になる．ところが縦割行政の中で消費者の声を生かすことが難しいことは，消費者庁構想の難産などからも容易に推測される．著作権問題は，これまで消費者に直接の関係が薄いと思われてきたが，「コンテンツ立国」が叫ばれる状況では，ここでも「消費者主権」が要請されよう．創作者の正当な利益への配慮は尽くしつつ，これまで声にならなかった消費者の意見を吸い上げ，政策に反映させることが重要である．

提言2：法と技術の関係を見定める．
　もともと出版特許から始まった著作権制度は，レコード・ラジオ・映画・テレビ・複写機・コンピュータなど次々と登場する複製技術に対応し，なんとかこれを法に取り込むことによって，今日まで生き延びてきた．しかしデジタル革命は，これらの複製技術の革新を「ドッグイヤー」で進めるほどの威力を持っており，今後20年程度はその勢いが止まらないと予想されている（池田[2007]）．
　そこで，こうした技術革新が，保護期間の延長とどう関連してくるのか，慎重な見極めが望まれる．一般に法が特定の技術と結びついて制定されると，技術変化とともに法の実効性が失われたり，場合によっては立法主旨と反対の効果を生ぜしめることがありうる．そのため法は「技術中立性」を要請されるか

らである[44].

提言3：延長理由の挙証責任は延長を主張する側にあることを明確にする.
　本書では，なるべく客観的な分析を心掛けるため，延長するかしないかのメリット・デメリットを同価値で検討してきた．しかし現行法を改正したいというなら，それを主張する側が，改正のメリットを証明すべきである．本書の分析で保護期間が何年が良いという結論を得られなかったことが，直ちに「延長してもよい」ということにつながるわけではない．むしろ逆で，延長派が社会を説得できるだけの根拠を示すことができなかったなら，現状維持にとどまるのが当然である．

提言4：今度の制度設計にあたっては，立場を入れ替えて考えてみる.
　創作者と利用者の立場は，往々にして対立しがちである．創作者と流通事業者の立場，流通事業者と利用者の場合はどうだろうか．従来はこれらの立場が入れ替わることは稀だったが，インターネットの出現で誰もが創作者になれる時代には，一人の人があるときは創作者，あるときは利用者となることは，日常的なことになろう．だとすれば，今後の制度の設計にあたっては，立場を入れ替えたシミュレーションをしておくことは不可欠だろう．

提言5：デジタル化による変化を取り入れる.
　デジタル化の波は経済・社会の各方面に及んでいるが，著作権制度は最も影響を受けやすい仕組みだと考えられる．「デジタル著作権」というタイトルに近い書物がかなりの数に上ることは，そのことを暗示している．これは著作権制度のパラダイムシフトにつながるかもしれない（相沢［2005］）．新しい制度の設計にあたっては，この要素を十分念頭においておかねばならない[45]し，

---

44) 直近の著作権法改正（2006年12月22日法121号）によって，IPマルチキャスト放送によるテレビ番組の「放送対象地域内同時再送信」が認められた．これは従来のケーブル・テレビによる再送信は著作権法にいう「有線放送」に当るが，IP方式によるものは「自動公衆送信」になるというギャップを解消するためのもので，制度が技術予測を誤った結果を是正したものともいえる（林・鈴木［2008］）．

現に「著作権リフォーム」[46]という形で，米欧の著作権法学者の協同作業が始まっている（Samuelson [2007]）．無論，制度設計を図るうえでは，「デジタル化によって変わらない部分」も見極め，その部分に悪影響を与えないような設計が望まれる．

　いずれにせよ，著作権の保護期間の問題は，単純なようでいて実は制度の根幹につながる大問題である．かつて著作権審議会の会長でもあった斉藤 [2007] の次の表現を借りて，さらなる検討を続けることにしよう．

　「著作物の保護期間を考えることは一見平易なようでいて，なかなかにその奥行きが深く，その横の広がりも大きいことを知る．そのことは，保護期間そのものを決定的に根拠づけるもの（justification），保護期間についての確たる理論的基礎がないことを意味している．現に，著作物の妥当な保護期間を決めようとする際には，さまざまな要因が示され，時には複数の要因が絡まり合う様をみる．」(p.4)

引用文献

相沢英孝 [2005]「著作権のパラダイムへの小論」『中山還暦記念：知的財産法の理論と現代的課題』弘文堂．

池田信夫 [2007]『過剰と破壊の経済学－ムーアの法則で何が変わるのか』アスキー新書．

大渕哲也・茶園成樹・平嶋竜太・蘆立順美・横山久芳 [2005]『知的財産判例集』有斐閣．

加戸守行 [2006]『著作権法逐条講義（5訂版）』著作権情報センター．

城所岩生 [2004]「権利保護期間延長の経済分析：エルドレッド事件を素材として」林編著 [2004] 所収．

黒川徳太郎訳 [1979]『ベルヌ条約逐条解説』著作権資料協会．

---

45) 文化審議会著作権分科会の法制問題小委員会の中に「デジタル対応ワーキングチーム」ができたことは喜ばしい．そこでは前章で述べた登録制度のほか，アメリカ法のように「固定」を要件にすることなども，当然検討されてよい．

46) 英語のリフォームは，不動産でいうと「増改築」(home improvement) ではなく，「建替え」のことだという．この話は，デジタルコンテンツ協会主催「著作権リフォーム」講演会（2008年2月29日）における椙山敬士弁護士の発表資料による．

斉藤博［2007］「著作物の保護期間に関する考察」『L&T』35号，4頁.
作花文雄［2004］『詳解著作権法（第3版）』ぎょうせい.
佐藤薫［1990］「著作権法第20条第2項第4号の解釈と表現の自由」『著作権研究』No.17.
白田秀彰［1998］『コピーライトの史的展開』信山社.
田村善之［2001］『著作権法概説（第2版）』有斐閣.
中泉拓也［2004］「権利保護期間の最適化」林編著［2004］所収.
中山信弘［2007］『著作権法』有斐閣.
名和小太郎［2004］『ディジタル著作権』みすず書房.
野村義男［1953］『放送著作権』時事通信出版局.
柳川範之［2007］『法と企業行動の経済分析』日本経済新聞社.
林紘一郎編著［2004］『著作権の法と経済学』勁草書房.
林紘一郎［2004a］「法と経済学の方法論と著作権への応用」林編著［2004］所収.
林紘一郎［2004b］「柔らかな著作権制度に向けて」林編著［2004］所収.
林紘一郎［2005］『情報メディア法』東京大学出版会.
林紘一郎・湯川抗・田川義博［2006］『進化するネットワーキング』NTT出版.
林紘一郎・鈴木雄一［2008］「放送・通信の融合と著作権」山崎茂雄ほか共著『デジタル時代の知的資産マネジメント』白桃書房.
半田正夫［2007］『著作権法概説（第13版）』法学書院.
福井健策［2005］『著作権とは何か』集英社.
宮沢溥明［2008］『著作権の誕生』太田出版.
三山裕三［2007］『［第7版］著作権法詳説 ― 判例で読む16章』レキシスネキシス・ジャパン.
山口いつ子［2005］「表現の自由と著作権」『中山還暦記念：知的財産法の理論と現代的課題』弘文堂.
山田奨治［2007］『<海賊版>の思想』みすず書房.
横山久芳［2004］「著作権の保護期間延長立法と表現の自由に関する一考察」『学習院大学法学会雑誌』39巻2号.
Arrow, Kenneth J.［1962］"Economic Welfare and the Allocation of Resources for Invention," in R. R. Nelson ed., *The Rate and Direction of Inventive Activity,* Princeton University Press.
Landes, William M. and Richard A. Posner［2003］*The Economic Structure of Intellectual Property Law,* Harvard University Press.
Lessig, Larence［1999］*CODE and Other Laws of Cyberspace,* Basic Books. 山形浩生・柏木亮二訳［2001］『CODE：インターネットの合法・違法・プライバシー』翔泳社.

Nimmer, Merville [1970] "Does Copyright Abridge the First Amendment Guarantees of Free Speech and Press?" *UCLA Law Review,* Vol.70.

Samuelson, Pamela [2003] "Copyright and Freedom of Expression in Historical Perspective," *Journal of Intellectual Property Law,* Vol.10.

Samuelson, Pamela [2007] "Preliminary Thoughts on Copyright Reform," *Utah Law Review,* Vol.3.

文化審議会著作権分科会資料（抜粋）
過去の著作物等の保護と利用に関する小委員会における検討状況
（2007年10月12日）

はじめに

i) 経緯

○ 「著作権法における今後の検討課題」（平成17年1月24日文化審議会著作権分科会）では，関係団体からの要望を受け，著作権の保護期間について，「欧米諸国において著作権の保護期間が著作者の死後70年までとされている世界的趨勢等を踏まえて，著作権の保護期間を著作者の死後50年から70年に延長すること等に関して，著作物全体を通じての保護期間のバランスに配慮しながら，検討する」として，戦時加算の問題とともに，検討課題の一つに挙げていたところである．

   また，平成18年9月22日には，著作権問題を考える創作者団体協議会から保護期間の国際的調和を図ること等について，要望が寄せられている．

○ 一方，平成18年11月8日には，著作権保護期間の延長問題を考える国民会議（現：著作権保護期間の延長問題を考えるフォーラム）から，一度延長をすると短縮が困難なこと，延長を繰り返す懸念があること等から，文化的経済的影響について実証的に慎重な国民的議論を経ずに延長を決定すべきでない旨の要望がなされている．また，同年12月26日には，日本弁護士連合会からも，同じく慎重な議論を求める旨，さらに延長する場合には，データベースの整備や実効性のある裁定制度その他の利用を困難にしないための措置を講ずるよう提案がなされている．

○ このような中，政府の「知的財産推進計画2007」（平成19年5月31日知的財産戦略本部決定）では，「著作物の保護期間の延長や戦時加算の取扱いなど保護期間の在り方について，保護と利用のバランスに留意した検討を行い，2007年度中に一定の結論を得る」こととされているほか，権利者不明の場合のコンテンツの流通促進，アーカイブの促進・活用，ネットワーク上で利用条件を意思表示するシステムなどについても同様に記述がなされている．

ii) 検討課題と各課題の関係

○ 本小委員会では，上記のような要望等を踏まえ，著作権の保護期間の問題だけで

はなく，以下のような事項を課題としている．
① 過去の著作物等の利用の円滑化方策について（権利者不明の場合の著作物の利用の円滑化方策等）
② アーカイブへの著作物等の収集・保存と利用の円滑化方策について（図書館，博物館，放送事業者等においてアーカイブ事業を円滑に行うための方策）
③ 保護期間の在り方について（保護期間の延長，戦時加算の取扱い）
④ 意思表示システムについて（クリエイティブコモンズ，自由利用マーク等の利用に伴う法的課題等）

これらの各検討課題どうしの関係については，著作権の保護期間が延長される場合の懸念やデメリットを中心として，次のように意見が出されている．

○ 仮に，著作権の保護期間が延長された場合には，著作物の利用許諾を得るための権利調査等が一層困難になると考えられ，延長するのであれば，利用の円滑化のための方策が十分に措置されるべきとして，この具体例としては，次のようなものが挙げられている．
　a　権利情報のデータベース（所在，生没年，戦時加算対象物，管理事業者の管理著作物の範囲）の構築，集中管理の一層の促進
　b　裁定制度の改善，著作隣接権についての裁定制度の創設
　c　需要に見合ったコストで著作物が利用できる方策

　なお，これらの課題は，延長するのであれば必ず取り組まなければならない課題であるという意見の一方，保護期間の問題とは別個の問題として取り組むべき，保護期間延長の代替措置として権利情報のデータベースの構築を考えるのであれば，実効性のあるシステムが実際に構築されるかどうかを見極める必要があるという意見もあった．

○ また，保護期間が延長された場合には，ひ孫の代になり遺族の数が増えるために許諾手続が煩雑になり，取引費用が増大するとの意見，既存の創作物を利用した二次的創作や文化の継承のためのアーカイブ活動の制約になるとの意見も出されている．

　これについては，保護期間の延長が文化の承継に影響を与えないようアーカイブ活動の円滑化を検討すべきという基本認識の一方，保護期間内であっても，例えば，アーカイブを容認する等の意思表示システムとその作品情報のデータベースの整備は取り組むべきという意見があった．

○ そのほか，利用円滑化策やアーカイブの構築によっても，著作者人格権の関係で引き続き利用困難な作品形態があるといった指摘や，そもそも保護期間延長をしないことが最大の利用円滑化方策であるとの意見があった．

また，本小委員会の直接の検討事項ではないが，障害者への情報保障の環境が不十分なまま保護期間を延長することは，さらに障害者の情報アクセス環境を悪化させるおそれがあるとの指摘もあった．
○　以下のそれぞれの課題に関する検討では，これらの課題の相互の関係性に十分留意しながら検討を進める必要があると思われる．

3．保護期間の在り方について

(1) 検討に当たって考慮すべき視点
○　著作権の保護期間の延長問題については，検討に当たって，「はじめに」で述べたような，著作物の利用やアーカイブ活動の円滑化方策との関係のほか，以下のような視点から検討すべきとの指摘があった．
　　a　保護期間の国際的な調和，諸外国の延長の背景
　　b　社会全体の文化の発展に寄与するのかどうか
　　c　著作権ビジネス等にどのような影響がでるか
　　d　創作者の創作意図への配慮，人格的利益の保護に資するか
　　e　インターネットの発展など今後の情報流通の在り方と整合するか
　　f　それぞれ具体的には，以下のとおりである．
○　【a　保護期間の国際的な調和】：当初の改正要望にあるように，欧米諸国の趨勢を踏まえ，保護期間の国際的調和の観点から検討すべき．
　　これに関して，欧米が死後70年に延長したのには，思想的なもの，政治的なものなど，それぞれの理由があるので，我が国が，欧米が延長したときと同じような状況にあるのか，我が国固有の国益に合致するのかを検証すべきとの指摘があった一方で，短期的には国益にかなわなくとも，「あるべき立法」の姿についても検討すべきであるという意見もあった．
○　【b　文化の発展への寄与】：権利保護を強化するかどうかは手段にすぎず，パブリックドメインにすることと，さらに20年間権利者に独占させることの，どちらが創作者にインセンティブを与えて情報の豊富化を招き，著作権法の目的である，社会全体の文化に発展に役立つかという観点から議論すべき．
○　【c　著作権ビジネス等への影響】：著作権ビジネスは作り手，送り手，受け手が揃って成立するものであること，市民の情報アクセスを不当に制限する制度設計はすべきでないことから，保護期間延長によって著作権ビジネスがどのように影響を受けるのかも議論すべき．
　　この際に，いわゆる文豪や巨匠だけを念頭に置くのではなく，様々な性質を有す

る著作物全体を見て議論すべきとの指摘もあった．
○ 【d　創作者の創作意図への配慮等】：保護期間の問題は，経済的合理性等の面からのみ論じるべきではなく，創作者の創作意図への配慮の視点からも論ずべき．

これに関して，保護期間は専ら財産権の問題であり，創作者の尊厳等の確保の問題は，作品の内容の質の問題であり，保護期間が切れているか切れていないかに関わりがないのではないかという指摘があった一方，創作者への尊敬が，本屋に並ぶなどの形で具体の形で表現されるかどうかは，財としての価値がなければ不可能であり，尊厳の問題と経済活動は密接な関係があるとの意見もあった．
○ 【e　今後の情報流通の見通し】：インターネットの発展など情報の流通が急速に変わっている中で，50年後の姿は想像がつかない．情報流通のためのプラットホームがどうあるべきか，その適正な整備をまず考えるべき．

また，保護期間は一旦延長してしまうと短縮することは難しく，今の段階で拙速に議論せず，当面議論を凍結すべきとの指摘もあった．

(2) 保護期間の国際的調和の観点
ⅰ）現状・基本的な考え方
○　現在，著作物の保護に関する最も基本的な国際条約である「文学的及び美術的著作物の保護に関するベルヌ条約」（ベルヌ条約）では，著作権の保護期間について，加盟国は，著作者の生前及び死後50年の期間を，最低限保護しなければならないとしている（その後の条約である，「著作権に関する世界知的所有権機関条約」（WCT）においても同様）．我が国の著作権法は，一般の著作物について，この生前及び死後50年としているが，近年，欧米諸国を中心に，死後70年以上の期間を保護する国が増えてきており，ベルヌ条約加盟国のうちの4割を超える状況に至っている．
○　このような状況を受け，次のように，この70年の期間に調和させるべきとの意見があった．
　　a　世界の文物を受け入れ，世界に発信していくためには，その場の共通ルールに則していく必要がある．
　　b　グローバルな規模で文化活動が行われる中で，自国では保護が終了している一方，相手国では保護期間が残っている際には，相手国の作品に自分の国では価値を認めていないという状況が生じ，相手国の作家とはやりとりがしにくい．海外で著作権が生きている作品を，日本では自由に使えるからといって，喜ぶべき状況ではなく，国同士で作品を尊重し合うことが重要である．
　　c　そのときには時代を先走っていた作品が，別の場面で突如として評価される例も多い．その際に著作権の保護期間が終了していたら何にもならないので，世界

の趨勢に合わせておくべき．
○ 一方で，その逆の観点から，次のような指摘もなされている．
　a　欧米の水準に合わせることがなぜ望ましいのか，日本の文化振興にどのようなメリットがあるのか合理的に説明すべき．
　b　「世界の趨勢に合わせる」ことについては，そもそも最低の保護水準はベルヌ条約で一応の統一がなされており，70年にしないと何らかの弊害があって，国際調和が必要であるというならば，まずWIPOで議論してからその結果に従うのが筋ではないか．
　c　国際的な平準化のために70年に延長しても，アジア・アフリカ諸国など，50年の国との調和が問題になるのではないか．
　d　日本と欧米で著作権制度が異なる点は多々あるはずなのに，なぜ保護期間延長に限って合わせなければならないのか．罰則は世界に先駆けて保護水準を強化した．都合のいいところに合わせるだけではないか．
○ また，国際的調和を考える際に，一体どこを標準として，それに調和させることを考えるのかについて，次のような意見があった．
　a　現在の国際的動向は，アジア，ヨーロッパ，アメリカでまちまちであり，必ずしも70年が国際標準とはいえない．著作権の保護期間は，国際的には死後50年が標準であり，国際的な調和を乱してきたのは，欧州諸国やアメリカである．
　b　著作隣接権延長が英国で見送られたように，権利を強める方向が国際的潮流とはいえない．著作権の歴史はわずか百数十年であり，長い歴史を踏まえれば，昨今の動きこそが特殊な可能性もある．
　c　権利の保護の実効性を高めるには国際調和が必要であるという観点からは，結局，メキシコのように70年をさらに超える国もあり，一番保護期間が長い国に合わせなければならないことになってしまう．
　d　我が国との文化交流が盛んな欧米諸国等を対象として考えるべきであるし，実際に我が国で流通しているコンテンツのほとんどは70年の国のものである．
　e　日本のコンテンツの海外進出では，アジアが巨大なマーケットであり，アジアの国が保護期間について今後どう取り組んでいくのか考えるべき．

ii) 保護期間が異なることの弊害
○ 保護期間の国際的な調和がなぜ必要なのかということについては，まず，保護期間の実効性の観点から，次のような議論が行われた．
　a　インターネット等で著作物が簡単に国境を越える時代にあって，保護期間が切れている国にサーバを置いて著作物を発信すれば，まだ保護期間が切れていない

　　　　国からでもダウンロードができてしまう．著作物等の保護の実効性を高めるためには，保護期間について国際的調和を図る必要がある．

　　　　日本は海外頒布用レコードの還流防止に取り組んできたが，一方で，日本で著作権が切れたものを海外で並行輸入することになれば，それと同じことを日本自らがすることになってしまう．

　　b　国境を越えてインターネットで著作物が提供されることへの対処が必要だということと，保護期間の20年延長が必要であることとは関係がないのではないか．

　　c　保護期間の差により欧米で流通ができないとの理由で，より保護期間が長い方に調和させて，日本でも流通できなくするような保護期間延長の発想は不合理である．

○　また，海外のコンテンツが我が国に投入されるインセンティブを妨げ，空洞化が起きるのではないか等の観点から，次のような議論が行われた．

　　a　音楽配信では，保護期間経過後の作品を無料でダウンロードできるようにすることがあるが，海外ではまだ保護期間が存続している場合には，海外の権利者が日本の配信事業者に対して契約を拒む恐れがある．

　　b　日米欧の共同著作で，例えば，日本で最初に公開した場合には，日本が著作物の本国となり，EUで短い保護期間しか享受できない．その結果，日本では著作物を最初に公開しないという判断をする者がでる可能性もあり，日本では著作物の空洞化が起こるのではないか．

　　c　実際のビジネスの上では，海外との事業で，保護期間が異なることで特にビジネス上の問題になったことはないし，経済合理性を考えれば，その理由でビジネスが止まることはあり得ない．50年，100年先のことを考えて，日本のマーケットを放棄するなど本当にあり得るのか疑問である．

○　そのほか，保護期間が異なることによる管理コスト等の観点から，次のような議論が行われた．

　　a　海外の著作物の流通に携わることで，国内において海外権利者の立場を代弁する立場に置かれることもあるため，国際的な調和は重要である．

　　b　国際的に著作物を管理する場合，その保護期間がまちまちであると，保護期間の確認などの管理コストが増加し，流通を阻害する．

　　c　著作物の利用の際に，著作者，没年についての調査は，保護期間が異なるかどうかにかかわらず必要な作業であり，管理コストの増にはならないはずである．

(3) 諸外国の保護期間延長の背景との関係

○　諸外国が保護期間を死後70年に延長した理由については，EUにおいては，域内

の商品・サービスの自由流通を確保する観点，平均寿命の伸長が理由とされており，米国においては，EU市場での貿易上の利益を確保する観点等であるとされている．また，豪州は，米国とのFTA交渉により延長を行っている．

　なお，韓国は，米国とのFTA交渉の中で保護期間を死後70年に延長することを決定しているが，このことについて，スクリーンクオーター制を残すことなどの取引材料として保護期間延長を使っただけであって，韓国の将来のために保護期間延長を決めたものではないとの紹介があった．

ⅰ) 商品・サービスの自由流通の確保
○　EUでは域内の商品・サービスの自由流通が強く求められて，これは日本とは事情が異なるが，ネット時代では物理的な近接性がなくとも，自由な流通というものを考慮することはあり得ないことではないのではないかとの指摘があった．

ⅱ) 平均寿命の伸長への対応
○　元々，ベルヌ条約において保護期間を著作者の生前及び死後50年としているのは，著作者を含めて3世代を保護する観点とされたものである．EUは平均寿命の伸長を理由の一つとして保護期間を延長したが，これに関しては，次のような指摘があった．
　a　作家は，非常に厳しい作業環境で仕事をしており，早死にする場合も多い．創作者が若死にした場合には，死後50年では，創作者の一世代の生存中にも，保護期間が切れてしまうことがある．
　b　寿命は妻子だけでなく，著作者自身も伸びるために相互に相殺され，人類の寿命延びたから保護期間を延長すべきということは，論拠として弱い．
　c　現在は，平均寿命のほか，出産年齢も高齢化しており，死後50年の保護期間では孫まではカバーできない部分がある．
　d　1世代を30年として，かつ，寿命が延び続けていて，2世代のうちに10年延びるという条件がそろっていれば，初めて死後70年という長さも正当化できる．また，こういう理由なら，将来さらに延長される理由を食い止めることにもなる．
○　このほか，そもそも著作者を含めて3世代を保護する必要があるのかどうかについて，次のような議論が行われた．
　まず，遺族に成果を還元すべきについて，次のような意見があった．
　a　生涯保障のない世界で，自らの創作物によって自分と家族の糧を得て生きる創作者にとって，長寿高齢化が進む中で，遺された家族の未来を考えれば，保護期間を延長すべきとの思いは当然である．

b 創作者は，形にならない財産しか残せない．他の職業で形のある財産を残した場合には子，孫にも残るのだから，存続させても構わないのではないか．
c 近時は，他の職業も保障があるわけではないし，財産を有形で残すかどうかはどういう財産を購入するかだけの話ではないか．
d 生前には理解されず，死後に評価される作品もあるが，そういう作品の場合，創作は家族を犠牲にして行われていることを考えれば，遺族にも成果が還元されるべきではないか．
e 演劇，美術の分野では，公的な支援が不可欠であり，公的支援を受けた成果について，創作者の創作を支えているのは，家族だけではなく，作品を購入する社会の経済的余剰であり，過去の文化遺産の蓄積であり，社会全体である．このような考え方からは，生まれた成果を特定個人等が囲い込むべきではない．

また，どの範囲の遺族までを対象と考えるべきかについても，次のような意見があった．
a 保護の恩恵を受けるのは，創作に関わる意識が共有できる範囲の直系親族に限定（子が亡くなるまでの期間）すべき．仮に子どもの生活保障が最低限必要だと考えると，最長で創作者の死後すぐに生まれた子が大学卒業するまで25年の保護期間で十分である．孫世代まで収入保障をする必要はなく，孫を育てるのは子世代の責任である．
b 祖父が偉大だからといって孫やひ孫を保護することが社会正義として妥当なのか．著作権は，孫の生活を保障するものなのか．そうだとすれば，少子化によって一人当たりの取り分が増えることなど別の考慮も必要になるし，そういう問題ではない．
c 孫まで保護すべきというのは，現行法の趣旨は少なくともそうなっているのではないか．
d 孫の代まで経済的価値が残っている著作物は1パーセント以下だと思われるが，そのために残る99パーセントの潜在的な著作物の利用が阻害されるおそれがあることが問題．
e 孫の代まで著作権を与えるのは，生活保障というよりは著作物利用の決定権を与えるということ．死後の人格的利益の保護の規定（第60条）では利用の相手方を選べない．このような選択権を遺族に補償する必要があるかどうかが判断の決め手となるのではないか．

iii) 国家の資産，貿易上の利益の確保
○ 米国は，保護期間延長の理由としてEU市場での貿易上の利益を挙げているが，

日本のコンテンツに関する貿易上の利益等についても米国と同様に考えられるかについて，次のような意見があった．
   a　現在，日本の著作権の国際収支は年間6,000億円の赤字であるというデータもあり，保護期間延長は，輸入超過や国際的な知財の偏在を固定化してしまうおそれがある．
   b　将来的に，日本が知的財産立国を目指して，文学作品，漫画，アニメ等が海外へ進出することを考えれば，保護期間を延長することは，創作者が収入を得るチャンスを増やすという点で，国策でもあるクリエーターへのリターンの強化，知的財産の保護の強化になり，著作権保護が切れてしまうのは，国家的な財産の喪失とも考えられる．
   c　30年後の世界の知財の状況を踏まえて決めるべきで，現時点で，欧米の古い作品の延命を日本が後押しをする理由はない．
   d　建築，ファッション，漫画，アニメ等，保護や権威が薄い分野では，保護がないために，開拓精神，チャレンジ精神が育ち，日本の文化が世界に通用するものになり，我が国の生産力につながっている．
○　また，その他，国際収支以外でも国の利益を確保する観点からの考え方として，次のような指摘があった．
   a　国益ということであれば，短期的な国際収支だけではなく，中長期的には，海賊版防止条約の提唱国といった世界の先進国，リーダー国として発言していけるのか，そういったことも考えるべき．
   b　日本が目指す知的財産立国は，一国知財主義ではなく，知財による国際貢献を目指すものであるべきであり，アジア・アフリカ諸国との連帯を準備すべき．

(4) 文化の発展への寄与
i) 延長による創作インセンティブ
○　保護期間の延長によって，創作のインセンティブが増すなどの効果が生じ，新たな創作の創出に寄与するのでなければ，保護期間延長をすべきでないのではないかとの観点から，次のような意見があった．
   a　死後50年であれば，創作するインセンティブがないが，これを20年延びるならインセンティブが生じるということがあり得るのか．20年の延長で，どの程度情報の豊富化に役立つのか．
   b　実証的な調査は行っていないが，現行の死後50年でも著作物の公表は行われており，現行制度によって創作意欲が失われているとは思えない．
   c　今後創作される著作物について保護期間を延長する場合は，創作者の創作イン

センティブを促進する側面があるのは明らか（ただし程度は低い）だが，延長による利用制限効果と創作制限効果の比較分析をして判断すべきで，書籍出版については，保護期間を延長した場合の創作者のインセンティブの増加は，1～2パーセントあるいは，1パーセント以下と研究されている．
　d　創作者にとって，金銭ではなく，死後に評価されて過去の文豪並びの評価を受ける可能性がある期間が延びるという事実が創作のインセンティブとなる．
　e　創作作環境として，権利が少しでも与えられるなら，創作者はプラスだと思う，そういう単純なものもプラス材料として捉えられる．
　f　例えば，英語教室の事業では，自社開発の教材を他社が使わないようにするためのビジネスの戦略的なツールとして著作権が用いられている．このように優れた教材を作って社会に貢献する企業にとっては，保護期間延長が，そのままビジネス活動の延長になり，優良な著作物の制作に投資するインセンティブになる．
○　また，既に創作者の死後となっている著作物について保護期間を延長する意味があるのかどうかについて，次のような意見があった．
　a　文化の発展に寄与するかどうかの観点からは，少なくとも，作者が死んだ後の著作物について保護期間を延長しても，創作へのインセンティブは増進されない一方で，今後の著作物の利用を質量ともに制約することになる．延長を議論するとしても，将来創作される作品に限定すべき．
　b　海外で我が国の著作物が利用されている中，権利がなければ収入が得られないという経済的な観点からは，過去の作品についても検討する必要があるのではないか．
　c　支払われる対価は，創作者の創作活動の基盤となるだけでなく，出版社，レコード会社等によって新たな創作に投資されることで，現在の創作者や次代を担う新人に創作の機会が与えられる．このような創作サイクルの源泉を豊にすることが，新たな才能に機会を与え，意欲を刺激する．
○　このほか，保護期間の延長を根拠づける理論に関して，過去の我が国の保護期間延長や諸外国での保護期間も，いずれも施行の際に既に保護が消滅しているもの以外は延長をしており，従来の保護期間延長は，必ずしもインセンティブ論だけで基礎づけられてきたわけではないのではないかとの指摘があった．

ii）延長に伴うコスト，利用の支障
○　「1．過去の著作物等の利用の円滑化方策について」の部分で前述したように，著作権の存在は，使用料の他にも権利者の調査費用，交渉費用などの取引費用を必要とさせ，流通の阻害要因になる場合があるとの意見があり，保護期間を延長した

場合には，そのような支障が増すのではないかとの観点から，次のような意見があった．
- a 著作物の利用についての取引費用（著作物探索コスト，契約コスト，適正利用監視コスト）は，著作権保護がない作品に比べて，著作物の利用を抑制する効果を持つ．権利者にとってもプラスにならない．著作物の取引費用を軽減するための投資が行われるのは商業的な価値がある著作物に限られるため，死後50年の時点で投資に見合う十分な商業的な価値を持たない大半の著作物は，延長によって，20年間取引されず，死蔵される可能性が極めて高い．
- b 経年により死亡する人間が増加し，相続により許諾を得なければならない人数の増加，拡散することにより，一部の権利者の反対によって利用拒絶を受ける可能性が高まる．
- c 近時は少子化が進んでおり，経年によっても相続人がそれほど拡散しないと考えられる．
- d 遺族が創作者の意図した通りの権利行使を行わない場合もあり，保護期間が延長されれば，創作者の意図を理解しない相続人にまで権利が承継され，作品の利用を理解されない危険が増える．真の理解者を得るために出来る限り多くの人に創作物を流通させるべきである．
- e 遺族が無理解だと思うのは，利用者側の勝手であり，相続者としては，亡き創作者の心を推しはかって守るのが使命である．

○ 上記のような利用の支障の懸念の中でも，特に，既存の著作物を利用した二次創作等については影響が大きいのではないかとの観点から，次のような意見があった．
- a 創作は，先人の文化的遺産を土台にして生まれるものであり，保護期間の延長は，この円滑な利用における取引費用を増大させるおそれがあり，過去の著作物が利用されなくなれば，未来の創造活動を阻害するリスクがある．
- b 著作権法では，アイディアは保護されないため，そっくり同じものをそのまま利用するのでなければ，過去の著作物の利用は自由にできるのではないか．また，二次創作については，何でも自由に使えることが良いわけではなく，権利承継者である遺族の許諾を得られるような質の高い作品を生み出すよう絶えず努力することで，良い二次創作が生まれる．
- c 著作権の中には翻案権があり，同じものを使わなければいいというものではない．
- d 翻案権，二次著作物を利用する権利のみは延長しないということも，検討の選択肢の一つになりうるのではないか．

○ 一方で，現状でも各種の権利制限規定が用意されている学校教育，障害者の利用

では，利用できる幅を広げていけば，保護期間を延長しても，具体的な支障はないのではないかとの意見もあった．そのほか，「1．過去の著作物等の利用の円滑化方策について」に関する議論の中でも，関連の意見が述べられている．

iii) パブリックドメインによる利用促進効果
○ 保護期間を延長せずに，パブリックドメインとすることにより，次のような効果があるという紹介があった．
  a　書籍出版，映画の例では，パブリックドメインになることで，新規事業者の参入によって，それまでなかった流通ルートや新たな利用者が開拓されるなど，利用方法の革新が生じる．
  b　例えば，シャーロック・ホームズの二次著作などの関連作品は，保護期間が切れる付近から出回る量が相当増えている．
  c　ネットワーク化の下で一億総クリエーターと言われる中で，カバー作品，アナザーストーリーなどの再創造作品が生じやすくなっており，ネットワーク化の下では，パブリックドメインの意義が高まっている．
  d　インターネットの活用やアーカイブは，保護期間内でも，手続を経れば可能であり，保護期間が切れればインターネットの利便性が活かせるとの関係ではないのではないか．そして，インターネットによる著作物の利用の拡大は，それは保護を犠牲にして起こったものではなく，保護期間を延長しなければ，従来の保護水準を維持したまま，公正な利用が拡大し，文化の発展につなげられる．
  e　過度な著作権保護は，批判精神やパロディーを抑制し，新しいものを作ろうとする個々のチャレンジ精神や，我が国の将来の表現力を失わせるおそれがあるのではないか．

iv) 著作物の創造サイクルに与える影響
○ 過去の文化を土台として次代の創作が行われるという，文化の創造サイクルの観点から，保護期間の延長が，創作が行われる環境にどのような影響を与えるのかについて，次のような議論が行われた．
○ まず，創作の土台となる文化遺産の保存の仕組みを確保する観点からは，次のような意見があった．
  a　横山大観記念館の運営に見られるように，著作権があることによって文化遺産の保存が図られていることも考慮すべき．
  b　文化遺産の保存については，今回保護期間を20年延長しても，20年後，同じ議論になるはずである．文化遺産の保存は著作権制度ではなく，それをどのように

保存していくかという文化行政の議論である．
○ また，著作物に触れる機会を確保する観点から，次のような意見があった．なお，この観点の議論は，「1．過去の著作物等の利用の円滑化方策について」，「2．アーカイブへの著作物等の収集・保存と利用の円滑化方策について」においても関連の意見が述べられている．
　a　コンテンツ立国を考えるのであれば，コンテンツにアクセスしやすい環境（入手性，価格，利便性）を整えることが，文化的に豊かな状況をもたらすと考えられる．
　b　欧米は，インターネットの効用が明確でない段階で保護期間を延長したが，日本は，多くの人が平等に容易に著作物に触れられるなどのインターネットの利点を生かした文化振興のモデルを検討すべき．
○ 先の文化を土台とて行われる創作に与える影響についての観点から，次のような意見があった．
　a　新たな創作を生むには，先人の作品を土台とした部分が9割，自分のオリジナリティは1割という意見がある．延長することによって許諾を要する期間が増え，また，保護期間延長によって，著作物がさらに20年間死蔵される場合，過去の著作物の利用を土台とした次なる創作の機会を奪うことになる．
　b　開花された個性を保護するとの方法の一方，海外では，個性を殺して模写することで伝統を学び取るとの模写教育が重要になっている．優れた芸術作品は，模写や改良によって系統発生するものであり，保護はできるだけ短くして，伝統の中から新しい文化が生じるシステムを重視すべき．
　c　先人の作品から着想を得て作品が生まれるのは確かだが，そのことは，保護期間の内でも外でもある話で，保護期間延長の話とは関係がない．
　d　芸術は模倣から始まるとの考えもあるが，オリジナリティのある作品を手厚く保護することが基本であり，保護することは文化・芸術の発展に資するものである．無料になったから使うという使い方は，商業的観点の利用を偏重する考え方であり，安易に過去の思想・感情・表現を借用した作品が大量に流通することにはなっても，創作的な表現を本質とする豊かな文化芸術の発展にはならず，文化芸術の愛好家，消費者に不利益となる．
○ また，直接に創作活動に対して行われる支援を確保する観点からは，次のような意見があった．
　a　著作権に関して支払われる対価は，創作者の創作活動の基盤となるだけでなく，出版社，レコード会社等によって新たな創作に投資されることで，現在の創作者や次代を担う新人に創作の機会が与えられる．このような創作サイクルの源泉を

豊にすることが，新たな才能に機会を与え，意欲を刺激することになる．
- b 演劇，美術の分野において，公的支援を受けた成果について，個人の権利として主張することに，国民のコンセンサスが得られるのか．
- c 死後の保護期間の延長よりも，生存中の公的支援の拡充などを国民に訴える方が芸術界にとって重要ではないか．

○ そのほか，社会全体の創作に対する姿勢や考え方への影響について，次のような意見があった．
- a 過度な著作権保護は，批判精神やパロディーを抑制し，新しいものを作ろうとする個々のチャレンジ精神や，我が国の将来の表現力を失わせるおそれがある．
- b 創作に挑んだ者への敬意を忘れない世の中にするためにも法的手段が重要である．どのように活用するかという仕組みづくりによって価値創造の力が上がっていくことになる

(5) 経済学の観点からの分析

○ 経済学的な観点からは，今でも十分期間が長く，延長による利益の増加が1〜2パーセント（書籍の例）であり，その増加によって，新たな創作のインセンティブになることは通常考えにくいが，パブリックドメインになることによる利益は明らかに存在しているとの分析がある．これは，ノーベル経済学賞受賞者を含めて米国の17人の経済学者が一致している見解であるとの紹介があった．

(6) 創作者の人格的利益への配慮の観点

○ 保護期間延長によるメリットとして，創作のインセンティブ等のほか，創作者の創作意図への配慮や人格的利益の確保を挙げる意見もあった．これに関しては，次のような議論が行われた．

○ まず，創作者が求める主観的な利益について，より多くの者に作品が享受されることが創作者の求める利益なのか，自らの作品を保護できることが利益なのかということについて，次のような意見があった．
- a 著作権によって，死後に読み継がれる機会が減るのであれば，それこそ創作を軽視するものであり，作家が心血を注いだ作品を殺すことになる．
- b 創作者は，伝えようとする信念を持って創作に挑んでおり，著作権の保護がなく自由利用の下で，意訳，改変され，創作者の意図しない形で用いられること，さらには，流用者の利益に帰結するのは耐え難い屈辱的事態である．
- c 創作者の中にも，外向けに伝えたいものをイメージして創作する者と自分の中で内なる自分との闘いで創作する人とは，求める人格的利益は異なるのではない

か．
　　d　どちらの創作者が多いという問題ではなく，ケースバイケースである．
　　e　エンドユーザーに対するネット調査では延長反対が多いが，これは作り手にとっては作った著作物は子どものようなもので，唯一無二のものであり，受け手にとっては多くの著作物の中の一つに過ぎないという点で，両者の意識には温度差があるのではないか．
　　f　保護期間を延長したとしても，子孫に処理を任せたくはない，自分の作品を自由に使ってもらいたいという著作者は，意思表示をすることによって広く流通・認知されることができる．
　　g　著作権は特権であり，放棄したい人が意思表示をするのではなく，延ばしたいという側が手続をとるべき．
○　また，著作権があることにより，著作者人格権の行使が容易になる側面があるのではないかという観点から，次のような意見があった．
　　a　著作者人格権はあるが，実際には，複製権とセットになっていないと訴えることが難しい．
　　b　財産権が存続することは，人格権を守るために利用を許諾しないといった使い方もできるため，創作者の人格権にとって意義がある．
　　c　確かに，著作権の行使は，金銭目的のみではなく，人格的利益の確保のために行使されることもありうるが，保護期間延長という手段でなければできないことなのか，議論はありうる．

(7) 単純に保護期間を延長する以外の措置
○　保護期間延長により著作物利用等に支障が生じるとの観点から，単純に保護期間を20年延長する以外の方法によりその弊害を最小限にする方策として，次のような提案があった．
　　a　保護期間の死後50年から70年までの間は，許諾権ではなく報酬請求権にすること，又は再創造，非営利利用は自由，営利利用の場合も収入の数パーセントの支払いで利用できるとの緩い報酬請求権とすること
　　b　延長希望者が，更新料を支払って登録する制度（opt-in 方式）とする．
　　c　延長した20年で得られた使用料について，国家が徴収し，芸術教育や若手芸術家支援，途上国の文化振興基金など公的資金に充ててはどうか．
　　d　翻案権，二次著作物を利用する権利のみは延長しないということも，検討の選択肢の一つになりうるのではないか．

(8) 著作隣接権の取扱いについて
○ 著作隣接権については，現状では，実演家及びレコード製作者の保護に関する条約として，「実演及びレコードに関する世界知的所有権機関条約（WPPT）」が最新の保護期間の保護水準を定めており，その中では50年とされている．
　一方，WPPT の締約国のうち1/4近くは，レコードに関して70年以上の保護期間を定めている．
○ 上記は，一般の著作物に係る著作権の保護期間の延長に関する議論であったが，著作隣接権の保護期間については，次のような意見があった．
　a　著作権と著作隣接権とで，保護期間に格差を設ける合理的な根拠はない．また，音楽文化は，楽曲創作，実演提供，原盤製作が一体となっているものであり，三者の保護期間は調和的に設定されるべき．
　b　実演家については，存命中に権利を失う場合もあり，実演の著作隣接権の保護期間を「実演家の死後」起算に改めるか，平均寿命の一般的な伸長を加味した加味した年数に改めるべき．
　c　レコードは物理的媒体に固定されており，劣化を防ぎレコード文化の承継，発展に寄与するためには，デジタル化，リマスタリング等の費用負担が必要となるほか，保護期間延長が，過去のレコードの商品化のインセンティブにもなる．また，レコード製作者の著作隣接権は，類似する音を固定したレコード製作には及ばないため，保護期間を延長しても，新たな創作に対する制約にはならない．実際に，既に21カ国が50年を超える期間を保護している．

(9) 戦時加算の取扱いについて
○ 戦時加算特例とは，戦後締結されたサンフランシスコ平和条約第15条（c）の規定に基づいて制定された「連合国及び連合国民の著作件の特例に関する法律」に規定されているもので，連合国又は連合国民が戦前又は戦中に取得した著作権の保護期間について，太平洋戦争の開始時（昭和16年12月8日）（戦中に取得した著作権については当該取得時）から，日本国と当該連合国との間に平和条約が効力を生じた日の前日までの期間に相当する日数（国によって当該平和条約の批准時が異なるため，加算される期間も異なる．例えば，米・英・仏等に関しては最長3,794日）を加算する措置である．
　なお，平成19年6月に著作権協会国際連合（CISAC）総会において全会一致で権利行使の停止を決議されている．
　この取扱いについて，次のような意見があった．
　a　戦後60年以上が経過しており，既に戦時中の逸失利益は還元されていること，

また，我が国のみに課せられており，正当性を欠くものであるから，連合国側の理解を得て解消を図るべき．
b 保護期間の延長との関係では，国際的な保護期間の平準化のためには戦時加算の解消が不可欠であることから，戦時加算制度の廃止，又は戦時加算対象著作物の消滅後とすべき．
c 10年の戦時加算を解消するために，20年の延長をすることで交渉するのは不合理である．

索　引

ア　行

アイディア　7, 95
青空文庫　16, 42, 45, 60
芦田均　35
阿部次郎　35
アメリカ　23, 174
インセンティブ論（誘因論）　8, 10, 11, 14, 225
インターネット　43
ウラノスの災い　86
映画　60
映画製作本数　149
江戸川乱歩　34, 38
エラリイ・クイーン　79
エルドレッド　14, 23, 147, 183
延長手数料制度　18
延長問題を考えるフォーラム　250
欧州議会　162
欧州デジタル図書館　172
オリジナル　231

カ　行

改作利用権　85
海賊版　6
格安DVD　16, 60
過去の著作物等の保護と利用に関する小委員会　247
亀井勝一郎　39, 41
ガワーズ報告　249
関係特殊的　95
顔真卿自建中告身帖事件　228
稀覯本　79
北川善太郎　209
共有地の悲劇　141
久保田万太郎　39

クリエイティブ・コモンズ　211
クリエーザ　92
グリーン・ペーパー　163
権利者不明　17
権利制限　8
言論の自由　226
国会図書館　48, 63
「ゴドーを待ちながら」　89
コナン・ドイル財団　80
copymart　209
混雑外部性　113, 139

サ　行

再交渉　95
財産権　7
再々創造　78
再創造　17, 75, 94
最適保護水準　12, 240
事後の最適化　240
市場での実寿命と保護期間　238
自然権　95, 189
自然権型　10
自然権論　8
事前の最適化　240
死蔵　43
死蔵作品　33
渋沢敬三　35
社会全体の便益　12
社会的余剰　12
『シャーロック・ホームズの災難』　79
出版点数　62
消尽理論　5
消費者余剰　11
情報財　192

情報資産の保護方式　194
所有権　231
人格権　7, 95
人格権型　10
人格論的　13
審議会及び学説における議論（EU）　169
審議会での議論（アメリカ）　181
鈴木大拙　38, 40
生産者余剰　11
創作意欲　15
創作者の便益　11
創作性　7
創造のリサイクル　17
訴訟要件　191
ソニ・ボノ法　14
存続期間　3

タ　行

第一読会　162
第二読会　169
第103議会　176
第104議会　176
第105議会　179
耐久的書籍の書棚占有面積　131
「ダイコンⅣ　オープニングアニメーション」　88
探索コスト　95, 96, 105
知的財産制度　196, 197
著作権保護期間の延長問題を考える国民会議　246
著作権問題を考える創作者団体協議会　246
著作物の実寿命　235
著作隣接権　9, 172
DRM（Digital Rights Management）　204, 232
ⓓマーク　205
デジタル化　200, 231
同一性保持権　85
登録制　18
登録制度　60, 211
登録と権利存続期間　219
独占　16

ドラえもん「最終回」　86
取引費用　17

ナ　行

永井荷風　39, 40
中抜き　203
夏目漱石　90
なりすまし　216
のまネコ　89

ハ　行

長谷川伸　35, 39
パブリック・ドメイン　13, 44, 112
パブリック・ドメイン化　16
パブリック・ドメイン作品　118
パロディ　76, 144
非競合性　192
非排除性　192
不完備契約理論　99
フリーライダー問題　137
文化審議会　247
平均値管理　235, 242
ベキ分布　242
ベストセラー作家　66
ベストセラー書籍　124
ペーパーバック　134
ベルヌ条約　6
ペンギンクラシックス　134
方式主義　189
報酬請求化権　19
没後効果　72
没後出版確率　72
没後出版点数　69
ホールドアップ問題　95, 99, 102

マ　行

ミッキーマウス　15
無体物　5
無方式主義　19, 188, 190
森亮一　209

ヤ 行

柳田邦夫　38
誘因論（インセンティブ論）　8, 10, 11, 14, 225
有体物　5
吉川英治　34, 38

ラ 行

力道山　35

利用者の利益　11

ワ 行

「ワラッテイイトモ、」　87
割引率　65

執筆者紹介 (執筆順, *は編者)

田中　辰雄（たなか　たつお）* (序章・第2章・第6章)
1957年, 東京都に生まれる. 東京大学大学院経済学研究科単位取得退学. 国際大学グローバルコミュニケーションセンター研究員, コロンビア大学客員研究員を経て, 現在, 慶應義塾大学経済学部准教授. 専攻, 計量経済学.
主要著作・論文　『ゲーム産業の経済分析』（共編著, 東洋経済新報社, 2003年）,「私的コピーは被害を与えているか：動画のケース—ファイル交換Winnyと動画サイトYoutubeの影響」(『組織科学』第41巻第1号, 2007年) ほか.

林　紘一郎（はやし　こういちろう）* (序章・第8章・終章)
1941年, 台湾に生まれる. 東京大学法学部卒業. 経済学博士（京都大学）, 法学博士（慶應義塾大学）. NTT勤務, 慶應義塾大学を経て, 現在, 情報セキュリティ大学院大学教授. 専攻, 法と経済学.
主要著作・論文　『電子情報通信産業』（電子情報通信学会, 2002年）, 『著作権の法と経済学』（編著, 勁草書房, 2004年）, 『情報メディア法』（東京大学出版会, 2005年）, 『進化するネットワーキング』（共著, NTT出版, 2006年）, 『情報社会の倫理と法』（監訳, NTT出版, 2008年), 『倫理と法－情報社会のリテラシー』（共著, 産業図書, 2008年) ほか.

丹治　吉順（たんじ　よしのぶ）(第1章)
1961年, 東京都に生まれる. 東京大学工学部卒業. 朝日新聞学芸部, アエラ編集部, ASAHIパソコン編集部などを経て, 現在, 朝日新聞be編集グループ記者.

太下　義之（おおした　よしゆき）(第3章)
1962年, 東京都に生まれる. 慶應義塾大学経済学部卒業. 三和総合研究所（現・三菱UFJリサーチ&コンサルティング）入社, 同社内に「芸術・文化政策室」（現「芸術・文化政策センター」）を設立, 同室の室長（現センター長）を兼務. 現在, 三菱UFJリサーチ&コンサルティング芸術・文化政策センター長.
主要著作・論文　「創造都市バルセロナの文化政策～文化と経済が共に発展するための戦略～」(『季刊政策・経営研究』vol.1, 2008年),「音楽コンテンツ産業の近未来～ iTunes Music Storeの次のビジネスモデル～」(UFJIリポートVol.10, No.3, 2005年),「音楽コンテンツ産業のジレンマ～『失われた十年』からの再生の可能性～」(UFJIリポートVol.9, No.4, 2004年, 同論文にてUFJ総合研究所理事長賞を受賞) ほか.

中泉　拓也（なかいずみ　たくや）(第4章)
1967年, 和歌山県に生まれる. 東京大学大学院経済学研究科修了. 博士（経済学）. 関東学院大学経済学部専任講師, 国立情報学研究所 プロジェクト研究員, 関東学院大学経済学部助教授を経て, 現在, 関東学院大学経済学部准教授. 専攻, 理論経済学.
主要著作・論文　『不完備契約理論の応用研究』（関東学院大学出版会, 2004年）,『行政評価と統計』（共著, 日本統計協会, 2004年）,『インセンティブ設計の経済学』（伊藤秀史・小佐野宏編, 勁草書房, 2003年, 第8章) ほか.

ポール・J・ヒールド（Paul J. Heald）（第 5 章）
ジョージア大学ロースクール教授．イリノイ大学において社会科学学士号（B.A.），社会科学修士号（M.A.）を得た後，シカゴ大学ロースクールに進学して法学博士号（J.D.）を授与される．第11巡回区連邦控訴裁判所のFrank M. Johnson Jr. 判事のロークラークを担当．専門は知的財産法．主著として，"Property Rights and the Efficient Exploitation of Copyrighted Fiction Bestsellers," 92 *Minn. L. Rev.* 1031 (2008), "Transaction Costs and Patent Reform," 23 *Santa Clara Computer & High Tech L. J.* 447 (2007), "A Transaction Costs Theory of Patent Law," 66 *Ohio St. L. J.* 473 (2005) ほか．

今村　哲也（いまむら　てつや）（第 5 章）
1976年，東京都に生まれる．早稲田大学法学部卒業，早稲田大学大学院法学研究科修士課程修了，早稲田大学大学院法学研究科博士後期課程在籍中．早稲田大学大学院法学研究科客員研究助手を経て，現在，明治大学情報コミュニケーション学部専任講師．専攻，知的財産法．主要著作・論文　「欧米の著作権保護期間延長論議にみる理論的諸相」（高林龍編『知的財産法制の再構築』日本評論社）ほか．

宮川　大介（みやかわ　だいすけ）（第 5 章）
1975年，北海道に生まれる．早稲田大学政治経済学部卒業．日本開発銀行（現日本政策投資銀行）入行．現在，カリフォルニア大学ロサンゼルス校経済学部大学院博士課程在籍中．専攻，企業金融・契約理論．

中　裕樹（なか　ひろき）（第 6 章）
1985年，東京都に生まれる．慶應義塾大学経済学部卒業．現在，森ビル株式会社勤務．

酒井　麻千子（さかい　まちこ）（第 7 章）
1982年，愛知県に生まれる．東京大学法学部第一類卒業．東京大学大学院情報学環・学際情報学府修士課程在籍中．専攻，社会情報学．

福井　健策（ふくい　けんさく）（終章）
1965年，熊本県に生まれる．東京大学法学部卒業．弁護士登録（第二東京弁護士会）．米国コロンビア大学法学修士課程修了（セゾン文化財団スカラシップ），骨董通り法律事務所 For the Arts を設立（http://www.kottolaw.com）．東京藝術大学・東京大学大学院（人文社会系研究科），各非常勤講師，「著作権保護期間の延長問題を考えるフォーラム」世話人．弁護士・ニューヨーク州弁護士．専攻，芸術文化法・著作権法．
主要著作・論文　『エンタテインメントと著作権』1-2巻（編者・社団法人著作権情報センター），『著作権とは何か―文化と創造のゆくえ』（集英社新書），『エンタテインメントの罠　アメリカ映画・音楽・演劇ビジネスと契約マニュアル』（編著・すばる舎），『舞台芸術と法律ハンドブック』（編著・芸団協出版部）ほか．

著作権保護期間　延長は文化を振興するか？

2008年8月15日　第1版第1刷発行

編著者　田中辰雄
　　　　林　紘一郎

発行者　井村寿人

発行所　株式会社　勁草書房
112-0005　東京都文京区水道2-1-1　振替 00150-2-175253
（編集）電話 03-3815-5277／FAX 03-3814-6968
（営業）電話 03-3814-6861／FAX 03-3814-6854
本文組版　プログレス・理想社・牧製本

©TANAKA Tatsuo, HAYASHI Koichiro　2008

ISBN978-4-326-50308-7　Printed in Japan

JCLS ＜㈱日本著作出版権管理システム委託出版物＞
本書の無断複写は著作権法上での例外を除き禁じられています。
複写される場合は、そのつど事前に㈱日本著作出版権管理システム
（電話03-3817-5670、FAX03-3815-8199）の許諾を得てください。

＊落丁本・乱丁本はお取替いたします。
http://www.keisoshobo.co.jp

林　紘一郎編著
著作権の法と経済学　　A5判　4,095円
50253-0

常木　淳
法理学と経済学　　A5判　3,150円
規範的「法と経済学」の再定位　　40246-5

飯田　高
〈法と経済学〉の社会規範論　　A5判　3,150円
40224-3

大竹文雄・大内伸哉・山川隆一編　[増補版]
解雇法制を考える　　A5判　3,990円
法学と経済学の視点　　50251-6

細江守紀・太田勝造編著
法の経済分析　契約、企業、政策　　A5判　3,255円
50199-1

伊藤秀史・小佐野広編著
インセンティブ設計の経済学　　A5判　3,990円
契約理論の応用分析　　50243-1

B.サラニエ／細江守紀・三浦功・堀宣昭訳
契約の経済学　　A5判　3,360円
50180-9

―――――― 勁草書房刊

＊表示価格は 2008 年 8 月現在、消費税は含まれています。